WORDSEARCH

OVER 450 PUZZLES

T0015830

This edition published in 2022 by Arcturus Publishing Limited
26/27 Bickels Yard, 151–153 Bermondsey Street,
London SE1 3HA

AD010811NT

Printed in the UK

MIX
Paper from
responsible sources
FSC® C018072
www.fsc.org

Contents

Tennis

```
W Z G C L B O L M Z L E I G P
L J C O H I H C J M C C V R H
T R I A V O S T E N Z U K O R
N J V D M Q P H Y X Z X N E L
N N O V V I C K E Q G M K N H
O O M T B T S Q L T T I W E H
I S A J A R W H L C C T U F M
T S R M Z M E C A Z P R Z E S
I N B E V Q R A C A J U G L Z
B A A B T U V O K L A O I D G
I H G V L S E C F A C C Q I R
H O F A H O J K C W E Y E Z A
X J L D S N C I Q N T V O S S
E E M A G S N K L G L L A B S
V J Z S G P I R G C B R R O L
```

ABRAMOVIC	GAME
ACES	GRASS
AGASSI	GRIP
ALLEY	GROENEFELD
BALL	HEWITT
BLOCK	JOHANSSON
BREAK	KUZNETSOVA
CHOP	LAWN
CLIJSTERS	LOVE
COACH	MATCH
COURT	SLICE
EXHIBITION	SWERVE

```
O G S V L U A L A B A I T G U
R W M O F A A Q X I U K L K A
A I Y O N E L Y R T O Q P R T
N Q S Q U D N L A M U V U R L
G J T Q W L U E A T F W B X O
E N I G E R O M N V F Z A Z V
G C L A A B A U I U A D N A G
M Y S R B M Y P Y R K C G Y E
A A S E H C T P A A I N I G R
P S G G U A K O N U I U J N G
U S D A R B R K O Z H U Q C E
T E N K F W T A A S B S E O R
O D O G N A W K B B E M T N U
O I M A M O L T A T Q E Y G O
J D F L U A P T N I A S J O B
```

ATBARAH	LOMAMI
BOU REGREG	LUALABA
CAVALLA	MAPUTO
CONGO	MOULOUYA
CUANDO	NIGER
DIDESSA	ORANGE
GAMTOOS	RUVUMA
JUBBA	SAINT PAUL
KAGERA	SONDU MIRIU
KAZINGA	TSHUAPA
KUNENE	UBANGI
KWANGO	VOLTA

BLUE Beginnings

```
R A W C L B U N P N M E O T V
E R M Y A S C F D U O Q L T H
D I A E P Q O K E M I O C I I
R N R O I X L O F Y E W G O N
U T L U L L U C E C G C D A E
M J I B U G L E A L A R A E L
X E N B T V J F D N A A A O L
Q A T L G A E E I E G H A S G
Q N L B Y H S C B R W E W N S
F S E F T L S U E E E X L M Y
D L V N D H Z N N L L V F K I
L R I C A A V E T L I G S L A
O G I R T A O T T O V G A A P
G H K B T A O T S E E E Q L C
O A O M D B B L O O D E D T F
```

ANGEL	IN THE FACE
BEARD	JAY
BELL	JEANS
BIRD	LAGOON
BLOODED	MARLIN
BOTTLE	MURDER
BUGLE	NILE
BULL	SHARK
DEVIL	SKY
FLAG	TOADFLAX
FOX	TULIP
GRASS	WHALE

```
X U H S I L O P L I A N Y M D
R N G N G R O O M I N G D A T
X A O Y A A S S P T T R P K S
G R T I M I T F Q M A H D E E
S H V A T Y L L C O A F P U H
S R E L L O R F B O A H M P S
Z R O I L A L Y I C M A S L U
C S S S A I R G I L N B R T R
M T A A S E P A N I E U I D B
R U O L M I L S C I C N U N P
I Z D E O I C U T S T K P E G
N K M P M N R S B I A T W V O
S X A A A E T R N R C M E V X
E V R Q L C R G O P O K P S F
K E M O E D K P E R F U M E J
```

BRUSHES	MUD-PACK
COMBING	NAIL FILE
CREAM	NAIL POLISH
CURLS	PERFUME
EMERY BOARD	RINSE
FACIAL	ROLLERS
GROOMING	SALON
LIPSTICK	SCISSORS
MAKEUP	SETTING LOTION
MANICURE	SHAMPOO
MASCARA	STYLIST
MIRROR	TINTING

BIG Start

```
B N D U S Y D D A D G I B I G
I I E B I G B R O T H E R B B
G K G B I G I E B T B I I O I
U C B M G G E W I I N G Z U G
B I I B O I B I G C H E E S E
I T G V I N B H B I G I D D A
G S O R L G E C A B B U E N R
B G T Q E A A Y N I C N Y A E
U I R O R T E M D G O R E H D
S B Y T O D S D O B Y O G G N
I I E N V F Q I G U I H I I B
N D B I G Z G I S I S G B B G
E M I T G I B I A G B I T I I
S B I G G A M E B B I B F O B
S B I G H T U O M G I B X Y P
```

BIG BAND	BIG MOUTH
BIG BEN	BIG SISTER
BIG BONED	BIG STICK
BIG BROTHER	BIG TIME
BIG BUSINESS	BIG TOP
BIG CHEESE	BIGAMOUS
BIG DADDY	BIG-EARED
BIG DEAL	BIG-EYED
BIG GAME	BIGFOOT
BIG HAND	BIG-HEARTED
BIG HORN	BIGOTRY
BIG MONEY	BIGWIGS

Train Ride

```
E X F A N O I T A N I T S E D
D S T A E S Y K F A R E S T L
O K Q E L B A T E M I T S F A
O G R L U W E W P X D E Y Y V
R R O F Z T Y B E V R C L W I
S E F M U R B G Z D W I T K R
S E G O F F P E A K O V R R R
T I R A X H L E T L D R A U A
E A G M G U H Y R E N E C S J
K D B N D G R P T N I S K H D
C X R E A A U R E I W C S H K
I P H A P L A L A G N S O O G
T C L X I V S N S N I O O U H
S W K A E L S L E E H W Y R J
B D V L N P S S L E E P E R V
```

ARRIVAL	SCENERY
BUFFET	SCHEDULE
DESTINATION	SEATS
DOORS	SERVICE
ENGINE	SIGNALS
FARES	SLEEPER
HEADREST	TICKET
LUGGAGE	TIMETABLE
OFF-PEAK	TRACKS
RAILS	TRAVEL
ROUTE	WHEELS
RUSH HOUR	WINDOW

Agitation

```
Z E E C N A B R U T S I D T F
G X L I C E L B U O R T L O I
K N U G T O B E A T I N G S G
Y D I N G J N G J F Q G O S H
O R E R R U T C L F S N A I T
N B R E R E R U E G P I X N I
M O P O N I S T G R Q N H G N
I L I S W T T T S P N R O X G
X I I T E D A S U R C U B N V
I O G R C A C W X X L T I C Z
N O I S L U V N O C K K N M S
G R H V Y F R N F L A S R W Z
Y T E I X N A U P H E A V A L
D I S T R E S S S T L U M U T
G N I R R A J R A A S P D K M
```

ALARM	RUCTION
ANXIETY	SHAKING
BEATING	STIRRING
CONCERN	STRUGGLE
CONVULSION	TENSION
CRUSADE	TOSSING
DISTRESS	TROUBLE
DISTURBANCE	TUMULT
FIGHTING	TURNING
FLUSTER	UNREST
JARRING	UPHEAVAL
MIXING	WORRY

Starting BACK

```
B A S B B E K O R T S K C A B
E A W D P A D N A H K C A B A
R U C H O E C A R B K C A B C
I T B K T O B K B A C K F Y K
F E A E S R W A S K C A B S T
K N C H K E O K C W B A C B S
C O K C C E H F C K E E T A E
A B P A A K W T D A L P D C R
B K L K B E C N O N B O T K K
A C A C P C E A B L A P G O C
C A T A B K Q A B E C K Q F A
K B E B C Y C B A C K K C F B
C H B A C K S E A T O A C A L
R E B M U N K C A B U K B A B
E C A P S K C A B O T K C A B
```

BACK AND FORTH	BACKLOG
BACK BRACE	BACKPLATE
BACK NUMBER	BACKREST
BACK OFF	BACKSAW
BACK OUT	BACKSEAT
BACKACHE	BACKSPACE
BACKBONE	BACKSTOP
BACKCHAT	BACKSTROKE
BACKCLOTH	BACKSWEPT
BACK-END	BACK-TO-BACK
BACKFIRE	BACK-UP
BACKHAND	BACKWOODS

Roman Emperors

```
G S N C S D Q L H O U K K F S
R S U A S U L L I T N I U Q E
T G U I I R T S G G A G G N N
T K A I N L U I U H J F A V N
S Q G L C I I Q C I A I I S A
N N V A B E C T D A R C N U O
A P R Y E A D I S E T A U T J
T U S U I R B Y L O V N M I A
S L S S I A W A R A H T E V N
N A I L U J V I L C E H R A A
O G M N X F N E T W Q E I Z I
C Z N N M U N U M I N M A R R
K L E R S S D D C Q T I N H D
D R S U I R E C Y L G U Q T A
O W P Z B A Z V D G I S S D H
```

ANTHEMIUS	MARIUS
AVITUS	NERO
CARUS	NERVA
CONSTANS	NUMERIAN
DECIUS	OLYBRIUS
GALBA	QUINTILLUS
GLYCERIUS	TACITUS
HADRIAN	TITUS
HOSTILIAN	TRAJAN
JOANNES	VALENS
JULIAN	VALERIAN
LICINIUS	VICTORINUS

```
A B I K O F S S B Y U F B Q C
A T W O R K P S N L G F T B E
U G J H T R C B G E F H A L J
H F N T Y I O U H V B R I S K
T E Y I N X Q S N I Q B Y E E
S R C A V E N Y D L O U L L I
T V M M A I I I D M E P I T J
I E U K M Q L C H R P G D C Z
R N Y B U I T P I U A E B I K
R T L W G U R W S F V W P P U
I E E E X K E E U L F P R R G
N M N S Z L L F O V Y E O O O
G T P V B Z A V L A T I V M F
B U S T L I N G E F G H O P A
I A S U O I R T S U D N I T F
```

AGILE	LIVELY
ALERT	LIVING
AT WORK	MANIC
BRISK	MOBILE
BUSTLING	NIMBLE
BUSY	PROMPT
DILIGENT	QUICK
EFFICIENT	SPRY
FERVENT	STIRRING
FORWARD	SUPPLE
INDUSTRIOUS	VITAL
INVOLVED	ZIPPY

Genealogy

```
C D S C H O O L Z W B Y H P F
G Q E T T N A R G I M E K W C
P E T A R V D S L L I W R O H
O T A V T A N E J S I F J R C
N A D Q D H H F T D Z Q A K R
Y M R T C G T C O A C R J H U
T I S N W O M W O E C Y Z O H
S T R R U X Z E N H R O O U C
A I O Y Z Q M S I A M Q L S F
N G T N I X U V R B H A A E P
Y E S T I S E B N I M P P I R
D L E W V S I Q A R E O R S I
E L C N U L U U O R E H T O M
I Z N I X N N O C P E V H X K
K Z A Q B T Q M C V T X J I U
```

ANCESTORS	LEGITIMATE
ARCHIVES	LIBRARY
AUNT	MAPS
CENSUS	MOTHER
CHARTS	ORPHAN
CHURCH	RELOCATED
COUSIN	SCHOOL
DATES	TOMB
DEATH	UNCLE
DYNASTY	WIDOW
EMIGRANT	WILLS
HEIRS	WORKHOUSE

```
E B D A B R U Z Z I N U I E Y
U R L P I B H M B T O E Q D S
A I E R M R F O B I E R K I H
I S D S R H U M C R L D W S G
S T H Y I R N G O O I A A Y I
E A V P G I E P I L L A R E R
L V F O T N W Y I L I P W S O
I A G R O R L X O O Q S X R N
S N A H E A T N A M U R E E D
E G R R S C I V A O C A R M E
E E E S O A A O R U N E D V K
Z R E Q N M N S R F T E Z U L
V H I Z S R D G L V D U G M F
T C K O A F G E A A G T U R N
M K E T L O L S O R M L A N D
```

ABRUZZI
ALSACE
BOURGOGNE
GIRONDE
ISERE
LEON
LIGURIA
LOIRE
MERSEYSIDE
MOLISE
NAMUR
NERETVA

NITRA
RHONE
SILESIA
SORMLAND
STAVANGER
TARN
THESSALY
TIROL
UMBRIA
VOSGES
WALLONIA
ZUG

Admirable Adjectives

```
J G F N E U T N E I D E B O L
B I F V G P P R E G J B R A O
Y H T R O W E S I A R P E U V
S I H S P V M W T E B D P I E
V S U O E G R O G A I P U X L
I A L L U R I N G I N Y S U Y
R P C D S P E C I A L D V V H
T Y W N W J B W E L B A I M A
U T N A R E L O T V G L O N I
O S V R G U L K M R A G H D G
U U B G O V I O E U E R Y B O
S R R A O N D A Y N U L B C N
F T L Z D E T M T A L L N T R
J E G L S X D L V I L F Q J R
F P Y T I I E X C E L L E N T
```

ALLURING	KINDLY
AMIABLE	LOVELY
BRAVE	LOYAL
CLEVER	MODEST
EXCELLENT	OBEDIENT
GENTLE	PRAISEWORTHY
GOOD	SPECIAL
GORGEOUS	SUPERB
GRAND	TOLERANT
GREAT	TRUSTY
IDEAL	UPSTANDING
IDYLLIC	VIRTUOUS

```
E G U J C V L Y M O T F O F A
E Q X R E P P A R W L T D G W
L T I U R F I W I K A E Y R U
P S O Q E I T P J T G Z W A H
P H Y M V Y V O O N F Y D P M
A X S W A L L P A P E R G E M
S R Y I A T P R T A N A N A B
Y Q Z B L S O P A I N T N L L
L N E P K O M N C K O D L A S
A L Y I T I P A M N A E C W A
A U N A R B R L I R H E E A T
T G Y H O R I O I S D X S S S
O A S B O Z N N G A M P A E U
D A P T L Y U G Z G N E V W M
G C H E E S E R I N D A U F A
```

APPLE
BANANA
CARROT
CHEESE RIND
DECAL
EGGSHELL
GRAPE
KIWI FRUIT
LABEL
MANDARIN
NAIL POLISH
ONION

ORANGE
PAINT
POTATO
SATSUMA
SHRIMP
SKIN
TAPE
TOMATO
WALLPAPER
WAX
WRAPPER
YAM

GOLD and GOLDEN

```
O U H Y G N U H S I F A W D Q
D E T U H C A R A P M N U A F
E R E V E I R T E R Y C X E L
F E O Y T G C R A C A L S R Q
D G K C R S K E G T A X U H F
V G R Y E A K L L T G L C T E
E I U L O R S B E T X H F S G
H D G C E S U R S Q T R U E D
C U E T A H E A E I Q A A D I
N F R R S C D W M V N I W X R
I E R R I T R S Y W I C G I B
F V A E F A O Z O Y E N E S E
K E N B T W H R T O M L N L T
Y R D P B S B W S N U M E A A
M O E N G Y A H H R E R R E G
```

ANNIVERSARY	HORDE
ASTER	KRUGERRAND
BROWN	PARACHUTE
CALF	RECORD
DIGGER	RETRIEVER
DUCAT	RULE
EAGLE	SMITH
FEVER	THREAD
FINCH	WARBLER
FISH	WATCH
GATE BRIDGE	WATTLE
HAIRED	YEARS

```
S K C I T S P O H C Z O L O O
B O S U A F L G M X S O F U N
L W M W I Y E U S P O H C E C
T T Z A C O S N P Z T U Z E H
F O F F H M O Q G Y L O K D O
N W A N I J G L P S V A N I W
I S N D W J O H O C H L G G C
L C T Q E R O N H N K U N H H
O L A F S O N O G Z G O I N O
A T N I N A W Q J G H S T O W
K U L F P M K P O C H U D T Z
R K U E E G E F U I H L F N P
B Y K I P X D O N K V A I O U
F O N G C L S T W O Z H R W T
E G I N K G O H G N U G A B Z
```

CHAR	MAH-JONGG
CHOP SUEY	OOLONG
CHOPSTICKS	PEKOE
CHOW CHOW	SHINTO
CHOW MEIN	SILK
DIM SUM	SOUCHONG
FAN-TAN	T'AI CHI
FENG SHUI	TOFU
GINKGO	TONG
GUNG-HO	TYPHOON
KAOLIN	WONTON
KOWTOW	ZEN

Healthy Eating

```
S E V I L O L E E V R L S Y P
B J P Y K T L U A N A E N K S
R C G Y E I D R R A T K A D E
A R O W L N I E D G A W E T I
O A X T O E O A V E T R B K R
N W V F T U L H Y V O S Y D R
I I A Y G A T O V H U X O J E
U K T R S C G U T O I U S U B
Q H A A T U M E N K L W C P P
G G O A R H C U C A L Z C U E
E X S T R G Y D E H E R L L G
U T R N A O U S O S E P X S K
Y Y F P N M A A P P L E S E E
C I N A G R O S E M T I S S E
I W H K L J M T T L I T N E L
```

APPLES	PULSES
AU GRATIN	QUINOA
BERRIES	RATATOUILLE
COTTAGE CHEESE	ROAST
CREPE	SALAD
FONDUE	SOUP
HONEY	SOYBEANS
LENTIL	TASTY
MUESLI	TOMATO
OLIVES	VARIETY
ORGANIC	VEGAN
PEANUT	YOGURT

Flowers

```
M U A S T E R P I L S W O C D
E J I E T T E N O N G I M Z M
T J V J K B J X W V O A R C M
I G L A S O M I M X S I J I E
R C A D U U T U L P B L F M V
E A S H L G G I U I L H L G O
U L Q D V A P T M L L A T A L
G G O A A I A S C U E D A B G
R N A I T N E G J T W I C Y X
A K F S S V J P Y V D H I N O
M S S Y F I C L I D E C N O F
P R K N X L I O Q T E R O E J
A I D R A L L I A G P O P P Y
B G Z U C E K C O T S Z A V J
I L U M T A Q C T L D S J Q V
```

ASTER	MIGNONETTE
BOUGAINVILLEA	MIMOSA
COWSLIP	ORCHID
DAHLIA	OXLIP
DAISY	PEONY
FOXGLOVE	POPPY
GAILLARDIA	SALVIA
GENTIAN	SPEEDWELL
IRIS	STOCK
JAPONICA	TANSY
LILY	TULIP
MARGUERITE	VIOLET

Endangered Species

```
D H E D A O B O N O B H P S T
I T L E O P A R D A A K R N A
K N I Q X R U Z O D A O Z A R
I A R Y L M G O D H S U B T D
K C Y K E C A O F P S P K U A
I A M L O K C K N J O R V G G
K L T N Z K N V K K F E N N C
A E D I P A K O D O C Y O A I
H O M T A R E R M E U G B R N
R C H E E T A H J R U Q B O F
T A S M A N I A N D E V I L J
J D E M A R G A Y X Y D G O F
K D Z W O U A U S V Y Z I L Q
W A C L A W R E G I T R O P V
K X A R Y B L H H H X B O Q S
```

ADDAX	JAGUAR
AKIKIKI	KOUPREY
BONOBO	LEMUR
BUSH DOG	LEOPARD
CHEETAH	MARGAY
COELACANTH	OKAPI
CONDOR	ORANG-UTAN
DUGONG	ORYX
FOSSA	QUOKKA
GIBBON	SPIDER MONKEY
HADDOCK	TASMANIAN DEVIL
HIROLA	TIGER

```
A S N O U E E T U T A N M U E
K Y M X C O N L P S H E I N I
R A L Y C N A I T B M Z N A R
K R E M O M Y U B P X A W I E
A Y I R E R A N H A D H I D Q
U S U L E R J R R A B N V N D
J H U L T J E M I G I S F I E
D T L E Y M T H A T T O H N L
A A Z G A J F E L J Y J O R I
M P N G C E A E H B F N T E M
A Z O R B D U M O E A O T H R
E G O J T N I O P C K T Y T U
S S W O C N T Z H Y B N K U O
S N O W T S I O T R O U T O F
K F F O A X D R I B W O N S C
```

AMADJUAK	MINTO
AYLMER	NONACHO
BABINE	NUELTIN
CROSS	OOTSA
ENNADAI	POINT
ERIE	SIMCOE
FOUR MILE	SNOWBIRD
HAZEN	SOUTHERN INDIAN
HOTTAH	STUART
HURON	TEHEK
MALLERY	TROUT
MEMPHREMAGOG	TULEMALU

Hello

```
L G Y B E V L A S V E I K I B
Z A H O L A X K W O T O N U V
N D O V I B U D V J B B O N C
G D W S E D R A T S A N E U B
F O D K B L R S L N G E Q E E
A G O E S D K J A I M A T M Q
I T Y D Z M Z O O L O S O E S
D N O Q M L A R M L A C L R J
M E U O T O N E L M L A U H M
O T D G R O R O A E E O M A O
B F O J B V H N W I J N T B L
Q A C K M M A S I N C C D A A
C D E I R X Y J O N O L L E H
K O K O A J I B D M G A K W S
L G T F Q O H O W G O E S I T
```

ALOHA	HOW GOES IT
BOM DIA	HOW-DO-YOU-DO
BONJOUR	MERHABA
BUENAS TARDES	NAMASTE
BUON GIORNO	SALAAM
CIAO	SALVE
GODAFTEN	SHALOM
GODDAG	S'MAE
GOOD MORNING	SVEIKI
HELLO	VELKOMMEN
HIYA	WELCOME
HOLLOA	ZDRAVO

```
R S B F B U C C I N A T O R E
S A D E C R Q L A E N O R E P
P O N I S T O D O I O W R G U
U S S R O O S T E A D H O Z P
H P S P E Y T C A L B R T K F
R F C T L C H R A N T A A E L
J I G O A E T O I L O O N C A
R S S N M P N U M C E R I L N
O G U O I P E I S O E N P D I
S L L E R R L D U B C P U X M
U U M J L I T E I S I N S S O
R T X A A O U S X U E C R Q D
T E O C D D S S E U S B E M B
E U U R E P L A T Y S M A P A
D S A R T O R I U S E V K V S
```

ABDOMINAL	PLATYSMA
BICEPS	PRONATOR
BUCCINATOR	PSOAS
CARDIAC	RECTUS
COMPLEXUS	RISORIUS
DELTOID	SARTORIUS
DETRUSOR	SCALENUS
EYE-STRING	SOLEUS
GLUTEUS	SPLENIUS
ILIACUS	STAPEDIUS
OMOHYOID	SUPINATOR
PERONEAL	TRICEPS

Sixties Musicians

```
S  L  L  E  W  Y  R  A  M  A  E  Y  A  K  Y
M  O  J  B  Y  R  D  S  S  A  B  L  S  D  C
U  H  Z  S  R  E  M  A  E  R  D  N  V  Q  E
Q  W  N  H  O  J  N  O  T  L  E  L  F  I  O
S  E  O  P  Z  T  K  N  K  V  M  H  J  T  S
U  H  T  W  A  U  T  W  A  E  V  I  C  K  M
P  T  P  N  L  D  Q  H  L  L  M  P  N  S  O
R  T  A  U  Z  C  E  A  E  I  Y  I  L  H  N
E  S  L  A  M  I  N  A  H  M  K  D  N  A  D
M  K  C  N  H  I  H  E  J  M  O  P  B  D  S
E  I  C  C  E  V  N  E  P  L  I  V  E  O  N
S  K  I  K  I  D  E  E  S  T  O  L  E  W  B
F  R  R  N  R  T  P  F  N  J  I  S  L  S  A
Z  J  E  I  S  S  E  L  T  A  E  B  I  J
J  H  X  C  H  R  I  S  F  A  R  L  O  W  E
```

ANIMALS	KINKS
BEATLES	LULU
BOB DYLAN	MARY WELLS
BYRDS	MELANIE
CHER	MILLIE
CHRIS FARLOWE	OSMONDS
DREAMERS	RICHIE HAVENS
ELTON JOHN	SANTANA
ELVIS	SHADOWS
ERIC CLAPTON	SUPREMES
JIMI HENDRIX	THE MOVE
KIKI DEE	THE WHO

```
K S I Z J N Y H E E F D R E O
A T C P E Q W H U R O N Q E C
T T B T U R E H D L A C Z A N
O E O W O T I H F Y X N Y U T
K S E L A U V E O Q A U A U Z
A N E E T S Q Q X J G M O P G
D A N A R E A E Y A D N B T Z
B G W R Y O C K P M I U O P O
O A A I M A P U C H E M L T W
C R P K H O M Q C I I O I O X
D R Q A C M T O I Z H K R O A
O A E R C A O H B K S C Q C N
L N R E K H Y A W I O E N V T
A K K E K A E E M T B I P B U
I A W D K W A H O M Y U M Q I
```

APACHE	MAPUCHE
ARIKAREE	MAYA
CAYUGA	MISKITO
CHICKASAW	MOHAWK
CREEK	NARRAGANSETT
CROW	NAZCA
DAKOTA	OMAHA
ERIE	PANARE
FOX	PAWNEE
HOOCHINO	PEQUOT
HURON	TOLTEC
INCA	TUPI

DAY Ending

```
L I L R R E I G K S M N G B Z
A F H N Z O N E W Y E A R S U
E E J Y O I B E B F C A L D R
R C K C X I R A A E R I P M E
E D N O M D T T L S D O R F K
D O B E N I H A T T Y R P X A
I O R A D E C P R T O P W E C
S G T L R N A H S U R A P U N
C S J S A T E A A A G M J O A
C K P K R M E P N E B U I Y P
C E E I D F M U E Z L I A C I
D E C O Z L L A G D B M R N P
W K O S Z A I R S H N J A T I
S M B A U G Y R O T C I V S H
S W M W R Z G N I K R O W R D
```

BIRTH
BOXING
DOOMS
EMPIRE
FATHER'S
FEAST
FLAG
GOOD
INAUGURATION
INDEPENDENCE
LABOR
LAMMAS

LUNAR
MICHAELMAS
NEW YEAR'S
OPEN
PANCAKE
POPPY
SIDEREAL
ST ANDREW'S
ST PATRICK'S
VICTORY
WEEK
WORKING

```
A I S L S E D A T I V E T H N
S N L J O A L N G H B N O C A
K H L L E M N D P N A N U T G
S A I I D J A A E I I E P A I
R L P P A V S T L E Q L U P N
O A Y B I T P C E G N Z S E I
S N R A I D L T O C E I I Y R
S T V L E I I A O D A S Z E I
I D L M P C N B E E E R I Y P
C E H P F A T L V F E I A C S
S M E E S T E E L B C D N P A
E R U T C N I T A R I O K E G
S J J X N A I S S E N I D O I
E Y E D R O P S G E O M C I X
M A S S B A W S N O T T O C L
```

ANALGESIC	NEEDLE
ANTACID	PARACETAMOL
ASPIRIN	PASTILLES
CODEINE	PILLS
COTTON SWABS	SALVE
EYE DROPS	SCISSORS
EYE PATCH	SEDATIVE
GAUZE	SLING
INHALANT	SPLINT
IODINE	TABLETS
LIP BALM	TINCTURE
NAIL CLIPPERS	TONIC

Clothing

```
H A O U F S N M B R Y T W C P
T G O G K A D H H S L W J V O
R S U M F R D U N G A R E E S
I G Q S U I X T B F P C U V T
H F L I V F S D R L R K F A I
S A R O D E F O R L O O I O L
L J O I V A T L J A N U C L E
S W D S W E A T E R B M S K T
R I E Z L S S Z D R O A G E T
U P X B K S H F S F O K T U O
P A U J N K A O M I T T E N S
H O T M P C Q P E R S C C H C
D I K O P O G U Z S S B N G O
O J F J G S E R E I S S A R B
J A X N A G I D R A C A D G W
```

APRON	MITTENS
BLOUSE	MUFFLER
BOOTS	PUMPS
BRASSIERE	SARI
CARDIGAN	SHIRT
DOUBLET	SHOES
DUNGAREES	SOCKS
FEDORA	STILETTOS
FROCK	SWEATER
GLOVES	TABARD
JODHPURS	TUXEDO
KILT	VEST

Buildings

```
L O B K W T H C N O E M L Y U
A S M U O D Z J L Z G Y E U T
M D E P R E W O T A N S T E E
E U E E S U O H M R A F O A G
N D E Y O H H V H C R U H C A
I D Q S C O G H C D G M Q Z T
C A W S U H L D A I R Y G O T
C L E T O M K G Y K L C A L O
E L Y M C C A E I T L S L E C
L I K Z V P B O B I T I L P K
T V A C X B S X N H B B E A Q
S V J F A K D I O R D S R H A
A M U Y U H C U A V C I Y C T
C O B I N Z S R L H D F X V P
D G L T A E Y S S E R T R O F
```

ABBEY	GRANGE
CASTLE	HOTEL
CHAPEL	IGLOO
CHURCH	KIOSK
CINEMA	LIBRARY
CLINIC	MOTEL
COTTAGE	MUSEUM
DAIRY	OAST HOUSE
DEPOT	SCHOOL
FARMHOUSE	SHACK
FORTRESS	TOWER
GALLERY	VILLA

Affirm

```
W O V A Q X L B E R U S N E E
Z A H A A E R B E E U R X B G
M B C S S E K P G V S D O T D
R I U S C R A A Z A N T G F E
E W O E E G A A M E Z E A S L
T T V R R A X E F E R T B T P
N V A T T G B E W A F A K R E
A G P D A A D K L S C R H E V
R C R A I D M C W K T O C N L
R Y O A N L E R U J D B G G T
A C F U T D A P I L Q O N T V
W H E I O I Q V O F P R L H L
J E S T R X F H M S N R M E D
I C S I G E P Y Z J E O E N Z
N K A U F U V W Q B X C C T Y
```

AGREE	ENSURE
ASCERTAIN	PLEDGE
ASSERT	PROFESS
AVER	RATIFY
AVOW	STATE
BACK UP	STRENGTHEN
CHECK	SWEAR
CONFIRM	UPHOLD
CORROBORATE	VALIDATE
DECLARE	VERIFY
DEFEND	VOUCH
DEPOSE	WARRANT

```
S V V R B Z C P E J I E Z W E
M T L E J S B K Z P B I V M S
A E C N E I D U A R U I P T E
E H H N S T E C B Q C L N R I
T X A I R D H O I T C A Y Q L
Q S M W G I D G O P T R L D P
A U P Q U R V R I S O R U H E
G N I R O C S A E R T T O P R
A O O U Z W X T L N H R C O K
R B N C K R N E W S E I N I R
H D M O E O C Q P F M V W N E
S H K C C N T R V X E I T T Z
U I A M H G I A L C S A S S Z
B L V P Z Z Y R O M E M O L U
L Y M V E S N E P S U S H B B
```

AUDIENCE	RIGHT
BONUS	RIVALS
BUZZER	ROUNDS
CHAMPION	SCORING
CONTESTANTS	SUSPENSE
HOST	TEAMS
MEMORY	THEMES
POINTS	TOPIC
PRIZE	TRIVIA
QUIZ	VICTOR
RECALL	WINNER
REPLIES	WRONG

Eight-letter Words

```
H O U K W E L B I G N A T H R
A B R O G A T E G E A Y Y E Y
N E E K C G H S B E I M L P S
O G E Y T S A U F N V L D H O
S I L J Y L L U F T I F E D E
I N O Z Z O A A H R L E S E B
R N Q B U Q M A H M O H R W A
R E U S Q O F T R O B L O A G
A R E R U N F O L D E D D R U
G Q N S I I R I P I V N N E E
S E T A L U M E N F E A E V T
E G G E T Y B A G I G M R O T
P M C Z I S I V C E O F I K E
E A E I N G R A N D S O N D A
F A R Y G L H N O T K N A L P
```

AARDVARK	GRANDSON
ABROGATE	HACIENDA
BAGUETTE	INFAMOUS
BEGINNER	MODIFIED
BOLIVIAN	NEBULOUS
ELOQUENT	OVERAWED
EMULATES	PLANKTON
ENDORSED	QUILTING
FACELIFT	SALZBURG
FITFULLY	TANGIBLE
GARRISON	THRILLER
GIGABYTE	UNFOLDED

I	L	L	W	I	H	V	T	M	D	E	S	U	S	C
L	I	A	M	N	U	G	R	L	P	E	R	W	A	X
M	U	R	O	F	T	E	A	T	M	Y	A	R	S	W
O	X	G	B	Y	K	R	P	I	L	H	T	C	T	N
Y	R	U	C	R	E	M	T	L	T	X	S	I	A	E
K	L	S	O	H	P	A	R	G	E	L	E	T	N	X
L	L	W	U	D	P	S	L	D	M	U	D	I	D	A
X	E	E	C	H	O	L	S	T	J	M	R	Z	A	M
T	O	N	T	O	S	I	A	E	K	Q	E	E	R	I
S	V	R	I	G	T	L	A	N	R	N	I	N	D	N
F	K	V	A	T	L	K	B	A	R	P	R	N	B	E
A	F	E	V	C	N	O	B	L	R	U	U	H	U	R
L	V	T	T	L	L	E	B	P	I	I	O	O	G	Z
N	P	U	O	C	Z	E	S	E	I	Q	C	J	L	W
P	E	Q	J	Q	H	B	B	L	R	B	G	X	E	A

ARGUS
BUGLE
CITIZEN
COURIER
ECHO
EXAMINER
EXTRA
FORUM
GLOBE
HERALD
JOURNAL
MAIL

MERCURY
ORACLE
PLANET
POST
PRESS
SENTINEL
SKETCH
STANDARD
STAR
TELEGRAPH
TIMES
WORKER

First Names

```
M N M Y E T M B A R Y O K W E
F Y A T H N F K R R O Y E G G
A T I I B T I L L W E P C W H
S O C V T M E R E R B M I P J
A W L B D S V R G U A E L A V
O L E B A S I H A E R A I E G
S Y N M F H L R W G R E Z Q Z
J U E Q O R V Q H M Y E M O V
L F T Q A L E Y A C N L P M F
J S T I U U O D Q S Y L V I A
E P E S T E P H A N I E O I W
L C D E R M O T T R E N D W A
T Y O R E L S E R R A O E K B
O C O W L V H J I Y A L B A E
N R I Y A M I M E J A B C I D
```

BARRY	GARETH
BARTHOLOMEW	HOLLY
CHRISTIAN	ISABEL
CLARA	JEMIMA
DERMOT	LEROY
ELLEN	ODETTE
ELMER	PEREGRINE
ELTON	RALPH
EMMA	SINEAD
FIONA	STEPHANIE
FLEUR	SYLVIA
FREDA	TITUS

```
N O I S U L L I G I L L V P L
I L L U S T R A T E L O F D A
S U O I R T S U L L I L N M R
I E I H I L L T I M E D L I E
A M L I C D E F L L I L L T B
I U I S L E E R E L I L K I I
I L L I X L T R L S E R E L L
L L L O L L F E B G U S I L L
L I Y N Z L G I A L A L L U I
W W R I E I O L T E L E L S C
I L I L B S U G T T Y I U I I
L O A L F P S A I H I W D V T
L P E I I L L L U C K N E E U
L L I I L L F A T E D F G L I
I L L W I I L L T R E A T E D
```

ILL AT EASE	ILLNESS
ILL LUCK	ILLOGIC
ILL WILL	ILL-TIMED
ILL-BRED	ILL-TREATED
ILLEGAL	ILLUDE
ILLEGIBLE	ILLUME
ILL-FATED	ILL-USE
ILL-FED	ILLUSION
ILL-FITTING	ILLUSIVE
ILLIBERAL	ILLUSTRATE
ILLICIT	ILLUSTRIOUS
ILLINOIS	ILLYRIA

LINE Ends

```
B R O K B B T C I E E M I M T
G H J G E R M L H D Q X E R O
A H A G I E A D P I C K E T H
T W A F N O E N M U M R R C G
Y M Z I G I V A C G M Y N G T
V E Y R R E H L P H X U I N O
C I L G J S F S S C P E D I N
F R X P N C Y A I F L I G H T
S B N F L I T L L F E E B S F
B M K E B P V X B A D D I A D
U U W F I R L I O M G T H W A
Y L V P K S O H E L E N I A M
A P E Z B T A K L C R S S C E
E F N A Z R E S E H E E S L O
K M R T D C A O H N B R O A T
```

ASSEMBLY	LAND
BAR	LEAD
BRANCH	LEDGER
BROKEN	LEY
CLEW	MAIN
FISHING	PICKET
FLIGHT	PIPE
GOAL	PLUMB
GUIDE	PUNCH
HAIR	RECEIVING
HARD	TAG
HOT	WASHING

Money

```
Y E I E S S E A C P R H E M Y
R G L S P W E R K X L T G S S
U R O I S S K T P H Q L N N Y
S A E C Y N T I O S R A A S D
A H S X R C T E E N I E H F I
E C S E L T N C S T M W C G S
R F D E A V R E C S A T O N B
T R H N C U D G R E A A P I U
O N C J O U Y A R R N U E D S
H E O S J T R N I E U J P N U
G K E I U V I I I T V C E U H
S R C D S O C O T N D S L F V
C F A A X N H C M I N T I N G
A D R N S G E X C H E Q U E R
B U C P T H S P A B V S H W U
```

ASSETS	MEANS
CASH	MINTING
CHANGE	NOTES
CHARGE	ORDER
COINAGE	PENSION
CURRENCY	PITTANCE
DUTY	RESOURCES
EXCHEQUER	RICHES
EXCISE	SECURITIES
FUNDING	SUBSIDY
GRANT	TREASURY
INTEREST	WEALTH

In the Shed

```
T E S W F B D M H L R C J M V
R N A E N O L L A D D E R H R
E I R P L H Q A P L P N O D E
T W A L P C X T O T L S H K D
R T X A P N Y O P C E E Q G D
E T O S O E R C B P R T T G A
S Z V T S B L O I L C A N S R
T D U I K K N P Q B O I H Z E
L P I C Y R E H U O R O S C W
E U G B E O O C A T V N T V O
S X Z A B W K F S E K A R E M
X A O G G E X M L J A B D V N
S P C S T T R O W E L A F E W
A N T K I L L E R A P L C I A
L I I U S B O C E S D A B S L
```

ANT KILLER	PLASTIC BAGS
BICYCLE	RAKE
BUCKET	SACKS
CHARCOAL	SHOVEL
CREOSOTE	SIEVE
DIBBER	SPADE
FORK	STRING
HOSEPIPE	TOOLBOX
LADDER	TRESTLE
LAWNMOWER	TROWEL
MALLET	TWINE
OILCAN	WORKBENCH

```
S A T E R L A C I R E H P S A
R A R E L I H P O L G N A S M
D E M A R C A T I O N T D H D
X F K Z N Z A B M F L U K E S
D D C C O M E D Y U S Q B R J
E E E D I R Y T A U N E T B C
N L X M T N I N P V N L C E I
E I Y Y P M S E O T E Y E T M
K C B M R A R O U T E R F S A
A A N O O M T R E R N Z R E S
E T N A A T E H F I H A O D L
W E X R I B A L Y C I T N L A
E N K S B B A N S K P U T I B
M E P Q S P M F A L Z R A W M
T A G G R E G A T E O W L T E
```

AGGREGATE	FLUKES
AMBIANCE	FRONTAL
ANATOMY	LIBERTY
ANGLOPHILE	PALFREY
ANTONYM	SHERBET
BALSAMIC	SNICKER
CADAVER	SPHERICAL
DEBENTURE	SUPERMARKET
DELICATE	TRICKLE
DEMARCATION	UNLESS
EMPATHY	WEAKENED
ENORMITY	WILDEST

Double-letter Starts

```
A O D O O S P H E R E F P O S
A O A Y L L D E L M E I E P I
Z A M Z O T E H T I L O O O S
E W A I Y L A P H F W Y U Y E
M E L A P Q L A A T O C O G N
E L L O C E O M R S R O I O E
M P U G E E A O L H M E U O G
L T R L R J H L L P U N E S O
O L A D O A E T A O O S T T O
O M A O Y W S H O A G K S E S
K L F N E A A S E O L Y T N L
L E L L E H A T X I C B R D I
D A Y L L R A R E O R R O E M
G N I Z O O O G O D H E Z R C
A A R D V A R K V N T E E Y G
```

AALBORG	LLEWELYN
AARDVARK	LLOYD
AARHUS	OOCYST
AARON	OOGENESIS
EELAM	OOJAMAFLIP
EELGRASS	OOLITH
EELPOUT	OOLOGY
EELWORM	OOMPAH
EERIE	OOSPHERE
EEYORE	OOSTENDE
LLAMA	OOTHECA
LLANERO	OOZING

```
I Q U X E E Y O R E S D U H Z
H W N S K N A H S K O O R C B
T N I L A H O Q U R R L X M E
A A C N W S H P D D N A O W N
H H O B N U U O K H X N L H J
A K R K Y I A G A R T M O T I
Z E N Y T R E N V M B A B A R
E R A A A I I T O U A V M S E
L E P N R D G R H N B D U L U
C H O A R T E G I E E U D A R
A S L N X N A L E W P M C N O
U G E E C Y L X G R N O T I W
P A O Y A I F O Q X M O O Q F
U L N P B K X A F W O D A H S
L F Z O P H S M V X H Z P Z Z
```

ARTAX	HATHI
ASLAN	HAZEL
BABAR	LARK
BABE	MONTMORENCY
BENJI	NANA
BILLINA	NAPOLEON
CROOKSHANKS	ROWF
DINAH	SHADOWFAX
DIRIUS	SHERE KHAN
DUMBO	TIGGER
EEYORE	UNICORN
FLAG	WINNIE-THE-POOH

Mythical Creatures

```
T E V N T M E I L I G L F Y P
M I M S E Q A G A Y A B A B P
I N B K U R E G J Z M K V N L
T W F B U S I E E I B M O Z R
Q O U M O R P S A Q W H W R U
L R N U A H C E R P E L K M A
N B G Y P L B N H P L Y S G T
O M R R R L H R R O Y P D Y O
G E M I G Y D T R G O R G O N
A T J A N R T T O A D A E G I
R F N F A P I A G M S H C N M
D N X A T P I F S E E U H O C
H E I X I P B E F I N H D M Z
M G S M T G O B L I N I E E D
H M C Y T C N L U S N S E B M
```

BABA YAGA	HOBBIT
BEHEMOTH	LEPRECHAUN
BROWNIE	MEDUSA
DRAGON	MINOTAUR
FAIRY	PIXIE
GENIE	SATYR
GIANT	SIREN
GNOME	SLEIPNIR
GOBLIN	SYLPH
GORGON	TITAN
GRIFFIN	TROLL
HARPY	ZOMBIE

The Same

```
S M S T E M R E P L I C A J Y
S Z W O L N I B Y E M R S P D
E I Y S B L A C I T N E D I F
N M C N U C P H O T O C O P Y
E O O C O M P A R A B L E X B
K G N I D N O P S E R R O C D
I E G P A R A L L E L F V E U
L R R C G N I H C T A M R E P
A E U M R O F I N U C O A M L
K T E B O D P S O L R K E A I
O L N T E R D W C R A Q J S C
O A T Y O D G L I R J U G F A
L I H C X J O M K Z P A Q L T
D K A H U N V A R Y I N G E E
R L T N E L A V I U Q E F S R
```

ALTER EGO
CLONE
COMPARABLE
CONGRUENT
CORRESPONDING
DITTO
DOUBLE
DUPLICATE
EQUAL
EQUIVALENT
IDENTICAL
LIKENESS

LOOK-ALIKE
MATCHING
MIRRORED
PAIR
PARALLEL
PHOTOCOPY
RECIPROCAL
REPLICA
SELFSAME
TWIN
UNIFORM
UNVARYING

Countries of the Americas

```
P A C J Y D J L B O S B I S A
Y R O A L A I Z C Q A R E J I
A G L M X Z B I G A M T L A V
K E O G A H X U M D A G B M I
R N M R U E Y A C T H F E A L
Y T B A M A N H S R A C L I O
A I I I N A T D G K B N I C B
U N A A P I E E V X Y L Z A T
G A N C F T R H M T X P E R U
A C K I I X F U F A P G C K A
R H O N D U R A S T L K T C D
A I U I I T I A H Z U A L V A
P L R M R O D A V L A S L E N
L E C O S T A R I C A W F L A
R X P D A I C U L T N I A S C
```

ARGENTINA	GUATEMALA
BAHAMAS	GUYANA
BELIZE	HAITI
BOLIVIA	HONDURAS
BRAZIL	JAMAICA
CANADA	MEXICO
CHILE	PANAMA
COLOMBIA	PARAGUAY
COSTA RICA	PERU
CUBA	SAINT LUCIA
DOMINICA	SURINAME
EL SALVADOR	UNITED STATES

```
K A P U Q W D L O G B O O K Z
P I H S G R E G O R Y L L O J
G S P H U O G U U H T E O H Y
N X S E T A R I P N C K V R G
I G C W Y R E N M B W R Y O T
R D I P O S E E N E M A E S C
A Q T K B Y Y A F N R V M W C
F K L N N C O S S G E C Y S N
A R O I I O H E M U B E A C H
E Q T Y B M O A F N R M U H T
S U S X A P H S F N K E T O O
M D I A C A O L T B Y S N O R
P J P L R S Z I E L E C I N R
N B C B Z S L A A H E N L E A
N I A T P A C S C J Z K F R P
```

ABRAHAM GRAY	LOGBOOK
BEACH	MUTINY
BEN GUNN	PARROT
CABIN BOY	PIRATES
CAPTAIN	PISTOL
CHEST	SAILS
COMPASS	SCHOONER
COVE	SEAFARING
CREW	SEAMEN
FLINT	SHIP
GUINEAS	TREASURE
JOLLY ROGER	YO HO HO

Reptiles and Amphibians

```
R X Y L A S M B R E P I V I R
S R I G U A N A D I G E B O I
J E L T R U T R H A K E T E C
Z P C A Y M A N E A R A C H T
F E Z J Z Z B C N D G B A K S
L E T H I T M S V I B M O L O
K K T L W K A H L Q E E O C P
T G N E D E M L Z L O W L X Q
U N N I S C A V E N W T W L C
A I Z Q K C R O C O D I L E Y
T R W I R S N T R A C F A E O
A P R E D N A M A L A S C L P
R S D P S U R I N A M T O A D
A D B U S H M A S T E R E P G
A Y E S I O T R O T Q G Z S L
```

ADDER	NEWT
ALLIGATOR	REDBELLY
BUSHMASTER	SALAMANDER
CAYMAN	SEA SNAKE
CHAMELEON	SKINK
COBRA	SLOW-WORM
CROCODILE	SPRINGKEEPER
ELAPS	SURINAM TOAD
GECKO	TORTOISE
IGUANA	TUATARA
LIZARD	TURTLE
MAMBA	VIPER

```
S U T E U Q I L C I D L M F H
E A X C Y C A R E D E F N O C
W A I Q O E B A T T A L I O N
Y T E I C O S A X S R E D S O
W R G O Z D P A S E W G W Y H
U I C O N G R E G A T I O N V
U B Y A X R M I R K U O R D Y
I E B L R B M Y C A R N C I R
E G D O L E Q O Y A T C Q C A
J K M Y N U L N Q L O I M A S
Q O L T O F O G K T E P V T S
N O O T A L P Y E O R A A E A
I R L F O P O R V N U U G C M
M I E C N A I L L A U Z S U K
H D B H L E S P H E A S O T E
```

ALLIANCE	GENUS
ASSEMBLY	LEAGUE
BAND	LEGION
BATTALION	LODGE
CLIQUE	MASS
COLONY	PACK
CONFEDERACY	PLATOON
CONGREGATION	REGIMENT
COOPERATIVE	SOCIETY
COTERIE	SYNDICATE
CROWD	TRIBE
FLOCK	TRUST

Cats in the Wild

```
Y A G R A M F T R E H T N A P
G E E R U D N N U C L P T M G
S O I L U O E D W U P A N W E
E T T C I T D L K T C U T B O
T A A L E A A R B S H R M R F
A C C C I L A C A R A C C A F
C E S G B Z F P Y P A M W G R
N L A A Y O M W L A O M T U O
E G L C N A B D H F B E N O Y
D N L X P D P U H A D E L C S
L U A W Z O C E L O T Z N X C
O J P R I F F A K X K E N I A
G Y R E G I T D T C S Y E F T
S E R V A L O G H A L J J H D
E A S T W K I R A U G A J W C
```

BAY CAT	LION
BOBCAT	LYNX
CARACAL	MARBLED
CHEETAH	MARGAY
COUGAR	OCELOT
GEOFFROY'S CAT	PALLAS CAT
GOLDEN CAT	PAMPAS CAT
JAGUAR	PANTHER
JUNGLE CAT	PUMA
KAFFIR	SAND CAT
KODKOD	SERVAL
LEOPARD	TIGER

```
I D L E D R O H C N E K O R B
M O F R E T B O A R D I H X X
U T T N I O P R E T N U O C B
R T N O T A B J S U G W L D R
T E A B L A N T Y U T A T A E
C D N M A R O M W U I L E Y V
E N I E D R I R N O S T F C E
L O M T E I S I C E S Z E B R
P T O R P D N V V H F T A Z O
C E D O T G E A I P E S E P E
S F K N F E T J I V S S M P K
H G U O O S Q T Y C A E T B M
A A R M S F C V L M T C A R M
R K J E W H S E L A C S E P A
P A R U E S F N E G D I R B E
```

BASS CLEF	PLECTRUM
BATON	SCALES
BREVE	SHARP
BRIDGE	SOFT PEDAL
BROKEN CHORD	STAVES
COUNTERPOINT	SUITE
DOMINANT	TEMPO
DOTTED NOTE	TENSION
FRETBOARD	TUNING FORK
METRONOME	TWO-STEP
ORCHESTRA	VIVACE
PITCH	WALTZ

Resolutions - Things to Give Up

```
P E A N U T S Q S V Q H P S T
W G G O D T Z K K R E W R T V
E M A E R C M Q C C E A E Z Q
V N N C J E U O O A G G Z O H
S P I R I T S L A I N S R X R
W B A W H G A X C N P S S U G
E S L I A N G N I T I B K N B
A X Z O G S N G N I K N I R D
R V R S G N I D D U P L G H D
I A E Q F G V Y Y S B B A S A
N Y G S Z J I D Y M R Z E I D
G R A U L I R N A K C A K E S
I J L Q S C D G G C H I P S R
G N I B B U L C U S T A R D J
T E E B O R R O W I N G J J K
```

BEER	DRINKING
BITING NAILS	DRIVING
BLOGGING	GAMBLING
BORROWING	LAGER
BURGERS	MOANING
CAKES	PEANUTS
CHIPS	PUDDINGS
CIGARS	SNACKS
CLUBBING	SPIRITS
COLA	SUGAR
CREAM	SWEARING
CUSTARD	WINE

```
E A W E L B B O G C Z G K N M
V P O H U E S L O E T S B I E
K Y L X W I N G T S N A C K T
G U L P E O Y I E I P T M C A
R S A J T Q L G B D W N B U C
M I W O S D N F Y B F N H T I
G E S S A I E P D A L A M S T
K C I P T G O V R O V E X V S
C Z T S A E F E O E W X Z T A
P O R E Z S C E A U I N U P M
J B N R H T A B E G R F M Z Z
N I U S T A I H W D F O B B K
D F L L U T U E A A H Y Q I X
B U O G E M X F F C N F I N E
I B F L E M E Y P R E G N I B
```

BINGE	GULP
BOLT	HAVE A BITE
CHOMP	INGEST
CONSUME	MASTICATE
DEVOUR	NIBBLE
DIGEST	PICK
DINE	SNACK
FARE	STUFF
FEAST	SWALLOW
FEED	TASTE
GNAW	TUCK IN
GOBBLE	WOLF DOWN

Anatomy

```
B C G A S B V S R D W N E N Q
A O N I V Y K G Y V F L E Q R
G L S F M I C E E F C M L A P
U L T A N Y E L G S O S P B F
W A S D E I N V U D O G H Y R
R R T I K R G M B X O N O V R
U B U X T B C A I J H U Q U V
M O G A X T A N G D N L I P S
E N M O X E O H A B R A I N N
F E W P H H A L X P U I K Y E
A R T C E D R N G F H S F D E
J R A E V U T O O I H P I F L
S R L Y C O E L M I P H U T P
T S E O T I R O N K R E T E S
W D J R V Y Y C A J T M K V A
```

ABDOMEN	MIDRIFF
ARTERY	MUSCLE
BRAIN	NECK
COLLARBONE	NOSE
COLON	PALM
EPIGLOTTIS	PANCREAS
FEMUR	SHIN
GUT	SKIN
HEELS	SPLEEN
LEGS	TOES
LIPS	TRACHEA
LUNGS	ULNA

```
Y M C C K S G Y E M T Q B N R
N K L B R G N T L P D F Q X P
Z R N Z O T N R B A U D U O O
P E C U W W Y I A M X R L F L
D T Q T H C L U C Y O Y L P X
O R X P C C O T I A E C V I G
U A I H T G N T W S F H C B N
B G S H A W L Y T I S N A N I
L L O O P S B E C K S Y S S B
E C L I M B R W N S A T T T B
P L C X O C F A K C B W O R I
K O O H T E H C O R C S N E R
T O C L T M O A D B W H L T O
R W W P J S P A I O X W W C S
H C G J Q Y G F R N W D T H S
```

CABLE	PICOT
CAST ON	POLYESTER
CHAIN	PURL
CHUNKY	RIBBING
CROCHET HOOK	ROWS
DOUBLE	SHAWL
FACING	SOCKS
GARTER	SPOOL
HANKS	STRETCH
HOBBY	TWIST
NYLON	WOOL
PATCHWORK	YARNS

Gemstones

```
C Y N O D E C L A H C R U X E
O X B T E E C B Q N D J Y V H
R T E D E B T T Y F K N C T G
N J A L L R S I T U O N X I E
E J M Y A Y I P Z V T Y Z T T
L V Q O H P E H Z N C X I A I
I W R T O A I T P T U R R N L
A J E B R N B S O P D K C I O
N M B L E Z S D L N A A O T P
A E M T A R I T A A T S N E A
B N A P F R Y X O T Z L S G C
B G O U E G E L H N M U R F S
A T D P O L I C I N E U L N K
T M A L A C H I T E B T Z I H
E N I V I L O W A Y C I S K G
```

AGATE	MOONSTONE
ALEXANDRITE	OLIVINE
AMBER	ONYX
AMETHYST	OPAL
BERYL	PEARL
CHALCEDONY	PERIDOT
CORNELIAN	RUBY
JADE	SAPPHIRE
JET	SCAPOLITE
KUNZITE	TITANITE
LAPIS LAZULI	TOPAZ
MALACHITE	ZIRCON

```
D H Q U E S B E J R D V P U Q
B N R Y E P U Q Y S A E U Q U
G Q A T K E S Q U Q T T V W H
V N N S U R U O Q O U E A S L
Q E I Q K O I U P H R M A Q A
U E N Z T C V U Y I C U G L Z
A U B I Z L I Q Q R Q N M V T
I Q E U N I I U U Q R C E K E
N N E T N I U U Q I U A K U U
T U U G I E U Q Q U B A U A Q
I Q Q J O H U Q N K I B L Q D
C E B E U Q U N U J C Y L M J
O U H X Q Q U A K E R A E E S
Q B Q B A L L I D A S E U Q U
S U O L U R E U Q U E E V Q Q
```

QATAR	QUESADILLA
QUACK	QUETZAL
QUAINT	QUEUE
QUAKER	QUIBBLE
QUALMS	QUICKSAND
QUARRY	QUILT
QUASH	QUININE
QUEASY	QUIRKY
QUEBEC	QUIZZING
QUEEN	QUOIN
QUENCH	QUORUM
QUERULOUS	QUOTIENT

CAR Starting

```
C A L A C A R P A T H I A N C
A A I A E N A V A R A C R E A
R C R Y V C A R C A R A V B R
Y C A R D I F F T A C R C W P
R R A C N E N C A R R I A G E
A C R R F O D R S C W E R Y T
C A Q A T L I I A S A V E X L
A R R R C N L R T C E R E N A
R A A C H E O E R A M R R T N
C C O A T S G O S A Y Y A O R
A A V R U A R G D U C R B C A
S R A R R C A Y V R O R A A C
S C A O A Y C B Z Y A R R C R
A C G T C A R C H C Q C A A C
C A N A I L E N R A C R A C C
```

CARAFE	CARNIVAL
CARAVAN	CAROUSEL
CARBON	CARPATHIAN
CARCASS	CARPET
CARDIFF	CARRIAGE
CARDOON	CARRION
CAREEN	CARROT
CAREER	CARRY
CARESS	CARTEL
CARGO	CARTON
CARNAL	CARUSO
CARNELIAN	CARYATID

```
A C P E N A C U L R A P P C G
T L B P Y F Y P A S M E A E N
M P L P O T I O N S S R C A I
P I P E P O I Y P U A O O U S
P O P L A R R L L A L R E U A
G G U V X P O L A T P A G D H
X N R I Q P D B Y N P A I W C
U K I C P B R Z L Z O M Y N R
M E F G A N A A A E A S O A U
P P Y E N O C P W R M L R R P
G E A P T U A Q Y N Y B Z E P
H O P P R H L P X P O L Y P P
B P M O Y C P P P E P P E R Y
M L A S P Y H K J P Q O K O R
F E Z G N I L I A V E R P I P
```

PAELLA	POPLAR
PANTRY	POPPY
PAPAYA	POTIONS
PELVIC	PRAWN
PEOPLE	PREVAILING
PEPPERY	PROBLEM
PERSONALITY	PROMPTLY
PLACARD	PSALM
PLASMA	PURCHASING
PLUNGING	PURIFY
POLYP	PYLON
POORLY	PYRAMID

Swimming Pool

```
Y N T Y F W M F R E D D A L F
T T O W E L S N L E S L I N W
R D L R W O I M M O G O N G W
A C O A E A N R P P A C H H X
P G T V R Q U A N L A T I X R
I E I D C D N W A A B S I A E
R X O U R N C A T Z T V F N F
X E N J A E F A T L O T D L G
C R S S W P K R E N S F U E V
P C F L L E I E N Q U M C K U
K I D I A E A W D D E S N R J
B S U D O D Y O A L F W W O F
U E I E Z D D H N O A M R N R
N P L S W W I S T R O K E S M
F N J F O Q N L B H U K T N Y
```

ATTENDANT	PARTY
BRAWN	RAFTS
COLD	SHOWER
CRAWL	SLIDES
DEEP END	SNORKEL
DRAIN	STROKE
EXERCISE	SUNTAN
FLOATING	TAKE A DIP
FLUME	TOWELS
LADDER	WARM
LIDO	WATER
LOTION	WHISTLE

```
S G H A U S D D B A F A C Z K
R O L H O O E S Z L P I E N C
E C A O O Q T S A B E E L K A
D T A F V O U S S L J L L S S
I F I R O E H Z T A C O P A K
U X O B E L S S E F L P H L C
G A S J I M I W K G S G O F U
D U E G K H A Y N S R N N M R
L R H I W T W C A C R I E U U
E T C Q E L I P L A B K F U S
I P T R N I M O B R N L I C O
F Z A X W O S E B F V A N A C
P A M I C J A C K E T W K V K
S E A T I K D I A T S R I F S
R E N I B A R A K A L F V D C
```

BLANKET	KARABINER
BOOTS	KNIFE
CAMERA	MAP
CELL PHONE	MATCHES
COMPASS	RUCKSACK
FIELD GUIDE	SCARF
FIRST-AID KIT	SOCKS
FLASHLIGHT	SUNGLASSES
FOOD	VACUUM FLASK
GLOVES	WALKING POLE
HAT	WATER
JACKET	WHISTLE

Birthday Party

```
S X Y U H P C A N D L E S L C
U E C O V I Y Z U G F X T V C
P Y E U S F T X D R U H N C R
I L M U A O U H I I M E E C R
I G M M Q S N E E C W I S Y H
P H I W E R N G A M R B E T Y
C L C H E D A K S A E H R P S
Y W S E S S E M I E P J P S Y
J I E U E N L M I R J A D Q S
W D H M R P A S I C H R E X R
B I A K G P S P W E A H D N O
U G T I X L R F K C T T Q W O
N M F H Q V X I L I S F O O D
Y T R H A C O M S R N S I L N
S N O I T A R O C E D S H C I
```

CAKE	HATS
CANDLES	ICE CREAM
CARDS	INDOORS
CLOWN	MARQUEE
DECORATIONS	MUSIC
FAMILY	NAPKINS
FOOD	PRESENTS
FRIENDS	SONGS
GAMES	SPEECH
GIFTS	SURPRISE
GUESTS	THEME
HAPPY	WISHES

```
A F F O N U R K D R R E B Q E
H J C I P G M T I N E G X Y Q
O S G W A C E B B K O V J I N
A E U Q D Q S T M P A C I M T
B U Y W V M U D O N D U S R V
U R A F A U G I I U L V J B D
A L E H N Y Q S C O T O I L A
K E X L C A H D P K U R E E F
R S J Q E W W P N R A A E V T
A O S C L A J T N B V V F A U
B O H T S N S E I E O V O R O
M M T P A U Y E G M R T W T D
E A Z U P R A E P P A S I D A
E V U F F O T E S C R A M M E
E S R E P S I D S D A A U A H
```

ABSCOND	MOVE
ADVANCE	QUICK
BEGIN	RELEASE
DISAPPEAR	RUN AWAY
DISPERSE	RUN OFF
DRIVE	SCRAM
EMBARK	SET OFF
EXIT	START
GET OUT	TRAVEL
HEAD OUT	VAMOOSE
JOURNEY	VANISH
LEAVE	WALK

Jesus

```
N K P M N O D T S E R R A G S
R N N H O H O O Y W S Q V Z E
X E O S H X R M A N G E R O M
D J I T N P E V A Q D Z U F A
F T X A H K H M Z M Y R R H J
S W I B A U O I S L E P S O G
D B F L I R C Z L N H M L N S
R J I E S N E C N I K N A R F
E P C T S I R H C E P J N R E
H P U H E N M O E G L Q Y N Y
P N R B M A Y O S N Q P R O J
E T C C B Y X U N W D K M U R
H K B R Y U U R E M E E D E R
S H U G A L I L E E L A I R T
I O W L D L O G H E S X P C C
```

ARREST	MANGER
CHRIST	MARY
CRUCIFIXION	MESSIAH
FRANKINCENSE	MYRRH
GALILEE	PHILIP
GOLD	REDEEMER
GOSPELS	ROMANS
HEROD	SHEPHERDS
JAMES	SIMON
JOHN	STABLE
JUDAS	TEMPLE
LUKE	TRIAL

R Q R R G O Y H S U R E Q C V
E R W R T F C A O H P C B I W
L C E K T W F I W A V J Y S Q
L G F D A Q R D X Y A P H E S
I K J H L Q A R S N V F N U J
T Q S P P A N B R A D L E E R
S Y N N G C K S T T E Y E L R
O D D O N Z L T N E Q J R B L
X X N D T M I E H N E G G U G
F I R A E L N U Q C E X W G G
A R Y K S L E B U K E M O O R
X C O H M O H J R W B H T X L
C L A H E R O M E A D A V I S
L H M L W U C S I Z T P F J Q
N H R X F S T K N E U T H U B

ALDER	MOOR
BRADLEE	MORE
BRATT	NETANYAHU
COHEN	PLATT
DAVIS	RUSH
ELTON	SANDS
FRANKLIN	SHAHN
GREEN	SHAW
GUGGENHEIM	STILLER
HECHT	WAY
HUR	WEST
KUBELSKY	WHORF

Rivers of Europe

```
M A R E C C H I A D J T W O A
C E N O T L B N R E V E S Z V
M R D O H Z Y A J D S S E A F
G L F W V F V D P M Q D A U L
W I N R A A K X E I N C J V X
C V M J Q Y E L I I K M N J A
C O Z O R N B R E N D E O X Y
R L J O N B E S O Q N F C C V
H J W E I E T M C I A N I O S
Z G I R R E K E H N M E B R Y
E V V I R A G R T F D Z U G E
A N I O I R T O F E D E R N U
U N O L Q R K A L L I M I A N
A F A H S Z T I N K C E R S D
B Q Y G R E A T O U S E U X E
```

ALIAKMON	OFANTO
AVON	RECKNITZ
CLYDE	RHINE
DNIESTER	RHONE
DRAVA	RIBBLE
GIMONE	RUBICON
GREAT OUSE	SANGRO
LIMIA	SAVA
LOIRE	SEINE
MARECCHIA	SEVERN
MEDWAY	TAFF
MEZEN	VIENNE

```
I E N A N G E L I N A X X S T
Y S S B A C Z F J P V S F A O
V D E R A T H T I M S M E N E
Z I Z V T J A L A V A Z R J F
H A Z V E D W A R D S V U A M
N O S T R E B O R Y R R U C S
P M M T W Q R Q C M F N Y I G
R M S U E D T L J N W R Q N W
G E A U N P X H O D A E H T Q
N N P E T I H R A M A L F O B
D A U S T I N E C T N Y B U U
Q Z G O A D T N N O A T U L L
W P O A Y J G U A S O P Y P R
N A M R E H S A X F R K A V B
V C U Z Z R A N D A L L E Z N
```

ANGELINA	REEVES
AUSTIN	ROBERTSON
BLANCO	SAN JACINTO
COOKE	SCURRY
EDWARDS	SHERMAN
ERATH	SMITH
FANNIN	STEPHENS
GARZA	TITUS
JASPER	TYLER
LAMAR	YOUNG
RANDALL	ZAPATA
REAGAN	ZAVALA

Footwear

```
E F W R Q J N J B S S S F S H
O S S R E D A W O T H E M K N
G T P A S N I S A C C O M C J
V O S A B U S L E S U T E O Y
S B D E D Z F P V G K P G S R
S A Q C H R C B O S D E P U E
K S W C A S I L R L F E P Q I
C M U L E S O L O O F P W X S
A G A C A A U L L G G P C L O
B T N L F C S A A E S U I O H
G Z I E B C E B L G S P E L K
N T R G E X T U P S P U F S F
I S S Y H Y A H P E X M A C X
L T P N D T K J R S S P T Q Y
S L A D N A S S G H C S I H N
```

BROGUES

CASUALS

CLOGS

ESPADRILLES

FLATS

FLIP-FLOPS

GALOSHES

HOSIERY

LACE-UPS

LOAFERS

MOCCASINS

MULES

PEEP-TOES

PUMPS

SABOTS

SANDALS

SHOES

SKATES

SLINGBACKS

SLIPPERS

SOCKS

TIGHTS

WADERS

WEDGES

```
S G G N I D E E P S A S A D S
T X N Y R E L L A G Y D E G U
Z Y I F R E Y W L R M C R F C
M R N U L A H B E I N Z O N R
C A A N E Y T T S A A O J I I
A R E F D L T S R E T L Y A C
M B L A Z O I T O B N R N R B
E I C I L O N G A R R A E T R
N L Y R N E W L N E U N L E T
I W R A F F L E F I I E T P R
C B D M X G A D D L K U Q I E
O N E W A Y A R R I R R I K C
L Q D M Q N T I H N R R A Z N
O Z E D C O A C H T R I P P O
S M U E S U M A N D I T A L C
```

ADMISSION	FUNFAIR
AIRLINE	GALLERY
CINEMA	LIBRARY
CIRCUS	LOTTERY
COACH TRIP	MUSEUM
CONCERT	ONE-WAY
DANCE	PARKING
DRY-CLEANING	PLANE
ENTRANCE	RAFFLE
EUROSTAR	RETURN
FERRY	SPEEDING
FOOTBALL GAME	TRAIN

Beekeeping

```
A I J X H R N H R O Y A L Z T
R N R I N E B M O C Y E N O H
E S V R E T O O N M Q Y B S G
E E J U C S S E T I M Q O G E
S C Q J L U L A R V A E A G T
B T N Y L L E J L A Y O R E Y
U F R B O C P R D P G G D Q W
R G L P R O R O Q K S D X R C
S N S O Y O O A G O D E E E H
L I E V W F O N T R F G E K J
L M Q S D E I D O C D N X R Z
E M R D T T R M K U E I O O T
C U Y A S S G S D S G N I W V
A H U A W L H D O I S L D B J
Y C B D S S C B E E Z W M A R
```

BOARD	MITES
BROOD	NECTAR
CELLS	NESTS
CLUSTER	POLLEN
EGGS	QUEEN
FLOWERS	ROYAL JELLY
FOOD	STING
HIVE	SWARM
HONEYCOMB	TREES
HUMMING	VEIL
INSECT	WINGS
LARVAE	WORKER

Results

```
S K B P T N S E Q U E N C E X
N U D E C O N C L U S I O N I
O B N W N E O Z O U T C O M E
I K O H U D W H C R C C U T Y
T S I S N H I C S L E G P C T
A P S I E K T N M F F F S I I
C I S N T Q I I G S F P H D L
I N U I C O U Y Q O E O O R A
L O C F U J R E Y C R A T E U
P F R P D Q F A L F E N W V T
M F E V O M P E F D T S I I N
I M P O R D D K P Q F W N M E
N N E W P A O G R Z A E D F V
Q M R L R K V J Y A H R U K E
J U D G M E N T Q C M O P B Q
```

AFTER-EFFECT	OFFSHOOT
ANSWER	OUTCOME
CONCLUSION	PAY-OFF
ENDING	PRODUCT
EVENTUALITY	REPERCUSSION
FINISH	SCORE
FRUIT	SEQUEL
GRADE	SEQUENCE
IMPLICATION	SPIN-OFF
ISSUE	UPSHOT
JUDGMENT	VERDICT
MARK	WIND-UP

New Year

```
L A Y L H A N G O V E R K Q E
F R E D K P S L A O C C S F E
I E W R A E Y W E N O E Y N R
R S F R M N H O Q L H H P I A
E H T G M I C T C S I S P E U
W Y Q R S I Y I I C J Y A N Q
O L T K E J D W N R K G H T S
R F E H I A P N U G I B A O S
K Y T N E J M L I C Y P P A E
S S G N I T E E R G H D S S M
N W I M F U T U R E H I R T I
I W D I S G E B A H Q T M A T
M N E B G I B O E V C F U E M
R E S O L U T I O N S H S V S
N F Q E N Y S G N A L D L U A
```

AULD LANG SYNE	MIDNIGHT
BIG BEN	NEW YEAR
CHIMES	PARTY
CLOCK	REEL
COALS	RESOLUTIONS
DANCING	SPIRIT
DRAM	STREAMER
FIREWORKS	TIMES SQUARE
FUTURE	TOAST
GREETINGS	WHISKEY
HANGOVER	WINE
HAPPY	WISHES

```
C A R A T S L E T Y K C G J N
A N S W R E G N E L L A H C V
I U K H S A T E L L I R H I I
B L W G G O L L O P A O K F I
M J U B I R Y S Z T V I C T O
U K Y N E O K U L M N Q S E H
L G L G I Y T A Z G Y U L N T
O R N U L K N T M V D I E A U
C A Q O N T U O O R L K S L Y
R J N N I O B S A A N O Y L L
C U O S J C K T G O H T B E A
L E I R A H S H R T C S Z G S
F G R M O I H S O B F O E A F
E E O D W Q G K T D N V I M U
A U R E N I R A M D V P E B H
```

APOLLO	ORION
ARIEL	RANGER
ATLANTIS	SALYUT
CHALLENGER	SKYLON
COLUMBIA	SOYUZ
GALILEO	STARDUST
GIOTTO	TELSTAR
LUNA	VEGA
LUNIK	VIKING
LUNOKHOD	VOSKHOD
MAGELLAN	VOSTOK
MARINER	ZOND

Alice in Wonderland

```
M B O N N A Y R A M N T F G R
P H N U K H P L Q E A G R C E
D E M T A E S L I C E Y S R P
M A R C H H A R E L P T V E P
M W C M J G L R A H R G H D E
O S E L D D I R O A N E V K P
O F U H D H L N E I S V G N Q
R X R O S E S H K C H A N I D
H C P E D T F D N E L T U G T
S T H R V O E R U I T T P H W
U C E Y E R Q U C C O I O T A
M A F V R S F E Q D H F H C L
M R A I E O R A O O W E O W R
I N R V H C L D I F R O S H U
K R E T N E P R A C K C S S S
```

ALICE	LORY
CARPENTER	MARCH HARE
CHESHIRE CAT	MARY ANN
COOK	MUSHROOM
CROQUET	PEPPER
DINAH	RED KING
DODO	RED KNIGHT
DREAM	RIDDLES
DUCHESS	ROSES
EAT ME	TIGER-LILY
GRYPHON	WALRUS
KNAVE OF HEARTS	WHITE KNIGHT

```
S Y U P E C T O G A C I H C N
G R K L N Z Z T U T A R C A O
D E E A Y A R F R K E Y H D C
I H C C P A C E R L F M E R A
R C T A C J K E K A D D I G B
E A A T C C O C P E I E G I H
C E O E I B A K T C C F N P O
T R K L S H U A N N E D I V C
I T F C S N I I E O I H K U V
O N U C I C O C Y C L C C N D
N R A I N C O A T S M G I I W
E F M U L N C I H L C S P C N
O V N L N H N G F A B C N O V
O E W I T G S T R I C T U R E
C R O E L C N U T E C A F N I
```

BACON	PECAN
CHICAGO	PLACATE
COINCIDED	RAINCOATS
CONCEAL	RECAP
DIRECTION	SHACKLE
ENUNCIATE	STRICTURE
FACET	TRACTOR
FLICKER	TREACHERY
INDICTING	UNCLE
INNOCENCE	UNICORN
NICHE	UNPICKING
OBSCURE	YACHT

Double F

```
X F F I J F F U L A F F T M S
A I S T A F F A D S R E C R F
F F F U L B S I L F F U I Y A
W A F F U G W F U J A A L P E
F F H X A Z H F L Q F S F F N
A I F T U M I A I F F T F E I
C T F H T L F R A D M I A F E
I I A B C W F F F O C F A F F
F F U B E R Y F N I M F J A F
F F U A F A U F E I F L W C A
A A F F F F I N F A F Y F E C
R R R F E L C U B U T F O L D
T G U L U Y O L E Z L P I U I
F F O E W F E V Q B D F F F F
F A B N E T A I L I F F A Y F
```

AFFABLE	EFFICIENCY
AFFAIRS	EFFLUX
AFFILIATE	FLUFFY
AFFIX	GRAFFITI
AFFLICT	GUFFAW
BAFFLE	QUIFF
BLUFF	RAFFIA
CAFFEINE	REBUFF
CLIFF	STAFF
DUFF	STIFFLY
EFFACE	TRAFFIC
EFFECT	WHIFF

```
E X K R E D I C E D T I I S H
T K Z Y S I A E U Q J P J T N
A B I X P H Z T K L G K O B U
P Y Q L O I R F P Y L L I D K
M N U L U F K I I C F T E E A
U D N I S E J S Y X A I E A W
J I Y D E J C E P K O L T A N
W T W M R H S I E U E N N A T
R N T M G O M U O C T T G U R
O I H U P S P H T V S L O E X
F O C O N F I R M E Q K S W H
E P R W E K P K E Y C O H X C
T P E C C A A F F I L I A T E
O A Y F T I I V P V I H I S Q
V C H P M T J K E V O R P P A
```

ACCEPT	JUMP AT
ADOPT	LIKE
AFFILIATE	PICK OUT
APPOINT	PROPOSE
APPROVE	RATIFY
CONFIRM	RESOLVE
CULL	SEE FIT
DECIDE	SIFT
ELECT	TAKE UP
ESPOUSE	VOICE
FIX ON	VOTE FOR
GLEAN	WANT

Authority

```
H Y T N G I E R E V O S A Q C
I N F L U E N C E W R N U G H
T N E M N R E V O G A O T M B
C N J U R I S D I C T I O N P
N O I S S I M R E P W N C E O
C I M N U N I Q E T I I R W W
O T Z M T P H R Q Q C M A A E
N C A G I E P L E U I O T R R
T N Z A R S R O I T D D I R R
R A F I S K S E R C S Q C A X
O S P W R G W I S T E A K N R
L M A R D W X K O T U N M T E
E Y U A L L O W A N C E S F D
U L F Y C N A D N E C S A E R
E S U P R E M A C Y L W D W O
```

ALLOWANCE	MASTER
ASCENDANCY	ORDER
AUTOCRATIC	PERMISSION
COMMISSION	PERMIT
CONTROL	POWER
DOMINION	RULE
EMPIRE	SANCTION
GOVERNMENT	SOVEREIGNTY
INFLUENCE	SUPPORT
INTEREST	SUPREMACY
JURISDICTION	SWAY
LICENSE	WARRANT

```
I  S  S  C  I  A  S  O  M  S  O  G  Q  S  R
W  A  U  V  A  U  G  U  S  T  U  S  U  R  X
D  T  I  T  U  S  R  V  U  Z  R  I  G  E  B
S  I  L  R  U  O  G  O  D  E  D  R  C  Q  K
U  B  E  O  F  R  W  I  M  U  V  P  U  E  A
N  E  R  T  N  K  B  U  A  A  M  I  T  K  D
A  R  U  A  E  A  S  L  C  B  N  X  L  R  B
I  P  A  I  R  R  C  B  A  T  W  B  I  L  Z
R  X  S  D  O  C  E  W  I  R  A  C  Y  A  A
O  X  U  A  S  Z  X  L  K  S  A  L  N  C  B
L  Y  C  L  L  E  L  G  I  E  E  Z  I  E  Q
F  Y  R  G  N  U  V  L  S  G  A  P  L  N  U
Q  T  A  X  S  S  I  A  I  P  P  G  P  E  P
Z  V  M  F  Y  C  R  O  L  V  T  W  L  S  B
O  I  Q  J  A  F  N  P  K  S  Y  C  D  E  S
```

AUGUSTUS	MARCUS AURELIUS
BASILICA	MOSAIC
BRUTUS	NERO
CAESAR	PLINY
CLAUDIUS	QUINTILLUS
DECIUS	REMUS
EAGLE	ROMAN
FLORIANUS	SENECA
FORUM	SLAVES
GLADIATOR	TIBER
LEGION	TITUS
LIVY	VILLA

African Tribes

```
A O Y B C Q U B S O M A L I Y
C S C K M N R T I A S A M F M
M N S R H E I G N R Z M S W W
U E W A D O F U N A X A Q A T
R K R G B B I H B A B T B S X
S I Q U A B A K S E F A X U I
I B D P S M N A H R T B W A A
Z I I V U F A D T O O E G H Z
Z B N D T P S N W I I L M L I
Z I K T O H Z A D C H E O Z N
B O A S M U L G Q I U D U N S
F K L O W T A K V P N L G L G
S Q S N S U R P A X U G L V O
S W K G I S N E L L A T O A X
D N I A I O Z A N O H S Y A X
```

BANTU	MASAI
BASSA	MATABELE
BASUTO	MERU
BETE	MURSI
DINKA	RIFIAN
FANG	ROLONG
GANDA	SHONA
HAUSA	SOMALI
HUTU	TALLENSI
IBIBIO	TSONGA
KHOIKHOI	YAO
MANDINGO	ZULU

```
L A L T N X M C L A C S H Y L
N L L S U O N I M U G E L L I
O K O O M L F Y I L E L L W E
I E D A N O M E L L R I O R
T L I O N E S S I A E U A L Q
O A I Y E E L I L F B G B J Y
M L A I T Y D I L B I E I D G
O Y A P I H S R E D A E L E C
C P R X L L L R A S Y O I B L
O F R E I O E B S L T T T B I
L I B B T T P D E F D W Y O A
P I O H A T Y V H C V C P L I
L H C T A L O N O D N O L R S
L A S E O L Y L L Y P M U L O
L Y I O G Y L O D G E S L G N
```

LABEL	LIONESS
LAITY	LOANED
LATCH	LOBBED
LAXITY	LOCOMOTION
LEADERSHIP	LODGES
LEASEHOLD	LONDON
LEGUMINOUS	LONELIEST
LEMONADE	LOTTERY
LIABILITY	LOVELY
LIAISON	LOWLY
LIBEL	LUMPY
LILY	LYNX

Ghosts

```
V G N I T N U A H D S M A L L
O T S I E G R E T L O P Y U C
T R R E V E N A N T I W G O Z
E X O R C I S M N Q R H S S O
K X I D B D S A U A O P U B M
N O B N T A H I I S H S P T B
O F O A C P N T T A U P E I I
I S G P H O H S N A D E R R E
T S E E S S R T H H N C N I N
I H Y K S L A P S E P T A P D
R A M G Z S Q R O F E R T S X
A D A H M J E G T R F A U W X
P O N O Y X Y N M Y E L R Z F
P W F U A L J X C A G A A S T
A B A L E C N E S E R P L T J
```

APPARITION	POLTERGEIST
BANSHEE	PRESENCE
BOGEYMAN	REVENANT
ESSENCE	SHADOW
EXORCISM	SOUL
GHOST	SPECTRAL
GHOUL	SPIRIT
GYTRASH	SPOOK
HAUNTING	SUPERNATURAL
INCORPOREAL	VISITANT
PHANTASM	WRAITH
PHANTOM	ZOMBIE

Exciting Words

```
D E K F M D E U E E Q M O V E
H O Z M A I U L G T H C N O E
A S R O M B E R P I I F V T F
A R G P M C A P L U E E I V E
K E E G T H T R C U R C W M Q
F L T R C D E O U W N I A F S
N P I A V P S V R I K L T W Y
E F U M R J P O T K F B X S Z
Y C R K I A U K E N U L Q T F
Q V U N R G L E I S S A U I M
N C S D H O O I T C A H R S D
L E S T N C W L H A D E A G H
F C K W E I E N U X L X T K X
K V Z A A H T E N S E U P F E
B I X X W Y W S C Y P B A O L
```

BUSTLE	OVERWROUGHT
CHARGE	PROD
ELECTRIFY	PROVOKE
EXHILARATE	SHAKE
FIRE	STIR UP
FLUSH	SWAY
GOAD	TEASE
IMPEL	TENSE UP
INCITE	UPSET
INDUCE	WAKEN
INFLAME	WHET
MOVE	WORK UP

```
E L U D E H C S X L Z E A P V
Q O E M S B B W B Y N I B V T
G Q Z O N S G N I T A R U R S
M H F I E Z J K E H E E O Q B
F O E D R G V R T P O P E R A
E Y C U D S T L E R S V T C A
S Y G T L A A A E E F I L M S
W W S S I E T A G R V P J O P
I D E N H S D R I E V I N W C
D J I N C N V E S C M A L P R
L N I W U U S M R O I U G C D
G Z K O C T Q A R R A Z S R A
U O S E A P V C X D Y P A I S
A M A R D Y Y N E E R C S M C
H Y S Q A W J Q D D K O B E N
```

CAMERA	PRE-RECORDED
CHILDREN'S	QUIZ
CRIME	RATINGS
DRAMA	REPEATS
ENTERTAINING	SCHEDULE
FILMS	SCREEN
HEALTH	SITCOM
LIVE	SOAPS
MUSIC	SOUND
NEWS	SPORT
ON AIR	STARS
OPERA	STUDIO

```
J H E T T E E R T S L L A W H
F I S G Y H I Z A K E V S L A
N F K M N D E C M A M K U H S
R Y F E Y A E A S S Y N C S R
B O L H R B H T T L E R M S E
R I E K I A R C I E U U E Y P
O S G R O I U N X H R G L N A
A Y T A V O E Q C E Y S R A R
D C N E P G R Y S U K Z A F C
W A R Z E P T B N D O C H F S
A M M L I I L H R Q L H O I Y
Y B R O N X Q E E L Q A O T K
E L L I S I S L A N D R R S S
U G R E E N W I C H E L S E A
Z T S N E E U Q Y A W B U S H
```

BIG APPLE	SAKS
BROADWAY	SKYLINE
BRONX	SKYSCRAPERS
BROOKLYN	SOHO
CHELSEA	STOCK EXCHANGE
EAST RIVER	SUBWAY
ELLIS ISLAND	THEATERS
GREENWICH	TIFFANY'S
HARLEM	TRIBECA
HERALD SQUARE	TRINITY CHURCH
MACY'S	UN HQ
QUEENS	WALL STREET

Lord of the Rings

```
H G D P E J Q R W A U F D Q L
N A C T S B E Y A I D G Z Y O
M L N A H O R L T D Z A A P G
E A T E M E F A E R A A R Z A
R D G E N E O R N D O G R V E
I R R O E O R N E D O L A D M
H I N L T E Y R E F Y R L S S
S E F L D H Y T Y R F B A G T
B L F I I J M E N S I A U S V
O U R A Z G O O A E N N G C N
N T V A D Y R L G J V H G E K
S B U W B C O E P C W E W C A
K C A T S G C L B W Y R L A Q
S R D T E B T M A R A E N E Q
F O H L S I L M I G I L D O R
```

ARWEN	GOTHMOG
BERGIL	LEGOLAS
BRANDYBUCK	MERRY
DWARF	ORCS
EDORAS	RADAGAST
ELEVENTY-ONE	ROHAN
ELF	SHIRE
EOMER	SMEAGOL
GAFFER	STRIDER
GALADRIEL	THE ONE RING
GILDOR	TROLL
GIMLI	WIZARD

```
L E M K F L A P A R N N A W P
E E L N T R J C E L B B A B J
C A E J E N J T N L U J E Q W
T B I L S R A T U F T P T G C
U C A T T Y U R B L T E A Y L
R T D U S T T M E R E T T A N
E B R O N O A U R X R A S P U
L N U E U Y G T N U O C E R G
E W Q T T N N E S P M I E O Y
R T A S A N P S O O M F L N R
E V A R F D A R E W G I W O L
F X A R D U A B R W N T L U V
N H U K P T H E A O G N L N F
O A R G E C G M W W H O E C L
C O M M U N I C A T E P T E D
```

BABBLE	PONTIFICATE
BANTER	POWWOW
BLURT OUT	PRATE
COMMUNICATE	PRONOUNCE
CONFER	RANT
DRAWL	RECOUNT
HARANGUE	RELATE
JAW	STATE
LECTURE	TALK
MURMUR	TATTLE
NATTER	TELL
ORATE	UTTER

Warships

```
N G S E T T O L R A H C N Z L
I V I C T O R Y I U A R G U S
A T W N H I R U O S S I M P R
H A G J T A X D W V K S B H O
U Y E D E R R Q A M F I E T Y
H L T T D N E N U Z F V F L A
Z O T L E I T P H O W A R D L
E R Y I N N K E I O R Y L A O
F H S E G A R D R D R N M R A
G C B X A E D O P P M S G I K
M Z U L K R R O H K R K T N W
J J R Q A V J H J X D I R G X
E S G G G P R Q J I Y Z S D M
K Y O Q I N G D A O J N F E L
C N G L R N O S L E N W H E T
```

AKAGI	KIDD
ARGUS	MISSOURI
CHARLOTTE	NELSON
DARING	QINGDAO
DRAGON	QUORN
ENTERPRISE	ROYAL OAK
GETTYSBURG	RUSSELL
HOOD	SCHARNHORST
HORNET	TAYLOR
HOWARD	TIGER
INTREPID	VICTORY
IOWA	ZHUHAI

```
A T F C V L I Z T A E J F C D
V P O L E V E D E U Z F E V B
L G X P L H N W M C S U R G E
U Z O S C L T I F E N E B A T
M R E R A E N T E G D A F F T
P N A O V K V Y G J N I H O E
N M E G P F Y O D H A E T N R
F F R O N R R L L I P S H E E
M O V E A L O N G V X A J V P
W U X W X R Y M S S E E I O S
C Y S Q B A A K O X A R D R O
Z S H O V E L I Y T H C N P R
S L O W A T R T S T E N E M P
H S P U P E T S N E K I S I S
T A U G M E N T I A E B X M R
```

AUGMENT	INCREASE
BENEFIT	MARCH
BETTER	MOVE ALONG
BOOST	PROMOTE
DEVELOP	PROPEL
ENHANCE	PROSPER
EVOLVE	RAISE
EXALT	SEND
EXPAND	SHOVE
GET NEARER	STEP UP
GROW	SURGE
IMPROVE	THRIVE

Roman Deities

```
D I E M S R G E H E D R A S O
V T O U Y A I T N A D N U B A
E R U N V S S Q P E F B G C M
S N Y E U E A O C Z A Y B A A
I W N U R J L I J T Q R R M N
A U Q E L L M B S A N S P E A
S D C G O A S E N X N S L R I
E F O I O J V A J H Q U C C D
E N I D Q T S E L F N L S U R
E G E R I A U W R A G A N R O
T T I L B N U L K N C S G Y C
R G D I E R R P P L A I T Y N
A T R O M S B C M I J O A X O
T K C E R S E C U R I T A S C
A B U N D A F O S U L P S N I
```

ABUNDANTIA	LUNA
APOLLO	MARS
CERES	MERCURY
CONCORDIA	MORS
DECIMA	MORTA
DIANA	PLUTO
EGERIA	SALACIA
FEBRUUS	SALUS
INUUS	SECURITAS
JANUS	SELENE
JUNO	VENUS
LAVERNA	VESTA

```
V B G Y N N U B F B V E U G C
Z O N R R D S U A P C U O H H
T N I N O I S S A P A O U O F
N N L C M N K P I P D R T Y O
O E K H P E M Y O F C C A A S
I T C I T I M G R H R F K D H
X A U C L G T I B O S Z B I E
I L D K P R D Y S P T H F L E
F O D R I A C S A P L O Q O L
I C Z A Y Y B L C W R A M H I
C O L C A U M Q Y H I P M B L
U H Q D N S U S E J B R Y B Y
R C N S Z U G A G E B I Q D C
C U Y P T H G G Q E O L L X H
S O G H S I F L E G N R S B O
```

APRIL	HOLIDAY
BASKET	HOT CROSS BUNS
BONNET	JESUS
BUNNY	LAMB
CHICK	LILY
CHOCOLATE	PALM
CHURCH	PARADE
CRUCIFIXION	PASSION
DUCKLING	RIBBON
EGGS	SUNDAY
FISH	TOMB
GOOD FRIDAY	TRIAL

Fish

```
F E L G O L D F I S H A R L S
S M W S M F L D R T T O S P S
P J O A D O L R T I P Q R G A
Y L A C U U G U A N X A S V B
E Q A N W P N B K G C P R P A
C Z D I U B E M D R S H A R K
A E J F C T P H G A P Y J A J
R R F W I E R O C Y E R G E O
E E A H S A D E Y R R D U Q H
R S W G H R A C P X E M F D N
R E K C U S P M U L H P D X D
G U W P B L A U S I C A A S O
N C S Y V L E T S S C H R A R
I S A C L Z F B A E W K U L Y
L E A D U C A R R A B E N B A
```

BARRACUDA	LUMPSUCKER
BASS	PARR
BELUGA	PERCH
CARP	PLAICE
CHAR	PUFFER
CHUB	RUDD
DACE	SHARK
FLOUNDER	SOLE
GOLDFISH	SPURDOG
JOHN DORY	STINGRAY
LAMPREY	TUNA
LING	WHITEBAIT

```
T P B T K T E X S Q F R Z N G
E L R N W Z Q S K E R A C O F
E T U O T U C Y U U G H U T V
H F D S M Q I A H O O R S E O
S G O J O P H O R R H T I S I
E N L O W B T T E C A C W D N
U I I I T L E O O G D I E M T
C G N E H L G X E L R E A K E
F G E G B R I M D A C K C N R
S I S A A C A G B Q B A L K V
H R C P Q N P U H L S P O M A
J W H G A F E A R T L F L T L
L E F G A I D X R A S A A A P
R J E I A N L D M T T L C D Y
O R T E S E R P P L A C E S E
```

CABLE	INTERVAL
CALL	LAMP
CAST	LINES
CHOREOGRAPHER	NOTES
CLOTH	PLACES
CUE SHEET	PLAY
CUT-OUT	PRESET
DECK	PROMPT
FADE	RIGGING
FOOTLIGHTS	STAGE MANAGER
GRID	TRAP
HOUSE	WINGS

Double M

```
E B F E T A D O M M O C C A A
M A P L U M M E T E M M E M H
M E Y V U R O M N N X M M I E
C L M T X M E U M O Y A M T S
Y I W M U S M M H I G C A A U
Y M R P E M J O M T M C N O M
N M M T I N M G X I I F U R M
D X M U E V T Y T N L O E A E
E N M E D M M A U U I G L M Y
F M A E J M M M L M O S A M U
R E M M I S M Y M M A M M A L
E T V H M O T E S A M U M R U
M P S B C O N N Z A H M A G I
M U O X N S C R N C M T S Z D
C E E N E A G W D I L E M M A
```

ACCOMMODATE	GAMMA
AMMAN	GLIMMER
AMMUNITION	GRAMMAR
ASYMMETRIC	IMMENSE
CHUMMY	IMMUNE
COMMAND	JEMMY
DILEMMA	LAMMAS
DUMMY	MAMMAL
EMMANUEL	PLUMMET
EMMENTAL	SHIMMY
EXCOMMUNICATE	SIMMER
FLUMMOX	TUMMY

```
M E Z I G D S W I N D M I L L
P E H P S L L S K O W U Z L Z
H D I O A P N E O U U R W C M
D G U M R O I W I L S I I S M
S Y I E W S X N L F Y E N U R
W N X B M O E K K H H L V M W
A O A C F R C S V E R C Y I H
B L H P O L J H H E Y J N N Y
L O P U O W M O L L I E N I M
O X L V M L S A N S E S O M P
S U E C G A E H U E B S P W E
J R X I R U N O E K S I O Q R
T N C K Q A I S N D E E G F N
Y O T S T N E M D N A M M O C
S G O D B E N J A M I N J G U
```

ANIMALS	MOLLIE
BENJAMIN	MOSES
BOXER	MR JONES
CLOVER	MR WHYMPER
COMMANDMENTS	MURIEL
COWSHED	NAPOLEON
DOGS	PIGS
FOXWOOD	PINCHFIELD
HORSES	PINKEYE
HUMANS	SNOWBALL
JESSIE	SQUEALER
MINIMUS	WINDMILL

Anger

```
K S G L M J G R E H T O B P T
R V H U M B R A G E F U Z J N
I E D I B Z P V L G E T A T O
Y O S L W I R E V L S D F S I
R O Y E Q C E X S Q U I A P T
E E N U N E T T L E O N Q A A
A T E N Z T I R B W R E R K X
M A I E A F M W H I M E L U E
U T E A M V Z E J P P D K N V
R I D S V A L W N M L L M M W
T R B T P F J E E T L E A Z F
N R L F F L E T U S E E A F Y
A I U U F R E N Z Y T L I B E
T Y R E S C T E Q S H M I H R
E R O R U F L B N F U T U R E
```

ANNOY	NETTLE
BOTHER	PIQUE
BUG	RESENTMENT
FITS	RILE
FRENZY	ROUSE
FURORE	RUFFLE
GALL	SPLEEN
GET AT	STEAM
IRK	TANTRUM
IRRITATE	TEMPER
MIFF	UMBRAGE
NEEDLE	VEXATION

Clocks

```
B Q M U E L J J D N K J M K O
N A T K A K G O F M V E O S Z
H O U R S W R O T A L U G E R
Z D O M R A L A K O Y Q F D T
J L E R A L J S T H G I E W E
F Y A C E L N G T M F T Z L R
S K T K O H W L S S A N B V R
D D V L Z R T Y S E S A W C U
I C N P E B A A E O T I O R T
G W I O B V R T F K N U O A Z
I I W M C B O X I D H A N D S
T F R A O E D N E O N G L I B
A T A I T T S R F A N A B T M
L Z C C S E A K I K I G R S F
Y T A J E C R N V D C H G G S
```

ALARM	HOURS
ANTIQUE	KEY
ATOMIC	MINUTES
BRASS	NOVELTY
DECORATION	REGULATOR
DESK	SECONDS
DIAL	TABLE
DIGITAL	TURRET
FACE	WALL
FLORAL	WATER
GRANDFATHER	WEIGHTS
HANDS	WINDER

Trademarks

```
H P F S C N Y L O O A G X K O
M A Z E B J Y U A L O N A R G
N A Z P D X P L E A I I P Z Q
T F G S T E L L I T E L H U I
S F W I Z N X U I R N C I V N
C J E J C X F B E E Z O L I V
A R C T U M S D I F J G L N A
L S M L Y K A E D A V N I R R
E Z I P O D Y R N O R N P N O
X C P L L T G A K L T Y S I A
T C O K E A H G U E R S S R D
R T Y M R X Y C N E R L C I I
I S A L S W I D X H E Y R P D
C P S X Z T O T O G L Y E S A
S N O I E V Y I O H G V W A S
```

ADIDAS	MAGIC MARKER
ASPIRIN	NINTENDO
COKE	ORLON
FEDEX	PHILLIPS SCREW
GRANOLA	PLAY-DOH
INVAR	PYREX
J-CLOTH	RED BULL
LEGO	SCALEXTRIC
LILO	SILEX
LOAFER	SPAM
LUCITE	STELLITE
LYCRA	TUMS

```
P E L E W A W E A S E L T W W
U L Y K U K G G O H D I N A T
T U Q X S Y D F A R A N T H T
N A Q S I O C U Z M U S H U O
E I K S R K X L A O C T Y A I
C R Z E G F Y T U A M N N T L
I G Y L Y V I S T D O O A R L
F W J H C M S H F G E G K E E
E J U T O G A B A H X L R B N
L D R O G O N L C B E R A R O
A K G O D R A C O E U I S O T
M I X T M C R H N D M N U N L
J Y M G N O L G N I Q F L B U
K M L A R T I U K G I A S L C
Y N N A D E V E R T Y F I C S
```

ANCALAGON	MALEFICENT
DANNY	MUSHU
DRACO	NIDHOGG
DROGON	NORBERTA
DULCY	QINGLONG
ELLIOTT	SARKANY
FAFNIR	SCATHA
FARANTH	SCULTONE
GRIAULE	TIAMAT
GRISU	TOOTHLESS
IGNEEL	WAWEL
IMOOGI	ZOMOK

Bitter Words

```
Z D Y R V S M T H E J W L C I
Y E G S I S O O C A U S T I C
U L N R N V S E C L D S W B G
S T A R D T D I I H E P J R N
X N T W I H F Y Q V N F S E I
L U N L C T H I E L E U R C G
U R E B T R N R A Q T P R A D
F G O A I A E M N F E R U U U
E S S Y V T O C G I E A O C R
T I U V E R I A R E W H S D G
I D L H O Z C N Y R S S A I E
P R L S S I F Z G C N T V R B
S L E Z D R Z A W E U H A C B
Z U N I G F A A B U N G G A Q
I N C U G N I H T A C S E V O
```

ACERBIC
ACIDIC
ACRID
ANGRY
BEGRUDGING
BITING
CAUSTIC
CRUEL
DISGRUNTLED
FIERCE
HARSH
HOSTILE

MOROSE
SAVAGE
SCATHING
SEVERE
SHARP
SOUR
SPITEFUL
SULLEN
TANGY
TART
UNSWEETENED
VINDICTIVE

Liquids

```
K D P Z B I T C M J O N U D F
S T O C K R S J O G O C Y A R
C Q N O F P O Y U I F I V C O
N O Y O L M T T T L R H A K K
O Y N E I B B A H N E T R J T
H O C D N T R Y W R L S G N C
C E P N E I O N A E Z K E H D
A W E M P N T L S E C G C I F
E A T S A T S N H B R N S E D
L T R J K H L A E E U A N S V
B E O U L T S D T P L I R L P
P R L I I W F E S I R H D A K
S L E C M X D M V B O U I W H
R U U E Q B R A T C E N T O K
H G M R O U Q I L C T R F H S
```

BEER	MILK
BLEACH	MOUTHWASH
BLOOD	NECTAR
BRINE	PAINT
BROTH	PERSPIRATION
CONDENSATION	PETROLEUM
DETERGENT	PUNCH
DIESEL	SALIVA
GRAVY	SHAMPOO
JUICE	STOCK
LIQUOR	TURPENTINE
LOTION	WATER

Ports of the World

```
T L N E U E A L U B A T H S A
C X O E I D P A S E B W V L D
M N A N E M W P S I U D M U U
A G Q Z D H A T E Q C E Z E R
D R A B A O A F B I L I S B B
R E B E C V N M I E D T D O A
E J A Q A O O N B A S J C U N
T B K N R O B C C U H K K L M
T S G I S B K H W B R K R O F
O E Y T N I C S D X B G O G S
R D E T N G V E N I C E Y N I
H N O A K A S O K A V R W E M
D D Q V X I J T Z I D P E T A
M M L P E G E N O A S G N I I
L O T S I R B Y T N W A S R M
```

AQABA	GENOA
ASHTABULA	HAIFA
BELEM	HAMBURG
BOULOGNE	KINGSTON
BRISTOL	LONDON
CADIZ	MIAMI
COBH	NEW YORK
DIEPPE	OSAKA
DOVER	OSTEND
DURBAN	ROTTERDAM
ESBJERG	STAVANGER
GDANSK	VENICE

Double P

```
M E S A C R E P P U P P A H W
A O P P E S D T N F U O H W V
P S R O Y L R O F D P A Y H H
P U B E P O P R A P P A Z I O
P P N K P P E P T P Y I P P N
E P L P O P P L A B U P R P I
S O A S P L O R A R I P C E C
O R E I E P I H S E G E P T C
P T L D P T I Y S V P P D U U
P C Y R I U C P K S F P B Y P
U T E O P O S P O U A E A I P
S S N P P Y T I P P U R W P A
S S A P I E A Z G U H Y G P C
M E E E A P P I H R L O A E P
P R E R R N I L E P P E Z E O
```

APPARITION	PEPPERY
APPEAL	POPPY
CAPPUCCINO	PUPPY
CLIPPER	RAPPORT
COPPER	SUPPORT
DAPPLED	SUPPOSE
DROPPER	UPPER-CASE
GRAPPLE	UPPITY
GRASSHOPPER	WHIPPET
HIPPIES	YIPPEE
OPPOSE	ZEPPELIN
OPPRESS	ZIPPY

Starting OUT

```
O U T S I D E C O E G A T U O
O U T S A C E U E C A P T U O
U U T T A D T D L K I Y T L O
T J T F M S U C O P A O P U U
R G T P T R O O Y M U T T R O
U U N A U I U T Y T T X T O D
O O R I M T U R S R O U U U L
U E O S D O V T A U C T O X O
T L W A U L A K T E P T O R S
R L T T G T I B N O W F U S T
I E U H I T A U U A T T M O U
D S O O U S R R B U R J U K O
E T N O K T I I O T T T T O L
R U Y E U N T E L T U O U U Y
L O T O G O U T F I T O F O O
```

OUTAGE	OUTPUT
OUT-BASKET	OUTRANK
OUTBUILDING	OUTRIDER
OUTCRY	OUTRUN
OUTDATED	OUTSELL
OUTFACE	OUTSIDE
OUTFIT	OUTSOLD
OUTFOX	OUTSTARE
OUTLET	OUTSTATION
OUTMODED	OUT-TAKE
OUTPACE	OUTWEAR
OUTPOURING	OUTWORN

```
Y I Y O W S H W R O U S G G A
Z V N M V Y O N I K O U R I A
A I N A K S A R A O P A R O S
E G R S G H I R E Y L I A D I
V A N A F I E F O K R P R L K
A I J Z H H T T N P R K W Z I
O S N D T K R E V O F R A Q N
L E B I W L S N V U S X D M O
A N Y D R O S A M O R G O U S
G D Q D L O I Z A K E E N L B
E E F I F L T G X J K S O V W
M L M N K V M N I E O B U I W
K O N A X O S O A K R L S C X
H S R T X U S H G S W B S J K
L I D A R S A K U L V O A G L
```

ANAFI	MEGALO
ANYDROS AMORGOU	MILOS
ASKANIA	NATA
DELOS	NAXOS
DONOUSSA	NIKOURIA
FTENA	PAROS
IOS	SANTORINI
IRAKLIA	SIFNOS
KEA	SIKINOS
KEROS	THERA
LIADI	TIGANI
MAKRYA	VOUS

Ancient Cities

```
D H L D M R G W A R Y T X E I
K A L N J A N S O S S O N K S
D B B U D V G U I O L E R I O
C A C A E S A R E A I S L T T
E K R D R K X J N R E I Y J I
I A C X U U O B P Q B M E Z W
B M X X X R A H S U T T A H A
A I P A M L N W L M I G J P N
L R G K A A D O A U K R R X A
S O Z E L A V J V N A I O K K
V S Y B D E L O S A L Q K M U
C V F L E N E I G L R O G L E
A T R A P S R A X G A I N K K
A C E A N E C Y M E E N A Q J
I X S B O P P O L Y M P I A N
```

ANGKOR	KNOSSOS
APAMEA	LABNA
BAALBEK	MYCENAE
CAESAREA	OLYMPIA
CEIBAL	PRIENE
DELOS	ROME
DURNOVARIA	SPARTA
GADARA	TIKAL
GLANUM	TIWANAKU
HATTUSHA	TROY
KABAH	UXMAL
KAMIROS	VOLUBILIS

```
M E E T A D F O T U O T B O B
M T N G S A W H I L E A G O T
O T R O I R P A L E Y O R E P
J D W E G X O L Q M C U T F R
Y Q G X Y Y E T R I I T N A E
H L U D D E B Z S T A W E N V
E T R O E O S Z P E H O I T I
T P I E N P G T R N C R C I O
E H R W M D A A E O R N N Q U
L A E G R R A R S R A S A U S
O S I N Q E O M T R D M V I L
S B L L E F V F K E A A M T E
B E R X E Y Z O M A D E Y Y L
O E A B U O L D E N D A Y S D
T N E H W K C A B Y A W T R G
```

A WHILE AGO	OLDEN DAYS
ANCESTORS	ONE-TIME
ANCIENT	OUT-OF-DATE
ANTIQUITY	OUTWORN
ARCHAIC	OVER WITH
BEFORE	PREVIOUS
BYGONE	PRIOR TO
DEPARTED	QUONDAM
EARLIER	WAY BACK WHEN
FORMERLY	YEARS AGO
HAS-BEEN	YESTERDAY
OBSOLETE	YORE

Words Ending AL

```
L A U S N E S L R S E V I A L
A L D B L A R A G I P Q L L A
C A B A L F M T L N V I U B M
I T N G I A Y A A T M I R A K
R S A N F L C F U E O N R A L
T R L Z U I R F T R F T A K L
E O M A G A G Z I N I E L E L
M B S O R U L E R A A L T D A
M U L J S U N R L L U L G I K
Y A M U A T R I B A L E E G R
S L A E A C E A L G I C N I A
V L Q L D F K Y A U G T E T T
W F U U V A W A F R A U R A I
A L A F V A L R L F L A A L A
L A E Z A L A C I R Y L L A L
```

ANNUAL	LYRICAL
BORSTAL	MARTIAL
CABAL	MEDAL
DIGITAL	ORIENTAL
EQUAL	RITUAL
FATAL	RURAL
FRUGAL	SENSUAL
GENERAL	SPIRAL
INTELLECTUAL	SYMMETRICAL
INTERNAL	TRIBAL
JACKAL	USUAL
LOGICAL	ZEAL

```
Z T I H I M P R O V E D E Q Z
D E S P I S E C S H A L L O W
Z G V E R G H K P Q B A C O J
F U H I W E H E N A N D M W C
M E G O E O E E R L U O O R M
J I M R R D L E S W A R M E A
D C F I S I S J V T S E E H S
I U O X N I Z E P E F O L T C
L A J N M I R O N S A B B E U
Z H F H V T N E N P S O I G L
M I T T I E D E A T A H X O I
M X D C E M X R O S A V E T N
G Y A L N R T M C L Z L L I E
K L P I O O R A E G J I F F L
E V A C N O C G E R O F E B B
```

ADORE	DEEP
DESPISE	SHALLOW
AFTER	FEMININE
BEFORE	MASCULINE
APART	FLEXIBLE
TOGETHER	RIGID
CHEERFUL	HIGHEST
MISERABLE	LOWEST
COLD	HORIZONTAL
WARM	VERTICAL
CONCAVE	IMPROVED
CONVEX	WORSENED

Think About It

```
A R B R F Y R R H L J M V M N
S F V X J D J E P Y L U A V K
H D X A B U P F C S R A D Q Z
B X E M E T E N Y K U Q C G D
E Y U L L S R I K O O R B E E
X S E Q I J U T M G I N V L R
E W I M E B S F N F G I C E B
E U R V V M E C O E S D D E Y
E U W N E U H R S E V K Z T E
S P H U R R R S A G A N U A W
E D D F T E E Q E T D D I E A
R Q A M V S D A R J E X U D Y
O Y D I S T I N G U I S H I G
F U E A H S F N O S U C O F X
B W I O E Y I O I W E V L O S
```

ASSESS	MUSE
BELIEVE	PERUSE
BROOK	REASON
DELIBERATE	RECALL
DEVISE	RECKON
DISTINGUISH	REVIEW
FOCUS ON	REVISE
FORESEE	SOLVE
IDEATE	STUDY
INFER	SURMISE
INVENT	SURVEY
JUDGE	WONDER

```
B V R S S A L C T S R I F S E
E I E T Q N F Q R T Y P S D M
E N V O Q L A E S C V E S E Y
C V I R A E M V G U R D T B C
N O R E I U Y O R D A C X Y R
A I D S S Y O F D O Y S S T U
R C G N J D A A R R R I X I E
U E O Q S E J W C P D G K R Q
S C P P S F L I L O N C U O K
N B A R A C O E T I U T U I Q
I L C Z W Y D F R R A R S R X
W T K T N J M E T N L R I P P
T C E R I D D E G F J U O E W
O G T A I R L I N E F A H Z R
L A T S O P S N E T W O R K S
```

ADDRESS	ORDERING
AIRLINE	PACKET
CONSUMERS	PAYMENT
COURIER	POSTAL
DIRECT	PRIORITY
DRIVER	PRODUCTS
FIRST CLASS	RAILWAY
GOODS	ROADS
INSURANCE	SIGNATURE
INVOICE	STORES
LAUNDRY	TRUCK
NETWORK	VANS

Catch

```
M S V T Y S A U K E Z G H E H
D P E R E E E Z E D Y A R K M
N P U P A N S R K W N E F A S
E P S N M A A G M G T Z K D B
H L Z E A N V Y O Q S I R U H
E L S J S F N N W U C E Q U C
R H H N P A R T N E N S P T T
P I E C R A G I D W D M S N I
P H U N T D O W N L Y E A R H
A C B G R A S P O U R K O S A
N T O L P J N H K R O U T S K
D U H L W I F S A O N H T P G
E L N L L N R I H D C O S F E
A C H Y U A T G U G P Y R Q Y
C O R N E R R P E R U T P A C
```

APPREHEND	HANG ON
ARREST	HITCH
CAPTURE	HOLD
CLUTCH	HOOK
COLLAR	HUNT DOWN
CORNER	NET
ENMESH	ROUND UP
ENSNARE	SEIZE
ENTRAP	SNAP UP
GRAB	SNATCH
GRASP	STOP
GRIP	UNMASK

Herbs

```
K S G O Y F E F H L H M Q T F
B H A C G E C O E V L D N O E
E A O V G A R L I C B I A F N
W F Y R O C L F U R M J D H U
D T D L S R K Z M T E G K C G
W L R A E E Y O A O T P S Y R
Q U C Y T A R C R H C H A F E
E W H O B N F A Z E B F Y C E
Y P E R O A J G D S G A L M K
E Y R Y R D E L L I E A S K E
L Y V N A P A U V N S C N I D
S J I N G S L I M A A H A O L
R C L E E S A G J E G S L M G
A M A P L E R R O S E M A R Y
P T N I M R E P P E P E A E E
```

ANISE	HORSERADISH
ARNICA	MACE
BASIL	OREGANO
BAY LEAF	PARSLEY
BORAGE	PENNYROYAL
CAPER	PEPPERMINT
CATMINT	ROSEMARY
CHERVIL	RUE
COMFREY	SAGE
DILL	SAVORY
FENUGREEK	SORREL
GARLIC	THYME

Grow and Grow

```
G E G R U S Q E X E K Q R J A
C I I T P Z C V S K C L A M B
E C F R M N W I I C I L Y G D
M M O Q A H A I L D A E R P S
U U O V N R V N D F P L U M P
T E D E E F A T T E N S A Y A
N A H M T A O L B N N N T T M
B E E A H A C C E A J O W O E
J L P O G L G K E D H W O T R
R J T E I E C N S D P B R N M
J J Y M E I P E O W O A P U C
P T B O H D W U L L E L S O Y
D N E T X E B A S A E L P M C
M I K X F L H F X G D Q L X N
P E P D E F T N E M G U A E E
```

ADVANCE	HEIGHTEN
AUGMENT	MOUNT
BLOAT	PLUMP
BOOM	RAISE
CLIMB	SNOWBALL
DEEPEN	SPREAD
DOUBLE	SPROUT
ELONGATE	SURGE
ESCALATE	SWELL
EXPLODE	THICKEN
EXTEND	WAX
FATTEN	WIDEN

```
Y U E W Y A S I A O C J D S S
H B F A F L X R G M K T H X S
P X L Q A I X X A P R I Z E E
O E F N D E R P O T N O E M C
R C I E C B H S Y J S C D E C
T F D C L O O B T N A R G D U
D S N M C T W Y A P H Y E A S
A Z C O S L E R U A L E K L A
E Y L N V D A A Q B U A M S W
H T N E M H S I L P M O C C A
A R G Y J C N I A G Q Z V E R
G H S A C A S X S H N H G C D
C N Z M M P R W X S H C T A M
G N I D A E L M A R A T H O N
H S U O I R O T C I V P E H Q
```

ACCOMPLISHMENT	MARATHON
AHEAD	MATCH
AWARD	MEDALS
CASH	MONEY
EDGE	ON TOP
FINALS	PASS
FIRST PLACE	PRIZE
GAIN	RELAY
GAME	STAR
GRANT	SUCCESS
LAURELS	TROPHY
LEADING	VICTORIOUS

Fishing

```
E H O A G C A Q W L R O C U Q
E L C A N R A B H E E O C Y V
T H G A H O R B I T A E R E R
W E P A E V E P A S M H R U E
G A N Q E B V N T L H O A Q T
N R A G Q B I W U Y O A D D S
I N R U N J R Q R T Y N D A O
R E W F R I W O M A C B E E N
R T H X X C D E P S S A F H R
E T A T X A H N S A S S D R E
H E L P O C E I A M O D E E T
B R A S A E D N N L U C G M A
L A S O B T G T N R A F L M P
S A R E E T A N A M O K A X
B M X C L A V M R D P V E H M
```

ABALONE	MANATEE
ANGEL	NARWHAL
BARNACLE	PATERNOSTER
BASS	PIER
BEACH	PORBEAGLE
CLAM	REEL
COAST	RIVER
CRAB	ROACH
DORY	RUDD
HAMMERHEAD	SHAD
HERRING	URCHIN
LANDING NET	WRASSE

Girls' Names

```
H B E L L E I R B A G E A P X
D E D I O T D Y N T U F I E F
I N B Z F L S N D K Y Q N T L
N B A L Y E I A O N E D I U J
Y R M E B E L V M D I R G N I
A Z Y D N Z R S E A M C R I T
O D K Y L I E U I C N Y I A U
L K L I A L L F K E W T V Z L
T P Z M V P N E M F T O H H U
L B O I L G A P U O S Z Q A F
W R R A W W O E A Q A P N U O
I A A J N Y J N S Z C O D T A
H O N E Y N A A L E R A I Q A
X X X Z P E O I I M O I J N D
B B U U N N B D A I D A D M C
```

AILSA	JOAN
ANNIE	KYLIE
CINDY	LIBBY
DIANE	NORMA
DONNA	OLIVE
DORCAS	PEARL
ELSIE	PETUNIA
ELVIRA	ROMA
GABRIELLE	SAMANTHA
HONEY	VIRGINIA
INGRID	ZARA
JACQUELINE	ZOE

Carnival

```
J E R N E R S T F L A G S M U
A Y B I R E V E L R Y O A U H
N A S J A G C A M S A R T R S
E D H E R F B I B U D J F A E
R I E H D B G U L I T I A L S
D L S T A O L F G O E S N R R
L O C S K C U R T S P S O Q O
I H I P H U A E T O D T C C H
H F S T I S E A N L A N J Q S
C E U U S R J S I T I B A M S
U O M H T U O U C A A P U B G
Y H M S D R G E Y T I R A H C
T N L G S O P T O W D P A F Q
E E E A V S Y N C V E S T P V
E S A K F E S T I V A L X I L
```

BANDS	HOLIDAY
BATONS	HORSES
CHARITY	JUDGES
CHILDREN	MARDI GRAS
COSTUMES	MUSIC
DRUMS	POLICE
FAIR	REVELRY
FESTIVAL	SPECTATORS
FIESTA	SPONSORS
FLAGS	STREET
FLOATS	TRUCKS
GUILDS	YOUTH CLUBS

```
T T M U R D R M U R D M U H Y
N A R U M B R O U U U O Q P O
A N A H R O S A S R R H M W M
N T E B U D K M O T T U D S U
I R R G M R G U M L R C M E R
M U U I A U Q R D F F U E L C
U M M U R M R A E R O V M P Y
R T H A R U M S C A R U M M S
F U L C R U M U O E X N M U R
R R U M R U U I R R N U N R U
U N K Q R U L U U C R T D C M
M X E D N D M M M C S Z R K H
A U L M R G P P L E C T R U M
M O R U U U B C E R E B R U M
D Q M X S R K C I T S M U R D
```

BODRUM	HUMDRUM
CENTRUM	OIL DRUM
CEREBRUM	PLECTRUM
CRUMMY	QUORUM
CRUMPET	ROSTRUM
CRUMPLES	RUMBA
DECORUM	RUMEN
DOLDRUMS	RUMINANT
DRUMSTICK	RUMPUS
FRUMPY	SCRUMMAGE
FULCRUM	SPECTRUM
HARUM-SCARUM	TANTRUM

In the Mail

```
K L O A X C O V E R N O T E R
I O G K V R E C E I P T E I R
Q L O D R A C T I D E R C E H
X E F B R Q T E L C U E A P K
M A C A E E C A A H T E N O L
R F P V L I D S C A C R N L E
O L Z G O V T O C I S A O E C
F E Y V E E R I T Q U L U V N
M T N R K B F O C S M U N N A
I I T C H I N P T R M C C E T
A S I I T L A G E Y O R E Z P
L T O R A R A F I U N I M B E
C L E N C G F P P F S C E O C
N C I E M O T O I B T I N S C
C F L B J U N K M A I L T K A
```

ACCEPTANCE	ENVELOPE
ADVERTS	FINAL NOTICE
ANNOUNCEMENT	GIFT
BILL	INVOICE
BOOK	JUNK MAIL
BROCHURE	LEAFLET
CERTIFICATE	LETTER
CIRCULAR	OFFER
CLAIM FORM	PARCEL
COUPON	RECEIPT
COVER NOTE	SUMMONS
CREDIT CARD	TICKETS

```
N I L Y D J J Y P S I W R P O B
A L A I T N A T S B U S N I T
V L A Y Y P S M T A Y A U W Y
T S T Z M C F C V W E A K O Z
R M E T A U Q E D A N I S R U
I Y G N O P S S L F M G U T A
F P T S D N N O H R O J O H G
L Y N L B L R O R A U F R L Q
I Y T I P D O L I G D R O E J
N R W G Y F N S K I F O P S C
G E X H M H I H P L R T W S A
J P K T R E M C I E T H N Y S
F A O T H I N M K K T Y S W U
Y P A I R Y S M O L V T P E A
Y D N A S Y T V Z Z E L Y I L
```

AIRY	PETTY
CASUAL	POROUS
FICKLE	SANDY
FLIMSY	SCANTY
FRAGILE	SHADOWY
FROTHY	SLIGHT
GAUZY	SPONGY
INADEQUATE	THIN
INSUBSTANTIAL	TRIFLING
LOOSE	WEAK
MINOR	WISPY
PAPERY	WORTHLESS

Nine-letter Words

```
I D E T F A R G N E E M I G C
C O N S E R V E D Z S W N H E
S H R I N K A G E A Y I Z Q H
E P L M G E T A L U M I T S P
L I C O R R Y P S O U U U A M
A B A N E S O A H U Y R R A E
N S F O H T U T D T B T R F N
I P E C C N A O E R E K R O O
R L T E T F Z I I S E E I D H
T E E E E D R A U T Q T Z R P
C N R V R O H O I U A U S Z O
O E I Q T Z M N E T X X E E L
D T A O S A G N S Y K A E V Y
D I N N A S C E R T A I N V X
I C T P P Y G N I D A O L E R
```

ASCERTAIN	MARKETING
CAFETERIA	MOUSETRAP
CONSERVED	NOTORIETY
DOCTRINAL	RELOADING
ECONOMIST	SAUNTERED
ECTOPLASM	SHRINKAGE
ENGRAFTED	SPLENETIC
FATHOMING	STIMULATE
FREQUENCY	STRETCHER
GESTATION	VEXATIOUS
GROTESQUE	XYLOPHONE
HAIRBRUSH	YESTERDAY

```
E L H R E T A W T O H D Q A P
Q C C R W B L I N D A L L E Y
C K N X E E M J K L E E Y D M
C U U B W H T K I E M F R K X
D H R C T B T S D P Q R E C C
E A C S E E C O D A I H S A W
A S G K E K Z S B R K D I B T
D S N F O T D G Q C W E M T F
L L A F Y J H N U S E J D E H
O E Z Q Z C F G E S Z E N S B
C T B D M W G Q I S C C S P E
K R M B A N E W Q L T T E U S
C I E E N V O Y I M B I O I I
Z A S D S L O N E K C O W Z Y
E L O H B S E K W J O N U O O
```

BANE	HASSLE
BLIGHT	HOLE
BLIND ALLEY	HOT WATER
BLOW	MESS
BOTHER	MISERY
CRUNCH	SCRAPE
CURSE	SETBACK
DEADLOCK	STEW
DECLINE	TRIAL
DEFEAT	UPSET
DEJECTION	WITS' END
FALL	WOES

Meaty

```
M R S O F Z R A T E I U X B A
P M I N C J E F I E I H R G E
O I G Q I E V C U T L E T Q T
H N G K K O I B L E A L N S F
C C A A Q W L I R S N X I P E
B E H S N X A R T A G O D F E
M D F L I T C H I U I O C E B
A M R R X R P C W S C N O A U
L E I O E O U I M A L A S S B
D A S K T H K Y E G R O U S E
X T S K E R S Y D E S O L G R
G M O G I L I A G R N R I V M
E M L L E R W P R O N R A Z V
K I E K Q H T C E L K C U N K
G N O T T U M H S L E W Q I B
```

BACON	LIVER
BEEF TEA	MINCED MEAT
BRAINS	OXTAIL
BREAST	QUAIL
CUTLET	RASHER
FILLET	RISSOLE
FLITCH	SALAMI
GOOSE	SAUSAGE ROLL
GROUSE	SIRLOIN
HAGGIS	SKIRT
KNUCKLE	TRIPE
LAMB CHOP	WELSH MUTTON

```
O R I D Z V F S W M B Q P L W
C D E B N T E B B I T A G R T
L V P L O O T S G S N C M O Y
A M Q L L J B A P F I D M B P
F O W K K I D S O E Z A U A I
W O J H I G M D E G R R G G E
O N M A E M N A O M I I U X A
W R V T W K U L C I A O L J E
C A S U D S D W V V D J V O R
D K O D O F Z R D M M R L W T
T E C P I G Z E R T A Z N S C
O R W N E C R O S Z T X Y O E
N W G G U P T A A C H A N G P
V E K O A C O O L B I R R Y S
R Z I G V A R G A S S O C K Q
```

BAMBI	KRATT
CAMILLE	LARGO
CHANG	MATHIS
DARIO	MOONRAKER
DR NO	NAOMI
FALCO	NECROS
GABOR	ODDJOB
GADGETS	SPECTRE
GOLDFINGER	TIBBET
GUPTA	VARGAS
JAMES BOND	VESPER
JAWS	ZAO

Olympic Sports

```
O T V E N I L O P M A R T E N
G N I X O B G N S H S N L O U
C N R D D Q H M G M C M L Y R
G S I J I Z U N V A I H A E B
O N U C P S I O F R T Y B K A
X D I C N L C H L A S G T C D
O W U W C E A U T T A N F O M
G T U Y O M F N S H N D O H I
N U C R M R E Q H O M I S N N
I P W E X P S F N N Y V S I T
E T R H O P M U J H G I H L O
O O F C D E V E N T I N G E N
N H U R D L E S J B U G S V P
A S N A I R T S E U Q E L A M
C W A T E R P O L O L B D J I
```

ARCHERY	HIGH JUMP
BADMINTON	HOCKEY
BOXING	HURDLES
CANOEING	JAVELIN
CYCLING	JUDO
DISCUS	MARATHON
DIVING	PENTATHLON
EQUESTRIAN	ROWING
EVENTING	SHOT PUT
FENCING	SOFTBALL
GYMNASTICS	TRAMPOLINE
HAMMER	WATER POLO

```
T O O F E R O F P S D S X I L
Q A C K R D S M N A Z Q V U I
S E Y E C T W O E J D A H F A
H J F D G A S H C R U M P S T
C X O Q H T B E A W S U T S L
N H R P R B N Z O W O D A B Q
U M E I W I T H E R S E E H C
A D L O H O C K C T R R T S Z
H N O N S P R A S B O U T T N
S D C D R J Y E S H O T A I I
D N K A A A R U P M H O O F K
J S E Z E C V C I P C B R L S
O P E H C R P S L Q U O H E A
H I N D L E G U Y R O R T H G
Z R K Z X V G Z U T R F C D Q
```

BACK	HIND LEG
BREAST	HOCK
CREST	HOOF
CROUP	KNEE
CRUPPER	LIPS
EARS	MOUTH
EYES	NOSTRIL
FOREFOOT	ROOT
FORELOCK	STIFLE
GASKIN	TAIL
HAUNCH	THROAT
HEAD	WITHERS

At the Beach

```
F E S U O H T H G I L U B D G
S I K P S U N G L A S S E S G
H L X C S F L V K P M C A U N
A Y L E G S E T R T K N C N I
N Y D E D Y E A H C D I H B H
A I Q T H S Y V H C W V B E T
T B K S P S U A A Y A U A D A
N K S J T X I S L W E Y L S B
U S V G F R T O P O S M L A K
S A T H A L O X P J S O H W M
C N M M E L L H H I O A S B I
L D N A S T F O S P C P R J S
I A R Q G F I E P E A N K A X
F L C X X Q A K Q D N H I A P
F S N O R K E L E P U K Q C I
```

BATHING	SHELLS
BEACHBALL	SHORTS
CLIFF	SNORKEL
DECK CHAIR	SOFT SAND
FLAGS	SPADE
KITE	SPRAY
LIGHTHOUSE	SUNBED
PARASOL	SUNGLASSES
PICNIC	SUNTAN
POOLS	TIDES
SANDALS	WAVES
SANDCASTLE	YACHT

```
R I M D D I O H P A C S S P G
N E L M U N R E T S S A E U E
P T Y I Y J R C C I U C G R B
W A D Y U F E E G W L R N R V
R T D Z D M M T E J A U A I E
L I P B G Q M A A N T M L T S
T P B A I R A M N E O Y A S L
C A A S A R H A S D S B H U T
M C E N O C A H I L I K P Q S
Y M K U A I O S O I A B U I S
L L L R B A E S H I N S L L H
E N P I G N Y Z S Y L F R E L
A A T F C V E R T E B R A A Q
L C R M U I N A R C I L L A T
A S P E A L L I X A M B N W N
```

ANKLE	RIBS
ANVIL	SACRUM
CAPITATE	SCAPHOID
CARPAL	SHINS
CRANIUM	SKULL
HAMATE	STERNUM
HAMMER	STIRRUP
HIPBONE	TALUS
ILIUM	TARSALS
MANDIBLE	TIBIA
MAXILLA	ULNA
PHALANGES	VERTEBRA

Communicate

```
N L N X G L H R Y D O D K L T
O E S P F C P S J E A I S P R
S T R I N F O R M E V K O F O
S T N W G G G X L O C N E B P
A E S P O N J P G A Y M O Y E
P R R Q X F A S P E E C H C R
S A N E T S I L X M S P T A D
Y P I G E O N P O S T E I A R
C C W W K L R R U C X D E T O
U O T E T E A T E T E R W E C
B N N L S N E J I O B R X E E
V T A S D M O N G H I B R R R
R A W U U R G R E T L D Y G L
N C M J P L A S E O C I U R K
U T B R B M T T G L P P M M U
```

BLOG	PLEAD
CONSULT	PONY EXPRESS
CONTACT	PRAY
CONVEY	PROJECT
GREET	READ
IDEOGRAM	RECORD
INFORM	REPORT
LETTER	SIGNAL
LISTEN	SPEECH
MEMORANDUM	TETE-A-TETE
PASS ON	TEXTING
PIGEON POST	WRITE

Shades of Pink

```
N B Q N L E N L A V E N D E R
R I O A U A G T R O S C Y I H
P N R U I D N N M U I Y R O H
H O E L G E P E A C R H R N A
C E U Y G A T O L M E J E I M
H H S A Q D I O W S C K B R O
T A M F Q M V N H D S N W E U
N A I S R E P O V I E H A F N
A Z T S P S C Y R I C R R L T
R J T I H K A A B A L U T O B
A B N C I C M L E C P L S S A
M K B N S A U P M E F T E M T
A J G G T S T F O O D R Q A T
A V Z P H O G N A D N A F R E
L A M B A Z Y A P R I C O T N
```

AMARANTH	MOUNTBATTEN
APRICOT	PEACH
BLANCMANGE	PEONY
BLUSH	PERSIAN
BOUGAINVILLEA	POWDER
CERISE	SALMON
CLOVE PINK	SHOCKING
CORAL	SOLFERINO
FANDANGO	STRAWBERRY
FUCHSIA	TAMARISK
LAVENDER	THULIAN
MAGENTA	ULTRA

Easy

```
G J P H E L E M E N T A R Y E
S B H W C T E B E R U S A N E
T I O T G N I H T O N L M O R
M C I E K W I E N A P A T T F
L S I M P L E C Z S N G P H E
A J I A O R I Y D A R G A A L
C U L B F S T L G W E A I R B
W D P E A R I E B L L L N D U
P A R B I H A R B A A A L M O
U A L V C B G U E R X U E K R
C T I K L E O S V U E D S E T
W A H E O R U I A T D A S A J
L R C G T V R E S A D R S L C
P Y J O I Z E L T N E G L E P
Q W N G X L W R E V O H S U P
```

BASIC	NATURAL
CALM	NO TROUBLE
CAREFREE	NOT HARD
CASUAL	NOTHING TO IT
CHILD'S PLAY	PAINLESS
CINCH	PUSHOVER
ELEMENTARY	RELAXED
GENTLE	SIMPLE
GRADUAL	SURE BET
LEISURELY	TRIVIAL
LIGHT	TROUBLE FREE
MANAGEABLE	WALKOVER

```
N E D D I H L S E O Y S L F C
E Q R R R T E T T E E Q N N R
N I Z I C A G N B O L E S A C
I O W E U R E D V U C H Q V W
T B V W R C N J X G A C M U Z
S S F Q I A D L N D R C U E C
E C Z T O N T I O O I T N L I
D U E S U E L W T T M F K C T
N R G Y S D Y B S M E L R I P
A E Z E D C J Y Y V J A A R Y
L Y Q I L A M T I E Y U D E R
C R R C V P H T P E D S E T C
U N C L E A R S H Y C U K O A
H S C G L U R E T S I N I S R
G N I L F F A B S T R U S E E
```

ABSTRUSE	MYSTIC
ARCANE	MYTH
BAFFLING	OBSCURE
CLANDESTINE	OCCULT
CRYPTIC	RETICENT
CURIOUS	RIDDLING
DARK	SHADOWY
ESOTERIC	SHADY
FURTIVE	SINISTER
HIDDEN	UNCLEAR
LEGEND	UNUSUAL
MIRACLE	WEIRD

SILVER Words

```
X E T A L P N J S A L M O N E
A J M C H C R E P F E M N A D
M X N U B Q A R I D J I Y H I
E E O A D K L R A V W N V T R
E V O F E R L L O Z Z E K A O
L W P S P R O T E I N S N N L
I H S X T C D W O C Q N D K H
B I R C H A S I S N I N R A C
U T O D K Y N J O V G Y H R S
J I J X E A W D E D C U Y D A
E N Q D G O L R A U I R E R L
A G B E L L S Y B R J D L R V
S Z T L G A Z F C C D F E O E
D G I E R N E E R C S T S M R
N W V Y J C U A C P K F X R W
```

ANNIVERSARY	PLATE
BELLS	PROTEIN
BIRCH	SALMON
CHLORIDE	SALVER
DOLLAR	SCREEN
FIR	SPOON
FOX	STANDARD
IODIDE	SWORD
JUBILEE	TANKARD
MEDAL	TONGUE
MINES	WHITING
PERCH	WILLOW

```
T U R M E R I C P X Q O H M M
S A G E O N M A C U H S L N E
E T Q E I M R A H Y I T Q C B
S C T M E S A F R D O V A J T
A E U R L C M D A O I M P S A
M C V E O H I R R N J F J T L
E T Y I Y W E R C A I R L N L
P L H S D S S U O A C S A I I
V K S Y R N L N C U P X E M N
X O U O M X E T H L Q E H R A
P D H P N E N L Y O O I R A V
W X N O M A N N I C J V L E O
Q Z P E P P E R M I N T E P S
C I N K K H F Y R R U C S S N
E L I M O M A C O C I Z U D D
```

ANISE	LIQUORICE
CAMOMILE	MACE
CAPER	MARJORAM
CARDAMOM	PARSLEY
CINNAMON	PEPPERMINT
CLOVES	SAGE
CUMIN	SESAME
CURRY	SPEARMINT
ENDIVE	ST JOHN'S WORT
FENNEL	THYME
HORSERADISH	TURMERIC
HYSSOP	VANILLA

Prepositions

```
R E G N I W O L L O F A K L T
A T P N A R L Z W W R X S B M
G I A A O N S S C O J E A P H
A S O U S L H U U A R T B G O
I O C J N T A N S D H E C N Z
N P T B A U D T T R N M D I L
S P O E F G R W O U E I Q N V
T O N T M I U U A H O V H R U
Q E V W D V G F C Y E B G E F
B Q O E O H T H W A L T A C B
U H I E R E N E A C Y P G N M
N Z R N R Z R N B R Z R B O T
W V X A T G K R O O L I R C Y
O U O W E O P N V S F F O M Y
D E L I T N U F E S B V X G F
```

ABOUT	DOWN
ABOVE	FOLLOWING
ACROSS	FROM
AFTER	INTO
AGAINST	NEAR
ALONG	OPPOSITE
AROUND	OVER
ASTRIDE	PAST
BEHIND	THROUGH
BENEATH	UNDER
BETWEEN	UNTIL
CONCERNING	VERSUS

```
E M I K M P L Z Y A S L B T E
O S U R F S E R D F M B E E T
K N Z Z T F R W F O X C S R R
A O A Z R A O U T Y O O Z E Y
H O G M G Q M E I W M H A B N
S D B N A R N J L B B C S C T
A T E Q A N A B R U T U X L I
E L L E O Q A E C A B Q Y O A
G I W B Q K R P H O I T J T S
Y Y K P Y O P P W A X N R H A
K S A X N D O L T R T I H C I
H E L M E T E B G I L A O A H
S M P Z T R D B X B A K Z P T
X P A I F W N Y Y K D R P H J
W G K C G R U B M O H B A V G
```

BERET	KALPAK
BONNET	KEPI
BOWLER	PANAMA
BUSBY	RAIN HAT
CLOTH CAP	SHAKO
COWL	SNOOD
EARMUFFS	SOMBRERO
FEZ	TIARA
GLENGARRY	TOP HAT
HELMET	TRILBY
HOMBURG	TURBAN
HOOD	WIG

Amusing

```
R U K L G N I N E D D A L G Y
A S G A U N L A U G H A B L E
L E U N P F I Y L L O J E F S
U B Q O I W T X X I D V D Y P
C R D I I C J H A D I U V R O
O Z H T Y T U T G L R K X R R
J S T A N T E D I I E O O E T
P Y C E N L E C N C L R L M I
L J A R U W X I A I K E W L N
E F E C F P A G W F E L D Q G
A T F E N G A G I N G L I N T
S U O R O M U H G U H I I N Q
I E Z L A C I Z Z I U Q D M G
N A B S O R B I N G S H C V S
G N I Y A L P M I R T H F U L
```

ABSORBING	MERRY
DELIGHTFUL	MIRTHFUL
DROLL	PLAYING
ENGAGING	PLEASING
FACETIOUS	QUIZZICAL
FUNNY	RECREATIONAL
GLADDENING	RELAXING
HUMOROUS	SMILE-INDUCING
JOCULAR	SPORTING
JOLLY	TICKLING
LAUGHABLE	WAGGISH
LIVELY	WITTY

```
E I H M S W R X P D Y V D N U
S Z R G D A G T Y R O C W L F
S N O H B B N W T O C R O P T
J U O D U A I S S J E K D T G
G E N T I F L C C N I F E Y E
H I Q N R N L D N Q Z S N S F
F T Q V A A E O U T Q Z H F J
U F I A G I D U A R D N A S O
U L X K E G C M R N N L S V N
I C K U R K O R A I B R A G I
R W O I P A T R T N N S Z N K
Z M O O N O T T S J I D G N O
A A K T C B Y H O T Q Z R S C
C K S N A M A L E Q A C R O Y
U V K C S N K O Y L Q G O L R
```

BALDUR	RAN
BRAGI	RINDR
DELLINGR	SANDRAUDIGA
DONNER	SNOTRA
GEFJON	SOL
HEL	SUNNA
LOKI	TAPIO
MANI	TYR
NJORD	UKKO
NOTT	VILI
ODIN	WODEN
OSTARA	WOTAN

Committees

```
C S E V I T U C E X E C I D W
A D F H E Y N G X C Y O O O M
B S M O R L F O R U M N R H I
N O S T C J I O C C Y K A T S
Z O S E L U F C O S I H G H S
V E I E M K S N N N E O D I I
V H N T S B F G G U K N R N O
P A P A A E L P R T O Y A K N
P C T L R T A Y E O E C O T D
S A A E A R U Q S D U R B A E
E U N B T N U P S Q I P M N P
L C D Y I A N N E Y F M B K Y
E U T Q N N Y I Y D Q U A R Y
C S C G W I E S N N O S U E L
T S O P Z R Y T Z G C J E Z T
```

ASSEMBLY	MISSION
BOARD	PANEL
CABINET	PLANNING
CAUCUS	QUANGO
CONFERENCE	SELECT
CONGRESS	SENATE
COUNCIL	SYNOD
DEPUTATION	TASK FORCE
EXECUTIVE	TEAM
FOCUS GROUP	THINK TANK
FORUM	VESTRY
JURY	WORKING PARTY

```
P U T W U P Y S N O P P K U P
P I C B O L S T E R U P F R C
M U E N D U P A P M H I K L P
A A D C B U L N A U S P P S U
S U X L L P U D Z H A E U H P
P X W A E G D U I A M D G O M
V U P P E I R P C G S U N R A
P Y K U G E Y T U P U P I E R
U I P L I C U P H G I P T U D
P N P B A P P I H P N L T P W
M U P U T H G U O R B I E X A
U P B V M H C K D V E O S U U
B B O U U P U H S A W Z F U P
U U J P R E U P U G E U I U A
P U H V X G Q P P D O L R U P
```

ACT UP	PAL UP
BOLSTER UP	PILE UP
BROUGHT UP	PIPED UP
BUMP UP	PUMP UP
CHALK UP	RAMP UP
DAM UP	SETTING UP
DIG UP	SHORE UP
DRY UP	SMASH UP
END UP	STAND UP
GRUB UP	USING UP
HIGH UP	WASH UP
LEAD UP	YIELD UP

Sports Venues

```
E G A C N C P M H I R F W D Z
M I S R E Z U F B A K I W W A
J Q B P A M Y X U N L E G G C
G A R D E N O T I M B L R E O
G S I L U E G R U E O D O C U
H L N T V Y D E D P A V U B R
K C G I L J S W O O N P N S S
C C T D E I P Y A Y P M D P E
M L B I L A D E B Y U P T F J
E R A O P K E L B I V W I L V
A N C U H R C L D P O O L H F
L R A W T U K A I R D C W I F
Q O E K K P T B R O X P O V R
G Y M N A S I U M T G X B D B
M Q H C A E B E S K I J U M P
```

ALLEY	GYMNASIUM
ARENA	HALL
BEACH	HIPPODROME
BOWL	PITCH
CAGE	POOL
COLISEUM	RANGE
COURSE	RING
DECK	RINK
DOME	SKI JUMP
FIELD	SPEEDWAY
GARDEN	STADIUM
GROUND	TRACK

Dogs' Names

```
N G S A D U Y R E S H E B A K
G E B E R O Z V H A A W K O R
E I S A C R N S N Y M D E A O
O N U R B O E N U M G G I G J
W L E C T Y A I Q G S C L E A
E E Z S N H K W S S A L R R S
K K N N T H E R R A X R A A P
R I E U V H O L A D W N H W E
W P H O L L Y C E P O B C E M
R S E L V O O E Q N S I O S M
Q L W P Y O L B S Y I Z C B N
P D W Q P R F A N A A M B E R
E E T E G E R E J A C K S O N
O T R E G L R A E A K T K A N
C J M K H O V R H J U K E P J
```

AMBER	LOLA
BOB	NERO
BRUNO	PENNY
CASEY	PEPPER
CHARLIE	SADIE
COOPER	SHEBA
HANNAH	SIERRA
HARRY	SPARKY
HOLLY	SPIKE
JACKSON	SUGAR
JAKE	WINSTON
JASMINE	ZEUS

Sculptors

```
I O I X F R U E S G M S X X O
L S X V C P Y X S S N N O J T
R S S N I O M D H T J O K V L
S A M E L G S E S U A D L A S
P C D B Y L E C K A R L G S E
N I D O R J A L O R T E E I P
B P L P E P I C A T S W C N S
Z F V G B P R V H N T O S I T
E B M O C A L X Z A D K I N E
K S E H X R J U C A I M Q R I
O O I M D E A C O N X S D E N
P T E O W P I G A L L E E B O
Z Z W O E Y Z V G E R A C I O
I Q E R I M O D I G L I A N I
L M P E N A M F F O H G L P E
```

BERNINI	MODIGLIANI
BLOYE	MOORE
CRAGG	PICASSO
DEACON	PIGALLE
EPSTEIN	RODIN
GERACI	SCOTT
HOFFMAN	SEGAL
KEMPF	STUART
LACHAISE	VIGELAND
LACOMBE	WEIN
LIPCHITZ	WELDON
LONG	ZADKINE

Boys' Names

```
I N U D S N S T R E V O R G N
E N Y A W M O D Y E N L R N X
U O Y E O X I M T S H A K N M
N M I W O V M O O O E S U Z Y
A A H W A I N W L L X F A D J
A E I D J U Y S I F O L G B Y
R I R B R Y W B V N I S F E P
O P A B A D E C E I N R N E N
N G Y P I F L Y R R E D R E O
E T M E J V A C O G O E H I S
D R O F F I L C I R G P U T A
U E N S T I A N D R E W J X J
A B D H E F A A I T B L E F X
L L K Q D L X N S C D Z S B K
C E H F D A E O O T R E B L A
```

AARON	JASON
ALBERT	JIMMY
ALEWYN	LEROY
AMYAS	OLIVER
ANDREW	PEREGRINE
BRUNO	RAYMOND
CLAUDE	REGINALD
CLIFFORD	RODNEY
DAVID	SOLOMON
DUANE	STEPHEN
EAMONN	TREVOR
FABIAN	WAYNE

Peninsulas

```
N D V X E A G N A O B M A Z S
S E N K T N O T S G N I K E N
H K R A C A Q S F Q X O D L X
D O T A L O C E X R D L T G G
Y Q W T R M A R A G A I N S B
E C E S I A A A C V U U A I S
L M D Y N R B S N A K L A B E
N R T E U A A I W I A U C L S
A Z A Q L C V S A A X O H E O
T H H L A Y A S F N M H L Y C
S V T D R L A T L B A Z O N A
R E I I O X B A A E P I B G C
X A L K E D A S D N W E H E I
N R T E V L Q I N A L L A A H
W A B Q H U S A J N I T R A M
```

ACADIAN	MAHIA
AL-FAW	MARTIN
ARABIAN	NIAGARA
ARDS	SAI KUNG
BALKAN	SAMLAND
CARAMOAN	SIBLEY
HEL	SIDE
HICACOS	STANLEY
KINGSTON	VALDES
KOLA	YORKE
LEITH	YUCATAN
LEIZHOU	ZAMBOANGA

R Words

```
L R A S E R A F E R R A N O T
U R T A G P N P F R E T I R E
F O E M R A P I D L Y N E N K
T D L S R R O C K E T V R O C
S E U R U L I N G E O A L I A
E N V S O M P I E C M A V T R
R T I I S G E L E B R A V A E
E I R R R N F R L C U G R R M
R C E G A I U E S R I A P E R
C I F A R D R R E E N E B B R
R D V T U I I T P R O P M R U
I E U I X R S A E R U N U E S
S T O R E I P A N V S T J V T
A R A Z O R Y E A C C T R E E
R G J R I B A L D S E R E R D
```

RACKET	RIBALD
RADIANCE	RIDING
RAMBLER	RIFLE
RAMEKIN	RIVET
RAPIDLY	RIVIERA
RAZOR	RIVULET
RECOVER	ROCKET
REPAIRS	RODENTICIDE
RESTFUL	ROISTER
RESUME	RUINOUS
RETIRE	RULING
REVERBERATION	RUSTED

Cattle Breeds

```
G F T D M T N L N L B M Y F E
L C F I R D R O F E R E H K V
X H I L D E B Y E S N R E U G
F A Q E A R N U W R X E Q R W
A R V D A N Z A E Y I T G G M
C O P H D I K D K L Y X U A A
N L M B T U L O L I M E C N H
E A Y E H A R O L Q R D A H G
N I B A A F P H S E U F R O N
Y S G K W D L N A I V T A L I
E B B Y E O E U U M J W C S L
S U X R U R L F I S S H M T L
R H I B E C R L O N C I H E I
E D X H F O Q Y A H G T R I H
J H E U L B N A I G L E B N C
```

AFRIKANER	GALLOWAY
ALDERNEY	GUERNSEY
ANKOLE	HEREFORD
BELGIAN BLUE	HERENS
BETIZU	HOLSTEIN
BRAHMAN	JERSEY
CARACU	KERRY
CHAROLAIS	KURGAN
CHILLINGHAM	LATVIAN
DEVON	LUING
DEXTER	RED POLL
DURHAM	WHITE

```
V D J E C I M E D N A P J E K
U E Z H C K R G L S J U Y C L
G N E P J Z P A T A B D O N L
Z N I Q A R G R I O C T K A A
X R Y V O S I E B L S I N F Y
F M O S E T S V N T I A P A U
H A A U E R I A A E B M D Y F
A I L S T O S N B Q R Y A D T
C N A H U I D A B L R I A F M
K S U S Q A N T L E E I C Y U
N T S E R P R E V A L E N T R
E R U D T N L E M Y P P E S D
Y E I D F I Z A E R P M A S M
E A E L P M I S I G G N X Y U
D M S S Y H Y R A N I D R O H
```

AVERAGE	PASSABLE
BANAL	PLAIN
DAILY	PREVALENT
EVERYDAY	PROSAIC
FAMILIAR	ROUTINE
GENERIC	SIMPLE
HACKNEYED	STANDARD
HUMDRUM	STOCK
MAINSTREAM	TRITE
OBVIOUS	TYPICAL
ORDINARY	UNIVERSAL
PANDEMIC	USUAL

Pokemon Characters

```
T U O R P S L L E B Y G C M L
O W R X A T U G M L O H E Q E
W Z W X D L N V B L A E H Y B
T G O Z K A D A B R A S R B E
W O B U I B R A M K I L U M E
E L T S F C T E A D H T A N R
M D R E A F L B D W T A S T T
Y E U N N E U O B E W N Y D C
P E I D O T M P R E O O V E I
G N X N O I A F Y D E N I W V
E Z L P Q E R C H L M E A G R
N C S H X E G T R E G V R O R
G R E L E V A R G U S G Q N V
A P T Y X A O Q Q U E C I G A
R U X P S Y D U C K D L S J F
```

ARCANINE	JIGGLYPUFF
BELLSPROUT	KABUTOPS
BUTTERFREE	KADABRA
CHARMELEON	MEOWTH
DEWGONG	MEWTWO
DUGTRIO	ODDISH
GENGAR	PERSIAN
GEODUDE	PSYDUCK
GOLBAT	TENTACRUEL
GOLDEEN	VENONAT
GRAVELER	VICTREEBEL
IVYSAUR	WEEDLE

```
Y E L L A V U D N A M H T A K
A R K T E H M M N R D A B U U
X R I H A T R A S O F M R M T
E R T E S K A U B E R U R E K
A I T E J R R Q A T A A T R U
A D Y T P T M D A E S R I R B
I E R D S V H R L M E D M A M
C A E E A O I L B H R L G S I
R U Y L Q N D X E I I O A A T
O C N O J A J I K H S Z D S T
D A D S A X K A L W L O S Z I
L N U J T M J S R O A Q T R Y
A A N I S A B R U U N S V U A
V L K O L I N E C M D K J Q N
R O K G N A G R A F O R T S E
```

AGRA FORT	PETRA
AKSUM	RIDEAU CANAL
ANGKOR	SURTSEY
ANJAR	TIMBUKTU
BAALBEK	TIMGAD
BISOTUN	TIYA
DELOS	TSODILO
FRASER ISLAND	TYRE
HATRA	UM ER-RASAS
KATHMANDU VALLEY	UVS NUUR BASIN
METEORA	VAL D'ORCIA
OLD RAUMA	VLKOLINEC

Tastes

```
K V P O M M C A R V L A E D L
X Z V I M S S D S U R T I C G
D L I M Q I U I G F I Q A U T
A L N S E U C O A C R I D R L
A N E T O A A M I M M U L E T
I O G R Y Y T N N C X O I T U
K A A O T C V Y T M I C Z T G
Z W R N L T H M S T A L E I Y
S P Y G A I V M I N T Y E B U
A F E G S C F A M A H S E D R
P U Z P H R F S N Y P T S U B
I U G E P A S G M I H H O L D
D J E I L E Y F C O A S A X X
K S G S A S R Y K R K N I W N
Y D I C S E D Y P O D Y N F N
```

ACRID	PIQUANT
BITTER	SALTY
BLAND	SAPID
CHEESY	SHARP
CITRUS	SMOKY
DELICIOUS	SOUR
FISHY	SPICY
FRUITY	STALE
MEATY	STRONG
MILD	TANGY
MINTY	TART
PEPPERY	VINEGARY

Horses

```
U N N L R G N I P O L L A G M
W W A V D P M M T M W W Z A I
T O A O T D T N Z E L F R D S
F T H O R O U G H B R E D N Y
L M L Z S O G Y S O E I I V F
T T B E M N H R N Q O E H G B
H F O C I N Q O U O R V N S F
U H I C U H C I R N P I E A S
S B A H E N N C H S T W R S R
R R T A O E A D X T E R E T E
E Q Z R R N U M O D I F G L H
T A B N T J N R M E L I R O T
N A A E K L T A R H U L A A I
U Z R S H A N P W E L L H N W
H U G S I E F S W C O Y C Y Q
```

BRONCO
CANTER
CHARGER
EQUINE
FARRIER
FILLY
FOAL
GALLOPING
HARNESS
HOOVES
HORSE
HUNTER

MANE
MARE
MOUNT
PONY
RACING
REINS
ROAN
SHIRE
SHOES
THOROUGHBRED
TROTTING
WITHERS

Snow White

```
N O S I O P V J L P K C C E S
K Y H T Y Z E E N S I A L F E
M P U Y T T S H E G N P A C V
T C N M V S A P A S P A N Y E
H A T W I P E M A A T E E G N
E S S K P N E R S P E L L Z D
I T M Y I E I M O D G A E B W
R L A I L V B N L F S U F M A
E E N E R A C E G S B Y N O R
S W I K S R U O C U P N T C F
S M I H N I O O T M Q R H Y S
X S F E Y Y F R U T T C R E A
H U E I S F L R Z W A F O P I
L U L Z I Q G J X B H G N O C
Q N I N Y S U O L A E J E D O
```

APPLE	JEALOUSY
BASHFUL	KISS
CASTLE	MAGIC
COMB	MINING
COTTAGE	MIRROR
DOPEY	NEEDLE
FOREST	POISON
GLASS COFFIN	QUEEN
GRUMPY	SEVEN DWARFS
HAPPY	SNEEZY
HEIRESS	SPELL
HUNTSMAN	THRONE

```
E S V S K C O L M E H U F A W
N L I E M Z J I S O G K N I G
A G Q R H F Q S E J N Z T T W
L Y C G R D P A N O E B U P E
S E I A K O S B N Q S A R X D
R L L L F P O A A Z N L M W N
U S R A S R H R F Q I S E H U
P R A N A H E E R F G A R I S
V A G G E L V G S D R M I T E
I P E A R E D N A I R O C E L
O C W L R R Y I E V Q V N P F
L F U F D R I G F M O W O O H
E Z E X D O Q B X F R L C P E
T W M A R S H M A L L O W P A
H Q F W I F R S I B W G A Y L
```

BALSAM	MARSH-MALLOW
BASIL	ORRIS
BORAGE	PARSLEY
CORIANDER	PURSLANE
FEVERFEW	SAFFRON
GALANGAL	SELF-HEAL
GARLIC	SENNA
GINGER	SORREL
GINKGO	SUNDEW
GINSENG	TURMERIC
HEMLOCK	VIOLET
LOVAGE	WHITE POPPY

Fonts and Typefaces

```
B C T O R P L A R R A P A H C
C L Q L A U T E P R E P Z H K
S G N I D G N I W B L P E L C
O R P O N R A A E A I V O O S
T A A B Q T I N L A I B R O S
Q L L P N A H A I N M O S R C
C L A R H H E D T Y N A E Y O
O E T I Y O L R S A B V L V O
U T I S R M V E O N I A N F E
R S N T B A E V R N A I U O K
I A O I O E T Q U R A V G E H
E C G N D R I K E G L E E K R
R S L A O U C R A Y S E O U I
D R C L N E A R A R I E N B N
Q J G I I N A L I H G E I S G
```

ARIAL	HELVETICA
ARNO PRO	NIAGARA
BAUER	NUEVA
BODONI	PALATINO
CASTELLAR	PERPETUA
CHAPARRAL PRO	PRISTINA
CHEVIN	SEGOE
COOPER	SYMBOL
CORONA	TAHOMA
COURIER	UNIVERS
EUROSTILE	VERDANA
FLAMA	WINGDINGS

T	P	Y	G	E	E	N	G	I	J	O	A	A	Q	P
G	E	D	E	B	A	O	T	G	M	A	E	D	J	G
I	R	K	T	D	E	U	G	X	Y	N	R	N	O	F
F	I	A	U	F	O	P	B	N	B	K	T	A	V	A
P	O	S	A	B	R	O	E	Z	O	S	I	W	I	A
I	V	T	I	C	U	K	I	M	V	C	R	R	E	F
W	I	J	E	T	H	I	O	P	I	A	E	N	T	Y
A	D	B	U	L	B	A	Z	A	M	B	I	A	A	R
L	E	B	W	U	A	B	D	O	I	U	S	I	E	A
A	T	C	E	X	L	G	U	L	G	G	R	G	L	A
M	O	O	Q	N	T	E	E	O	D	E	I	O	I	I
R	C	Y	G	K	I	X	D	N	G	N	G	L	L	N
F	Q	A	Y	O	M	N	R	L	E	N	U	I	A	E
F	B	U	R	K	I	N	A	F	A	S	O	B	B	M
A	I	S	I	N	U	T	S	O	R	O	M	O	C	W

ALGERIA	GUINEA
ANGOLA	KENYA
BENIN	LIBERIA
BURKINA FASO	MALAWI
CHAD	MALI
COMOROS	NIGER
CONGO	RWANDA
COTE D'IVOIRE	SENEGAL
DJIBOUTI	SUDAN
EGYPT	TOGO
ERITREA	TUNISIA
ETHIOPIA	ZAMBIA

Climbing

```
I T H G I E H P R J R T Q H V
S G A R C X D W P L E G D I R
V R U F R E Y K E G R O C K S
S W L I C N S X D R C A G B H
K A R A D F C E O U P E A K S
G B F X Z E L P K I A S K D I
P H S J U Z E B A I E C Y L E
D C D Y W S F S I C P A T K K
J R L L X B T B A A L S T J M
B A O E S E M M S H E R P A C
S M H P P C P C R R W E A R X
L P E P L I E O C P F G A E J
H O O A E N T E L Y G N P Q G
U N T R T O E O O S N A S M Z
Y S G V T B U R N Y Z K G X Q
```

APEX	LEDGE
ASCENT	PEAKS
BASE CAMP	PITON
CLEFT	RAPPEL
CRAGS	RIDGE
CRAMPONS	ROCKS
CRANNY	ROPES
CREST	SHERPA
FACE	SLOPE
FLAG	SPIKES
GUIDE	SPORT
HEIGHT	TOEHOLDS

Popes

```
C X L S Z J J M R C S O V S B
F E U S E B I U S I Q S U J J
O E N A I B A F C P X T S S S
C E L E S T I N E D A U U U R
C A T I F O A T A D N T I S W
O O G L X R E M O I E L U V I
I H G B F U A E L L U C I U S
N T T G M S D L C J D B A P E
R L K A U A E A A K O L Y M R
H K S S G C N Q I S N U S U G
T S R U R A R R K F U P Z L I
J M R A I P E T E R S S A O U
O O M Y M A A D B U T N E U S
O M H M W C C A I O D R H Q L
V C O N O N N P R O K R S M K
```

ADEODATUS	JOHN
AGATHO	JULIUS
ANACLETUS	LANDO
CAIUS	LEO
CELESTINE	LUCIUS
CONON	MARCELLINUS
DAMASUS	MARK
DONUS	PAUL
EUSEBIUS	PETER
FABIAN	PIUS
FELIX	SERGIUS
FRANCIS	URBAN

Fears

```
Q S D W O R C F A M I N E S E
O S P I V R T P B S D B Z S U
N S H S S N A K E S S E A E V
U N R E P T I L E S G E R N M
C W Y D E A T H K A S B B I S
L O F A E V Y M D I X Z S L E
E L X L D S E L D E E N T E V
A C R E E B O S E S R O H N I
R D Q G X S A T P P S D G O N
W A T E R R T C H I Y Q I L K
A S N O M E D I T U D C E U H
R N P F F G U L R E N E H Y T
S E S U R I V D A A R D R O L
Q T S R O T A V E L E I E S R
S S Z P V X Q I V G M F A R H
```

BACTERIA	LONELINESS
CLOWNS	NEEDLES
CROWDS	NUCLEAR WAR
DEATH	OLD AGE
DEMONS	REPTILES
DISEASE	SNAKES
ELEVATORS	SPEED
FAMINE	SPIDERS
FEAR ITSELF	THUNDER
HEIGHTS	TIGERS
HORSES	VIRUSES
KNIVES	WATER

```
L M B T W W D B E Y O W I S Y
C D P S H D A M G A N M H E E
O J U D O I E L T O N I H U L
R Z I R Q N R V L E N K N L R
E C S V H M I D A E C V E B E
A E G W E C U Z S N R V D P D
Y H I V E O G G Y T S H R R D
Q H I I E M E R K B R T A U A
B W H I U H A N O Z B E G O D
Y W S T M C L R I O S H A R O
Y A A P E T Y N Y A V C E M V
B T A H G A D R Y B L E T C O
O I B E S S W I N G D B O F J
N O T G N I L L E G T O N O G
T Z U Q Q C I S S A L C V W E
```

ACID	GETZ
ADDERLEY	GROOVE
BASIE	HINES
BECHET	JIVE
BLUES	LAINE
BYRD	SATCHMO
CLASSIC	SHAW
COOL	SWING
COREA	TATUM
DORSEY	TEAGARDEN
ELLINGTON	THIRD STREAM
EVANS	WALLER

Move

```
I W R M O J L C H K Y V T O J
V P Y E G R U S A T A U O E B
A L M S R L K E H U W F T W Y
J C N P B P R E L O C A T E K
E O I I M T U T R B S J E R T
C R U A S B J S X T B T R O M
N E R R Q R W S E V A O E W K
U T V T N A Z T E L G S H A H
O X G O G E O U U S I C M L L
B F Q G H M Y B P Q T U D K U
G U E G O S M P M G A R I R G
S R T C T A B V U N T R I X H
P R O G R E S S J V E Y A D U
N L H E P T N A V I L L A G E
S J P R O P E L H Z Q X E R J
```

AGITATE	SHOVE
BOUNCE	STEAL
GALLIVANT	STREAK
HOBBLE	STRIDE
JOURNEY	SURGE
JUMP	SWAGGER
LOCOMOTE	TOTTER
PERAMBULATE	TRAIPSE
PROGRESS	TRAMP
PROPEL	TREK
RELOCATE	VAULT
SCURRY	WALK

```
E D T E E R C S I D E Y Y D O
S N K C J A T O P S E C R E T
H U C S L G V R I G A K F I H
I O A H H A G U E I H U S K Z
E R I D D B S U W V R G R A D
L G Y I V S Y S A T O Q A E M
D R H S E T A V I R P C T B S
E E T G P R O V N F D C X J H
D D L U P U E N T E I E G C R
B N A I A S H E T R D E D Y O
G U E S E E Y H T H K D D Q U
Y G T E F V E S O T E R I C D
H O S D E T E S O L C S X H E
C I T P Y R C O N C E A L E D
H U S H H U S H U T A W A Y R
```

ABSTRUSE	HUSH-HUSH
CLASSIFIED	MASKED
CLOSETED	ON THE SLY
CONCEALED	PRIVATE
COVERT	RESTRICTED
CRYPTIC	SHIELDED
DISCREET	SHROUDED
DISGUISED	SHUT AWAY
ESOTERIC	STEALTHY
FURTIVE	TOP SECRET
GUARDED	UNDERGROUND
HIDDEN	VEILED

Rivers of Canada

```
D L P Z V T S L R K I E L S V
R M R E Q M H P T C E A Y U O
A L B H T N O F E X S V H K H
I R N M O I R A P L T C A A A
L E I S M A T L I O L N Y L S
X L L D S E O O B B A Y E B S
T E U E E I N I T G W A S A I
N R R G T A Q W A L R D F N N
K Q A S Y U U N Q G E G N Y I
N S T W E U J J W I N I S K B
K H L E E V K B G A C A J Z O
Q P U Q S T R O Z S E K I V I
U V R O S L S D N A R G F F N
G I Z S I M I L K A M E E N E
N A M D L O G N Q N P N W L D
```

ALBANY	OLDMAN
ASSINIBOINE	PELLY
EXPLOITS	PETITOT
FRASER	RIDEAU
GRAND	SIMILKAMEEN
GULL	SLAVE
HAYES	ST LAWRENCE
HORTON	STEWART
LIARD	TESLIN
MOIRA	TOBIQUE
NELSON	WINISK
OKANAGAN	YUKON

```
C J F S X A U Y T U R E Y U R
D W A Q C M A R R I A G E V D
J P M N G A I N B N X O F T J
A W H N E R S E V E L C N N R
J F I Y U G Q H J D R A G E M
E K T R E A S O N D M P W M J
N N T H B R S I B O R O S E E
T Y O P I E Y E E L T D S L P
D I E R S T B Y C F R T Y C O
K Q P L H V L W T A E P S E P
Y V T Y O T B Q W R L W A R P
T R S T P B F D A F L A S R E
M A A Z S N E E U Q X Z P W R
C R O M W E L L U H U J X K I
R E N N A J G T R E M N A R C
```

ANNE	KING
BISHOPS	MARGARET
BOLEYN	MARRIAGE
CLEMENT	MARY
CLEVES	PALACES
CRANMER	PARR
CROMWELL	POPE
EDWARD	QUEEN
FLODDEN	THRONE
HENRY	TOWER
JANE	TREASON
JESTER	YEOMAN

Words Containing AND

```
S D N A N D R A N D F P Y Y A
T A N D O N I D N A E O F D N
U G A N D A B D A R R L A N D
N L L A N B A I C E R A I A P
D A N R A K N M R I A N V S Y
E N K E B C D E A D N D A D W
N D A V A E D P A N D A N U M
G U O I G N A N S A D A I E L
L L Y D A D D G A S H I D I M
A A W L N A Z E A S C N N R O
N R I A B A N V R R A Q A E D
D H H S N S L D S T L J C L N
P A N D N D N R B W H A S A A
I S L A N D E R O U S A N N R
D N A G E B D R A N D M L D I
```

ABANDON	POLAND
AMANDINE	RANDOM
ENGLAND	RIBAND
ERRAND	SANDIER
GARLAND	SANDY
GLANDULAR	SCANDINAVIA
IRELAND	SHANDY
NEANDERTHAL	SLANDEROUS
NECKBAND	TANDEM
ORLANDO	UGANDA
PANDA	VERANDA
PHILANDERER	WANDER

FOOT First

```
E N V E H M P M T W T H D M E
H I K R E I D L O S A Y L F R
H H R U R V I O V W Z R A A L
V O O S A V J D P Z U U M H M
L L W F J S T E P U L A D E E
L D O P V H F I P T M W T W R
Q N I N T H E D O O R P E S O
N G G A G A C H S P N T L A S
R N B D Y X T E F M A L L U R
M I W F N U R K K L I K P D R
M G B A K R H A P H E B U A P
A G L L Q S T R Z Y N V P D D
R O Q L A P C B Y A R A E G T
K L I P R I N T S W K P V R E
T S H T A P Z D X D F V T T Y
```

BATH	PLATE
BRAKE	PRINTS
FALL	PUMP
FAULT	SLOGGING
GEAR	SOLDIER
HILLS	SORE
HOLD	STEP
IN THE DOOR	SURE
LEVER	WARMER
MARK	WAY
PAD	WEAR
PATHS	WORK

Foot

```
G A H P K I G R W B F O O S U
R L B E Q N U N O T E L U D A
C A L T C O R N I I D E R E R
R T I S W U E X H K N B E F B
A V S N K S P O T A L J B U N
T Y T I Y G P E C N N A N J I
N A E M D P Y L D O E I W K A
A N R K I O A A D I O B U C L
L K Z N G C P N C N C Y J I B
P L G J I T E O O H O U A J L
B E K E T T A A R Q A N R A I
A T C A L H O L J I E L S E H
N C O E H O C I U O H J L M C
E R E E E H S R T S Z C Q U L
S H L A S R A T A T E M K V X
```

ANKLE	HEEL
ARCH	HOPPING
BLISTER	INSTEP
BONES	METATARSAL
BUNION	PEDICURE
CALCANEUS	PLANTAR
CHILBLAIN	SOLE
CHIROPODIST	TALUS
CORN	TENDON
CUBOID	TOENAIL
DIGIT	TOES
HALLUX	WALKING

```
I K E L A E L A P A B L F H U
R Y E W O A J T E A I R D Q K
E D Y G S P O H R V R T G I U
N E T U S B R R X C E L L A R
S N M S D T E I F T G G I R S
L I A C E L B C Y F A F Q O E
I S L L S F A E I D L E U M I
P A T B E A R B Z M N L O A R
Y C I P S P L E D T E A R F E
G A N O T O E E B E D D H D W
Y O G L S U Y R E O K L N S E
O I L Y K M O E L T T O B O R
L K Z D T N I T Q N L K M O B
B I T T E R Q L S B U C O S S
B A N P K N O X D P S A M E R
```

AROMA	LIQUOR
BARLEY	MALTING
BARRELS	MILD
BITTER	OKTOBERFEST
BLOND	OLD ALE
BOTTLE	PALE ALE
BREWERIES	PILSNER
CELLAR	RICE BEER
GOLDEN	SHANDY
HOPS	SMOKED
KEGS	SPICY
LAGER	STOUT

Perfume

```
T L Y N V H F V J E R H O C X
N D D L M I T R C A I U R O I
E L O U A Z O N A B S L C L R
C A O A Z N E L I G I M H O Q
S V W M E S G S E C R V I G L
Y E L B S C C Y P T A A D N L
T N A E N U I H L I S Y N E E
I D D R S W C T A A C H H C B
U E N G B C R S R M N E R Z E
R R A R B O C M O U E G S K U
F A S I R W U D L A S O S E L
F T R S K O A Q F T A U Q T B
C G I O I V S N U C M R B R V
D B K H M Y L E U E L I L A C
S S O M K A O Q S R T J E R U
```

AMBERGRIS	JASMINE
AROMA	LAVENDER
BLUEBELL	LILAC
BOUQUET	MUSK
CITRUS	OAKMOSS
COLOGNE	ORCHID
ESSENCE	ROSES
FLORAL	SANDALWOOD
FRAGRANCE	SCENT
FRUITY	SPICES
HIBISCUS	VIOLETS
HYACINTH	YLANG-YLANG

```
S S R J C A Y U T R E V L A C
T A E R T E L P I R T G N R I
A T C B C O X F R S R O N D O
R S L O A T F V I D I D F C F
L G I Q V N U S R H E E L E T
I V P W A Q A I U L G S N R V
G A S B L O M N I S S T I N N
H D E L I F T K Y E T O J A A
T I I Y E E E G L T H R I K S
L T L V R T A H G G S V I U D
R O R M T T T C I Z T I F K C
W O O E R U N F L A I R E N E
H D N A R B O E L P S G W F X
J V N S O M I N G J R T W V P
Y O Y O O R E G O N G I A N T
```

BANFF	MR BIG
CALVERT	NORLI
CAVALIER	OASIS
DELIKETT	OREGON GIANT
ECLIPSE	RONDO
ENVY	RUTHLESS
FEISTY	SIENNA
FLAIR	STARLIGHT
GENTRY	STRIKE
HUNTER	TRIO
LATVIAN	TRIPLE TREAT
LEO BRAND	VADITO

Swiss Place Names

```
X F R O D T L A I V B P J S Y
C W U T W C X R S J E V J N U
D R Q Z Q A X U P I X I E N R
S A P G A T N J W G L D E G T
X R V E V E Y L R H L L K R N
X K U O F P X I A A J Z O D E
S S U S S N E M W U O G N M R
O N R A C O L B A K S E I O R
L F N R E B O L O R I A Z U O
O G G L K U A N U H T R N C P
T J L N E S S A W C V I U N C
H R L D U S I J I I E B G H E
U D O Z U G A I R R Q R X N C
R A V E N E G B A U N Z N I Y
N H R M J P Z E H Z U X T E P
```

AIROLO	LUCERNE
ALTDORF	MARTIGNY
BASEL	MOLLIS
BERN	OBWALDEN
BEX	PORRENTRUY
CHUR	REUSS
DAVOS	SOLOTHURN
GENEVA	THUN
JURA	VEVEY
KONIZ	WASSEN
LAUSANNE	ZUG
LOCARNO	ZURICH

```
S F R E X I M D O O F R C U J
P F R G Q H W S I E V E E Q H
A M G E Z D E H O B T A L Y S
T N U V E V R E T A R G T L I
U E S L O Z T A L Q K M T H D
L R V T V A E P I L S E E L E
A S S I L P R R W N T T K W L
R Y O P R E T O P A E T N O O
S E T U N T B Q L A A R P B R
W O C N P P H P C C S A I G E
H E I I U S A U A W P M E N S
I D L O U E P C B U O E D I S
S N S D T J S O C F O K I X A
K L Q I A K Y O O Q N I S I C
M V Y S A L T O B N G N H M N
```

CASSEROLE DISH	RAMEKIN
DINNER PLATE	SIEVE
DRAINER	SOUP BOWL
FOOD MIXER	SOUP SPOON
FREEZER	SPATULA
GRATER	STOVE
HOTPLATE	TEA PLATE
JUICER	TEACUP
KETTLE	TEAPOT
LADLE	TEASPOON
MIXING BOWL	TRIVET
PIE DISH	WHISK

Fractions

```
N O M M O C A S T R E L A N O
D D Y F J H J O N T H I R D X
K Q R O T A N I M O N E D I A
Q A U H M G N L J O Y H K A B
V M G C L T T N E I T O U Q E
F I C J H C I S I N E F G L K
E L O O K O I M E S A T A V D
E F A F M M H V A C L M R E E
X R E H P P E T T V I X X D D
Q A X L U L A O N C U I G H I
G C E G E E R R E E M L T G V
H T F I F X H D E H V N G W I
M I M P R O P E R X E E A A D
P O P W L J X R H T X I S I R
N N U O H T N E E T E N I N E
```

COMMON
COMPARE
COMPLEX
DECIMAL
DENOMINATOR
DIVIDED
EIGHTH
ELEVENTH
FACTOR
FIFTH
FRACTION
HALF

IMPROPER
MIXED
NINETEENTH
NINTH
ORDER
QUOTIENT
SEVENTH
SIMPLE
SIXTH
TENTH
THIRD
VULGAR

All Points

```
B O P O W E R Z E H C T A M E
A N U D K E O U F O G P X O U
Z N L D A Y S E O Z V X L P D
H O J K L A I T C O N I U Q E
G I C E K E Y G A R E V O C P
O T J A W Z I M L Y E X J K E
D I D T R X Z Y G Q D E W M W
D S N F E D L N P K L L A O D
P N A X D C I Z E H E G D K L
T A T P U T M N N C G Q N C R
N R S R T S I G A N N I A O G
A T I E P A T Y L L F L H I W
S E S P J E I R T E Y M R E J
H G Q Q L J H D Y K I T A L P
Y T O W B E G N I T L E M W I
```

CARDINAL	MATCH
COVER	MELTING
CURIE	NEEDLE
EQUINOCTIAL	PENALTY
EXTRA	POWER
FOCAL	SETTING
GAME	STAND
GOLD	TRANSITION
HIGH	TRIG
KNIFE	TRIPLE
LIMIT	WEST
LOW	YIELD

THREE Words

```
S G I P E L T T I L F R R S A
X E M X O R M V R E K C E D R
W L C K D I M E O C R I N N E
I A E A E N N S R E E H C M P
S E C A R E I T W O V S C A O
Y R S S F D E K T G C J S S Y
E M T T E E E R A U Q S Q T N
K F O C I K D G O F R P Q E N
N P O P O U I C G X O N U D E
O E G U R R S R L E V F A S P
M P E S R O N E T O L B R R A
E H S Q L T N E C S V K T A P
S A G G Y M I G R E Z E E E X
I S E C A R G M E E I O R B B
W E D E D N A H E D D P S P B
```

BEARS	PENNY OPERA
CHEERS	PHASE
CORNERED	PIECE SUIT
DECKER	POINT TURN
FOUR TIME	PRONGED
GRACES	QUARTERS
HANDED	SCORE
LEAFED CLOVER	SQUARE
LEGGED RACE	STOOGES
LITTLE PIGS	STRIKES
MASTED	TENORS
OF A KIND	WISE MONKEYS

```
V R L N L Z D D I H C R O M G
U O V L I H Z Y B C H F O K K
D M Z A A H G K Y A F W B D H
F O Z W R B Y I I T O L B X S
D V P T S A P S H C U V O P E
P A P E R Y J E K H K D N O D
B J F P N R H N Y E C S L N R
Y R S B E A E A S R S L U W E
N G I B N I D T L G E O T M Q
I E N D H T K A T F R E V O P
G Y L H G S X W Y A E X L K F
H E P P I E R A P H W F V R O
T F B H Y E Y Y S T M S O H Z
N U W H E E L L O R D N F A B
G D P E W S T F P G T N M I V
```

AROUND	OPEN
AWAY	ORCHID
BALL	OVER
BRIDGE	PAPER
BY NIGHT	PAST
CATCHER	RAIL
FLOOR	RODS
FRONT	SHEET
HALF	SPRAY
HIGH	SWATTER
KICK	WHEEL
OFF THE HANDLE	WHISK

```
R S L O Y O Z Y B S T I C N Z
O S S O C K E T T N N B L U B
T T E A R A H Q E S G Y C O P
C T N O R Q J R T D E W H V G
U A N T G H R A Z D I D A W B
D W H E R U L R M S I R R A T
N D K V C L L M D P C W G X B
O S Y C A S O C P U E I E G A
C M D T G I E X D R E R N V T
G H I S C N D R A Z V I E T T
S O M E S A I H O U E N R S E
N T L M S H B B L U E G P F R
U E I I N A O L U G L W U K Y
Y Y X N V B H C E T S F U L R
F H W T U E H C K S K P E Y P
```

AMPERES	LIVE
BATTERY	LOAD
BULB	OHMS
CABLES	PLUG
CHARGE	SHOCK
CHASE	SLEEVE
CONDUCTOR	SOCKET
CURRENT	SPUR
EARTH	TUBING
FLUORESCENT	UNITS
GRID	WATTS
INSTALLATION	WIRING

In the Greenhouse

176

```
W H S T N A L P O Y S S T A K
E E A T F L O W E R N O O D S
L G A S B S H U W O O W I C I
S W N C Y T S T I A B K P L M
S K A T T E O T M P T T J O E
F Y C K H R A E Y R S C P C Y
O N G C C G W I O O A A Y H R
T R N H I Q G W P P R W T E Z
S E I R G N E M T A C S P F W
B D R D I L O C F G L M T X Y
R I E T D C C F N A A K H O W
E P T F X L I L E T T U C E P
H A A C I N E Z A O E V E I S
M B W P A M A N U R E D U O V
Y G S B X J W R U K S G O X X
```

BENCHES	PLANTS
CLIPS	POTS
CLOCHE	PROPAGATOR
COMPOST	RIDDLE
FLOWER	SIEVE
HERBS	SOIL
IRRIGATION	TAGS
LETTUCE	TAMPER
MANURE	TROWEL
MATTING	WARMTH
ORCHID	WATERING CAN
PARAFFIN	WEEDS

Quick

```
U G D Y P O S H D E K S I R B
D S S S X U U G C Y T F Z V F
H M H U A O O D Z U D X X H E
T A O B O D I D E G R A A D I
I R J V A T T V I F M S E I R
W T D Q R X I U Q P T T O R B
H P N E H P D P G Y A F D R C
T S L E K D E Q I R J R F U Y
R A P D V I P B E C D L W Z B
O N R R O R X L O D E G N I W
F Y A I Y E E X C E H R M P B
T G H I D C E F T A S C P P R
X W S D C T I S L V U Z V Y E
R Z K A T Y A Z L A R M Z Z E
X D P R O F I C I E N T Y L F
```

ACCELERATED	FORTHWITH
ALERT	HASTY
BRIEF	PRECIPITOUS
BRISK	PROFICIENT
BUSY	RAPID
CURSORY	READY
DEFT	RUSHED
DIRECT	SHARP
EXPEDITIOUS	SMART
FAST	SPRY
FERVENT	WINGED
FLEET	ZIPPY

```
P S Y A W K L A W A Q L M V G
H S V F A C I L I T I E S A R
X R U Q B A K F E G D I R B E
W E R J C F K M H E G O C D P
L C E J R E Y T G Q I F W K A
P E K O A S S A S J M L E H I
J P O V N B R U C E E X O E R
D T R J E O P J N H D A C W S
O I B M T P S G E S T A O B H
Z O G S L Y I Z Y K R S U U T
F N M I J N F L C T A W U O R
T R E C E B W O O S I N T Y E
D S A E E G D N K T L W F S B
D B R H Y T I R U C E S L G L
H I G H W A T E R O R H Z Y D
```

BERTH	HIGH WATER
BOATS	LIGHTS
BRIDGE	PILOT
BROKER	RECEPTION
BUOYS	REPAIRS
CAFES	SECURITY
CRANE	STORAGE
DOCK	SUPPLIES
ENGINEER	TRAILER
FACILITIES	WALKWAYS
FEES	WHARF
FUEL	YACHTS

Scottish Clans and Tartans

```
W B D B H G J D R I D D E L L
Q A O C E P F S P Y Y E N D U
N T L Y N R E T X A B P W N M
O E Z K D B F C L M D E V A C
T I Y N E S T L A V X A I H R
S F W R R R N R I A C T I P A
L M X C S E N Z N Y L S N R T
A E Y R O H O I G A H A O D R
R Q N J N T L G N O T E S Y P
R S K I R U L D L L F N M U I
E W V Q V R I M W G I X O E N
N R O G E R G C A M S R H S G
T K I N C A I D C I T S T F L
O O A J I C V O D Z W Z B X I
N B A B E R C R O M B I E U S
```

ABERCROMBIE	LAING
ADAIR	MACGREGOR
BAXTER	MAITLAND
BOYD	PITCAIRN
CARRUTHERS	RALSTON
CHISHOLM	RENTON
DEWAR	RIDDELL
GILLON	SETON
HENDERSON	THOMSON
INGLIS	TROUP
IRVINE	UDNEY
KINCAID	WALKER

```
C L I F K N Q E O I H J Q L J
L O U X I X F O Z R S S A I S
Z S I L N V C L H C E B I B H
D S S O Q V L A A D R Z F R U
X U B Y D T D R R E A V U E M
M R F M G W L I P A S M L G M
G A O E O E Z M R U T I A M U
R V R H T T U D H H C H E S S
E A R C P J Q A A E T R A R K
U N P L A M L P Z D A I I E I
Q N H A B S A K A H M X N S N
C E O B R D I C R U I V A E C
A H D M P A D T D L C F D Q Z
L K U G E K O Y E D C C I O M
P U R I J L I G U I T A R U N
```

ADMIRAL
ALCHEMY
CAMPHOR
CARAT
CHESS
DAMASK
ELIXIR
GERBIL
GUITAR
HAREM
HAZARD
HENNA

HOWDAH
HUMMUS
JUMPER
KASBAH
LACQUER
LEMON
MARCASITE
MUSLIN
NADIR
SCARLET
ZENITH
ZERO

Boxes

```
S Q S L J Q E S L A E R E C G
N L S A E V B Q A S V N O G Q
A F A T O W X C O Z L O O C P
D H R L S L E O F A Z D G H C
S N G M J F L J C S Q I D R P
P O A F L I W M A I O W P R R
D I U B R E T T E L D A E D E
L S O N G H S R W S L E P N H
E L R R D C G E P H R I Q S T
L O S G C N F R J O C E J O N
Q D N A C U A M O O B D O A I
F D S E O L E R M T R L O I K
T H C O L L E C T I O N S T C
B R A I N M T E E N T O O K A
Q G P P R P T R A G I C Y W J
```

BAND	JACK-IN-THE-
BOOM	JEWEL
BRAIN	LOOSE
CASH	LUNCH
CEREAL	MAIL
CIGAR	PHONE
COLLECTION	PILLAR
COOL	PIZZA
DEAD LETTER	SHOOTING
FUSE	SOAP
GLOVE	SOUND
GRASS	TOOL

```
A N F I S T V E G S U E H O N
B C H V T C S D T K D I D A E
Y N O L I A L E L I S S O F D
X I W I P V L S N T F L P E D
S O R L N E U H B U Y C D E I
B K K B X S D U V J R I S T M
V A T E B A R R V L T R E A A
E N H T T I A V S C O O E N N
Y G D I A K T B H N I T R E N
H N N L L U K A N I R S E S R
L G M E M L D R A O H I P T S
N S T U H O F R I P V H A E E
B E L C L L H O B D I E R C N
D U V O R O M W R N N R C I O
S S C O F G C B X T L P S A B
```

BARROW	HILL FORT
BONES	HOARD
BOWL	HUTS
BURIAL	MIDDEN
CAIRN	OVEN
CAVES	PITS
COINS	PREHISTORIC
COLUMN	RUNES
DATING	SCRAPER
DITCH	SPHINX
FOSSIL	STELE
HENGE	TUMULUS

High and Low

```
L O W E L G N I Y L W O L J D
L O W P R O F I L E H I G A E
H I G H K I C K J W K A R D H
S E H I Y A W H G I H W L N C
Q H D L O W C H U R C H O A T
R N I I E T H L G K P S W L I
A E W G T H O I N I E S S W P
T K T O H W I R G F H A L O H
L S D A L T O G I H E M U L G
A T O I W B E L H S N W N F I
H W F C W W H N H C Q O G B H
G E O O W G O G S C R L O S H
I X L T I O I L I I R O G N G
H O J H D H L C L H O S S I I
W R H I G H C O M M A N D S H
```

HIGH ALTAR	LOW CHURCH
HIGH COMMAND	LOW COST
HIGH CROSS	LOW LIFE
HIGH KICK	LOW MASS
HIGH LIFE	LOW PROFILE
HIGH NOON	LOW TIDE
HIGH SEAS	LOW WATER
HIGH TENSION	LOW-BORN
HIGH WIRE	LOW-KEY
HIGH-BLOWN	LOWLAND
HIGH-PITCHED	LOW-LYING
HIGHWAY	LOW-SLUNG

```
E D I S E R I F T L U S C W R
F W Z L A C I P O R T O Y N E
K J Q D K P U D E P P A R W V
T E K N A L B S U N N Y V D O
P A R A S E I N U Y X G L F C
A G L O W I N G R M E O I A R
S D F H S Z O T N N M V H Y E
S D E Z D E L F I R R E D B T
I F V H Y U N A Z O A N R H R
O Y E O S M L E G T W Q S Y O
N D R L X U L M W A E L N R F
B T I L A D L A J I K B U U M
T C S P B O V F B D U I G S O
W M H X E E C C D A L P O B C
D Z A O Y T I C I R T C E L E
```

BALMY	KEROSENE
BLANKET	LUKEWARM
COAL	OVEN
COMFORTER	PASSION
COVER	RADIATOR
ELECTRICITY	SNUG
FEVERISH	SULTRY
FIRESIDE	SUMMERY
FLUSHED	SUNNY
GENIAL	TEPID
GLOWING	TROPICAL
HEAT WAVE	WRAPPED UP

Links

```
S E S S E N R A H T S E W Y S
S T C S E K O Y C E B P N H E
G E V I N N Y L T S S L E A T
H A S O U X C A N C N U S U A
L M T U Q T L O S F I G Q H I
I S O V F E I E D Z A S F H C
A U P A R T N E R S H I P S O
I P E H C I T H S Q C N E C S
S Z V N B S E B B U Z L C B S
E T U M N E R M O I P M L R A
S J O Q Y H L T E U N T J I G
C C W J A C O T O R A D R D P
S N I O J T C C Z T G R S G D
G R V B S I K A L L I E S E M
S D N O B H S E C I L P S S F
```

ALLIES	JOINS
ASSOCIATES	JUNCTIONS
BINDS	KNOTS
BONDS	LIAISES
BRIDGES	MERGES
CHAINS	PARTNERSHIPS
COMBINES	PLUGS IN
COUPLES	RELATES
FUSES	SPLICES
HARNESSES	TEAMS UP
HITCHES	TIES UP
INTERLOCKS	YOKES

```
B N N A I R T S E U Q E I A N
N L S Y Q K T T P V I U J E X
V D V M C S I I O T S C J W O
C R Z S T Y L E M S Z L Q F B
C N E S K T Y A N E R A I B E
Z D O F C B A U L K L X L A S
C P V I U F K D T G E I J D R
F A U L T S M N N O R V M M O
S X N A G A A I S E U S E I H
R S O T W F N L D A T C H N T
E N A I E I E I B A D U H T T
N P P R A R R N B P W D R O L
N P C R G M O L C M Z U L N A
I A T R O S E T T E O I G E S
W X T K M I Q X W Y S C Z E F
```

ARENA	RAILS
BADMINTON	REFUSAL
BAULK	RIDER
CANTER	ROSETTE
COMBINATION	SADDLE
EQUESTRIAN	STABLE
EVENT	STYLE
FAULTS	TIME LIMIT
FENCES	TOUCH
GRASS	TRAINING
HORSE BOX	TURNS
POSTS	WINNER

Ample

```
Z L J G V B G N I G N O R H T
T N A P M A R L R G F F W Y P
V O U B L P A A A G L V U Z Z
W I D E T R N L A N F A L L I
S G G Y E D O G X I T S R A L
U E L B I R U P V W Y L I G H
O L I O E P C D I O P Q M G E
I L S S H S I V A L D B U E V
C E D D J H B U E F E O Y N I
A S A O O O V T Y R N S R E S
P U O O C A H M U E E G T R S
S F R L Y O O R J V G A V O A
Y O B F R O I S Z O E I Y U M
H R V I R C Y S X R M M B S P
X P C H H S P C G U F D Y M Z
```

BIG	LIBERAL
BROAD	MASSIVE
ENOUGH	OVERFLOWING
FLOODS	PILES
FULL	PLETHORIC
GALORE	PROFUSE
GENEROUS	RAMPANT
GRANDIOSE	RICH
GREAT	ROOMY
LARGE	SPACIOUS
LAVISH	THRONGING
LEGION	WIDE

```
H T Y O S E S U B D E R A E N
A N R E T S N I M T S E W N R
R E N A L K C I R B S Y G A U
R M M A Y F A I R E H E U L B
O U O S E A M F R Y N N I K Y
D N L I O N D P X I K O L R T
S O B O W B E L L S L D D A B
H M Y A A N N E H B K N H P O
F T U E T E L X A Y E O A Z A
B S E I N C S R O T J L L U C
I I N B R K B L S Z E V L A Z
T E G I M I C A E K H R B D A
B V C B C A E O Y H M S O H O
T I P A E Q L R C B C N O S E
F P N X M N D N A R T S E H T
```

BARBICAN

BIG BEN

BOW BELLS

BRICK LANE

CABS

CAMDEN

CHELSEA

CIRCLE LINE

COCKNEY

EAST END

EROS

GUILDHALL

HARRODS

LAMBETH

LONDON EYE

MAYFAIR

MONUMENT

PARK LANE

RED BUSES

SERPENTINE

SOHO

THE STRAND

TYBURN

WESTMINSTER

People Who Write

```
N C F E T R E S E A R C H E R
R L E E N D Y S T U D E N T R
R O O N E I S C R I B E M O R
E P T Q N A I R O T S I H T E
T W C A Y R Q A E Q N T N S W
I A D I L I L D A I U E W I E
R I S O B S I R S A G D U C I
W T C F C T N T E D K S E I V
Y R I C O T E A U P S N H R E
P E T R L R O J R N O B J Y R
O S I Q S E C R E T A R Y L P
C S R L I B R E T T I S T A O
J X C Q A G X K P H M M G E M
P E N F R I E N D B K B J T R
N P R E H P A R G O N E T S W
```

AUTHOR
CLERK
COPYWRITER
CRITIC
DIARIST
DOCTOR
EDITOR
ESSAYIST
HISTORIAN
JUDGE
LIBRETTIST
LYRICIST

MINISTER
PEN-FRIEND
POET
REPORTER
RESEARCHER
REVIEWER
SCRIBE
SECRETARY
STENOGRAPHER
STUDENT
TRANSLATOR
WAITRESS

```
E N M A Y N N A H O J T S D X
L L X G S B B K B Z G Y F N Q
O S L R O P L E S H L R I A E
H O A M C S R E T S O L K R A
N V J W A G H X S D M P O B G
O A V H U U E C N A D N U S L
S D A R S W O E I Y E E R V E
K I G R E T T I M X L U A N P
C L T H I S C H G L Z S U E O
A E L O E N F P A M X T R A I
J Z M W C M S T A L P I I H N
A L I G L S L A O K I F S O T
N N E P S A R X L J Y T E A W
N Q E C P R A S E T T O D T T
B L U E H E T T A M R E D N A
```

ALTA	KLOSTERS
ANDERMATT	LECH
ARINSAL	NEUSTIFT
ASPEN	OBERGURGL
BRAND	OTIS
DAVOS	RAURIS
EAGLE POINT	SOLL
ELLMAU	ST JOHANN
IGLS	SUNDANCE
ISCHGL	VARS
ITTER	WESTENDORF
JACKSON HOLE	ZURS

Zoology

```
Y D K G T C N U J S I D A T C
L N A I V A E V L A V I B O L
A D E D O O L B D L O C J T Y
C N M J P V J C A U D A T E T
S A N A O Q A N T E R I O R C
P F L E N I U G N A H L K V A
I I W U L T N T I K F A M J D
D L E E L I L T C L S R K E O
E A V V S A D E E X E C T Z I
R R H K E J R O T D C A N Y T
Y I A Z A N G M U I L L A P R
C I L O B A T E M U L U R P A
Q D W N U F I O G G J B U F I
E N I N A C L N E Z S M N W F
F E L I N E U O G D Q A A C A
```

ALULAR	DISJUNCT
AMBULACRAL	EVEN-TOED
ANGUINE	FELINE
ANNELID	FILARIID
ANTERIOR	JOINTED
ANURAN	MANTLE
ARTIODACTYL	METABOLIC
AVIAN	PALLIUM
BIVALVE	SCALY
CANINE	SPIDERY
CAUDATE	UNGULATE
COLD-BLOODED	VAGILE

Building

```
R S V W E A I D Y C I L L T Z
T D O E N A R R O N L I P L S
C O T O P N T C I A M P Z H C
D D W S A N S A H Z V U U V Z
V S E V A M C I K I Y T L W X
E W U P S R R P T Y T D U O A
K O M U E M A D R E T E O J C
C D Y S L T X Q R N U X C M Q
A N I H I U Y I O M P I X T E
V I R O T U N D A I X I J G T
E W G V V G H L D H S J E F Y
C G F X B O C P S C U V O A H
X O D N M O O R Y T I L I T U
P R V E V C O W L Y A R D V H
G J L E L P V C C I T T A Y T
```

ALCOVE	PANTRY
APSE	PATIO
ARCHITECT	PUTTY
ATTIC	ROADS
CHIMNEY	ROTUNDA
COLUMN	SHUTTERING
COWL	SITE
DOME	TILES
HALL	UTILITY ROOM
HOME	WINDOWS
LEDGE	WOOD
LOFT	YARD

Relax

```
E Z A G R A T S N H R S E I U
D C T L I G H T E N U P O G T
U N S G D E C C N S M R P E S
N X E U A U A W U A O X A T E
W I I B S T O Z W E H P P A R
I P S L N D R O W S E S E N A
N I E A M U I K X A L E R R E
D E P L A T V C I U O Z N E K
P D A Y D R E A M X S O E B A
E C E G N G C B A R H O K I T
D Z D L O L E T G M U N C H F
V G O R D R R I I J T S A N E
L I E D O W N S N V E H L H D
L G Q S F V X P E B Y H S V J
N R L S F T Y P U N E S O O L
```

CALM DOWN

CATNAP

DAYDREAM

DOZE

DROWSE

HIBERNATE

IMAGINE

LIE DOWN

LIGHTEN UP

LOOSEN UP

NOD OFF

RELAX

REPOSE

SHUT-EYE

SIESTA

SIT BACK

SLACKEN

SLEEP

SLUMBER

SNOOZE

STARGAZE

TAKE A REST

UNBEND

UNWIND

```
C S Q K N G P N K J A S T N D
I T C E X N R E S N E D H Y C
J E X T X O D S A R N I G I O
K A L S B R O O T E D L I W M
C D M B I T O A D X E Y T C M
U Y U M A S C E U T W M L Q I
T T E I E E D E A K X O C P T
S V V G A D G R M F S F A S T
X G P J E D U N R E F I G H E
P L Q B M D E G A I N U Y F D
U U M Y B W R D T H V T S G R
U E S O L I D S L E C E E E S
L D M F G E R U C E S N T D D
R Q U I S J R T B V W P U E N
B D D E X I F I N F R O D Y D
```

CEMENTED	RIVETED
CLOSE	ROOTED
COMMITTED	SECURE
DENSE	SOLID
EMBEDDED	STEADY
FAST	STIFF
FIXED	STRONG
FUSED	STUBBORN
GLUED	STUCK
JAMMED	TIGHT
OBDURATE	UNCHANGEABLE
RIGID	WELDED

Photography

```
E I T A W M F P H O R O S S O
S H A E K G L P D E S H N U E
N G N I S O P I G J L T D L C
I S V V D N P F F L H N G A S
R H U S E P I A F G I N B B E
E O H L U B H O I W A L F Y R
G T Y R T N O L E F E E C S U
O S W M A R Y R H G F I S S T
F R A M E A A G T N I R P I C
C T D R D C L V U S E J O N I
T R E X X A N M I T Y T R E P
R E F V Z M B D L O I I U H A
B E Z I S E F I L N L B L U B
O B N M R R F I T A B E B G S
B G U T A A C S B E D K T B P
```

ANGLE	LIFE-SIZE
BLUR	MATT
BULB	PICTURES
CABLE	POSING
CAMERA	PRINT
DAYLIGHT	REWIND
FILM	RINSE
FILTERS	SEPIA
F-NUMBER	SHOTS
FRAME	STROBE
GLAZING	TINTS
INSET	ULTRAVIOLET

```
R E T T U L F S F U T Z X F L
A D Z S F U O M E M F O U M F
E U P R O A R D R J U S I Z H
P H C B H N B H M X S Y G R H
P B X C O D O T E M P E S T I
N B U S T L E E N R R U U N C
Q O Z Z S S L R T O P I C S C
Z I I E D T F N W T N I T T F
Q G A T S P F W I L D N E S S
T V V U P R U P F E S K F N T
W L H X A U F W N U C N V W O
F N U C S I R T H A H O O H R
Z V A M I H E S R I H M S J M
S S Z O U T K K I F R E N Z Y
N O I T A T I G A D D L X X V
```

AGITATION	KERFUFFLE
BUSTLE	RACKET
CHAOS	RIOT
DISRUPTION	ROW
FERMENT	STIR
FLUTTER	STORM
FRACAS	TEMPEST
FRENZY	TO-DO
FUSS	TUMULT
HOO-HA	UPROAR
HUSTLE	WHIRL
INCIDENT	WILDNESS

US State Nicknames

```
I R E X A M Z E L O H A R C G
R A L H K D E N U V U E E I E
M P O R A S A G G V N N R M T
M L R E D E R E D O T N A C I
A O N A C V E A O E L E T S N
P R U O I I V S N O U D S C A
I R A N C R L N R E V A E B R
N V N T T F I R S T M V N N G
E S A I S A S E S A E A O P G
T V C E L H I N G R T B L P A
R K I G O R T N G U E A P E Y
E W L H Q Q O R R N E D R A G
E J E Y E L E A O L B G B C E
S M P B I E L W R N I E M H K
M A G A N L B J C R O R P K W
```

ALOHA	LONE STAR
BADGER	MAGNOLIA
BAY	MOUNTAIN
BEAVER	NATURAL
BEEHIVE	NORTH STAR
CENTENNIAL	OCEAN
EVERGREEN	PEACH
FIRST	PELICAN
GARDEN	PINE TREE
GEM	PRAIRIE
GOLDEN	SILVER
GRANITE	SOONER

```
D N A L D I M H S I T I R B D
V S Y A W R I A B G E U R A F
G A R U D A G R L N M B O C R
A T R V C U B Y I E R P Y G L
D I I I L B E L A V I A A L U
X C R F G E R K A E A X L D F
S A A E T E C I L R N S B Z T
F I D I B S Y X S I N E R C H
R V H R A I G H E A I T U E A
P A I T T E J U E S F A N A N
D A N W A A N X N S N R E B S
F A E R O P A G N I S I I D A
Q T E J Y S A E C W T M D Z M
A D A N A C R I A S D E L A X
A I D N I R I A T L E D D Z S
```

AIR BERLIN	FLYBE
AIR CANADA	GARUDA
AIR INDIA	GB AIRWAYS
BELAVIA	GULF AIR
BRITISH MIDLAND	IBERIA
DELTA	LUFTHANSA
EASYJET	QANTAS
EMIRATES	ROYAL BRUNEI
ETIHAD	SINGAPORE
EUJET	SWISSAIR
EXCEL	UNITED
FINNAIR	VARIG

Slot Machine

```
D U J S L O B M Y S O L S W C
X T K G R B R C R E D I T S Y
C O D E A Z A E E S A E L S S
G K V X T R P N Y L W R C Y W
O E N F O O K E D A C R A D L
L N E U R S L E C I L P N B Y
B S S F A U Q S T W T P C T X
E E C O E N I B S R A B E O S
L K W P G O U T O A I E L P E
L M F V N B P H S B R W L N I
S C E M A G S C A E Z U C W R
T V O L R Z E L N U M B D Z R
U A G I O V A Q E S N U D G E
Y G N I N N I W R E H G I H H
I Q Q D Z S S L I K R K K J C
```

ARCADE	LEVER
BANDIT	MELONS
BARS	NUDGE
BELLS	ORANGE
BONUS	PLAYER
CANCEL	PLUMS
CAROUSEL	REELS
CHERRIES	SHORT PAY
COINS	SLOT
CREDITS	SYMBOLS
FRUITS	TOKENS
HIGHER	WINNING

```
N O T W A H C N O T S E W R M
A K C L R O N I L E Z O X M P
H M R E L T O N M J S B A N R
T T M R S C L A Y E G R O E G
I H A E I O J R N T Y T T L A
M E E V E L Y N Q M I Y S L Y
S B F W H O A E U D A E E E S
S R D X A I E S N H M C T S T
R O L E R T G A S Y R N A S R
M T Y A L R S E I R S A Y U E
J H M H O A L O C Q C M R R E
O E F V C R F L N B R O M Y T
P R E I A U D O A S O R V D K
R S N H I M I W R Z F D V A L
Q Y C N E G E R F D T L X L Q
```

CHARLES HAYTER	MARY MUSGROVE
CHAWTON	MR ELTON
DELAFORD	MR WESTON
ELINOR	MR YATES
EMMA	MRS CLAY
EVELYN	MRS CROFT
FRANCIS	MRS SMITH
GAY STREET	REGENCY
GEORGE	ROMANCE
JAMES	SANDITON
LADY RUSSELL	THE BROTHERS
MARIANNE	THE WATSONS

Peter Pan

```
W V N M H A Z E B J Z B C E O
G C D A R L I N G L K L A I S
P K M N H D V L E P J N D R E
G S T G A T N A I M A T V R I
V E L J B L H W E N D Y K A R
D T O B Q C D Y J R D W Q B I
M A C R I R P N O O T I N M A
E R H M G S J W U N H D A J F
R I S D P E S C M O G N Z N A
M P Y M V Q O Y B D F R N E S
A K M G E G R Y R O C W E L B
I T I N K E R B E L L T E G I
D Y R A M O V Y L R U C R N N
S K M Z T H S C L O C K G U V
Y U O S D R O T A R R A N J H
```

CLOCK	MICHAEL
CURLY	MR SMEE
DARLING	NANA
FAIRIES	NARRATOR
GEORGE	NEWFOUNDLAND
GREEN	NIBS
INDIANS	PIRATES
J M BARRIE	STORY
JOHN	SWORD
JUNGLE	TINKER BELL
MARY	UMBRELLA
MERMAIDS	WENDY

Desert Island

```
L T H G L N W A F X F S J E N
S D R I B V E Z V H Z H I L R
K X H I J F I R F W A E D A N
C J K C W A T E R O W L F G S
O Y W L A U S S H A C T K O H
R S S R J E W U E S B E P O I
D E I L V D B N N S I R A N P
S E Y Y A G O I F S S F S N W
E R N B B M H A E R H A T L R
I T V O T M I T B U U I R G E
R M S S O R E N I S C S N G C
R L E E I R I U A A Z S A E K
E A Q V V I A O L N E B E E Q
B P E K J A S M Z D P F G R S
E R I N S E C T S B A R D S K
```

ANIMALS	OCEAN
BARREN	PALM TREES
BEACH	RAFT
BERRIES	RESCUE
BIRDS	RIVER
CAVES	ROCKS
FISH	SAND
GRASSES	SEA SURF
INSECTS	SHELTER
LAGOON	SHIPWRECK
MAROONED	SUNSHINE
MOUNTAIN	WATER

Cake Baking

```
W R I Q Y Q R L B T R E T L J
B E G N O P S A L Z P F R W H
S X F R E T A R G I Y L X O G
P I M A M H K N C U R O T B K
Y M N N A B R E F I S U B J A
Y G D G E Y R B S D C R U H L
S A E X R G W S E O N I B R U
K E R G C E T B I O R U N K T
R N L T G I D I R Y T N N G A
F F N K R S X I R T L O N O P
F M R R N W A T E R Z O M C S
S O I U P I C R H N Q P F S O
S N I S I A R B C B T S G V U
G N I M I T H P T T Y S E Q T
Y G A X G N I T S E T N M I A
```

BOWL	RAISINS
BUTTER	RECIPE
CHERRIES	SPATULA
CREAM	SPONGE
EGGS	SPOON
FLOUR	SPRINKLES
FRUIT	STIRRING
GRATER	SUGAR
ICING	TESTING
INGREDIENTS	TIMING
MIXER	TRAY
OVEN	WATER

```
J A M M S Z E J B O E Y B R X
L T W S P T G K C O K B Y I E
A M M E L A N A C K B Y N F N
N F A T H E R E C C A N Y O N
O T M R B P F D R X L E I P Q
I S K U N J E B W A O C S T R
T X T A M I C N A B P R L Z E
A W L A Z X E I I C B A A E T
N C L J N N L R N H E L N B S
S S O R C D A K L I B L D E A
P Z O Z U T T K L L E P C P M
G I Q N O H O A M D Y C R N Q
N J A U S E T A U R Y I E Q U
J N R N Z F P G U E X O H W K
K S A A O T Q J Y N U R F D T
```

CANAL	NEPHEW
CANYON	NIECE
CHILDREN	PARENTS
CROSS	PIANO
FATHER	PRIX
FIR	SLAM
ISLAND	SONS
JURY	STAND
LARCENY	THEFT
MARNIER	TOTAL
MASTER	TOURS
NATIONAL	UNCLE

Germany

```
D R Y I S Q B L E T L I E R S
A X E P L R E E M W D R R Q H
N S T G A Y Z K H E J E D L A
E R T H N F G R A S S B I L W
Z L M O C A Y E M X F E Z N N
E S X S C E L M B P B W D C N
R A G R H K N D U F I N T N I
S E F A Z H H E R P L O W S E
O O G M U T X A G A D V C I T
C J B I S C U B U E H A L H S
G E B E E M K S E S R N C A N
C H L W I G E T N Z E A R G I
K O B L E N Z E I O B N C E E
D A C Z E R Y R H U H P Y N B
S H E I E S A N R P E N C K T
```

BACH	LIEBFRAUMILCH
BERNHARD LANGER	MERKEL
BILD	NOHN
BRAHMS	PENCK
CELLE	REGEN
EINSTEIN	RHINE
GAUCK	SAXONY
GEIGER	STERN
GRASS	STOCKHAUSEN
HAGEN	VON WEBER
HAMBURG	WEIMAR
KOBLENZ	ZUSE

```
D F T F O T L B E B H O M A Y
P M J R S E A K R L H D O G S
K C N E N N G O E E I G X L R
Z C O N T A K O R R A B Q G O
V B I R L E V H T L P I O J P
K B Y W N R S Y E L Q Y R M R
A I A A T I F D N E E R G U U
M Y E B V L T N C H L U L X D
I Z I L E W A A V A N B W B H
N N A T Z N A S N L Z X A H O
U W K C A A G G I O S U U T E
Z X X V J M T A W N R D E U M
S I V R E J P X L G S I G H S
O I D Y R O F A N O O R V L T
T E N O S S A F N T L I T A U
```

ASSONET	HA LONG
AVIRON	HUDSON
BANTRY	JERVIS
BENGAL	KIEL
BINNEL	MOBILE
BROKEN	PRUDHOE
DELAGOA	SALTWICK
DUXBURY	SANDY HOOK
FAXA	TABLE
FORYD	TAMPA
GALWAY	UNIMAK
GREEN	WALVIS

Airports of the World

```
R Y D E N N E K F N H O J O K
S E C U N W A K A H W A V V A
A C V A L N M R A Z Q E T E M
Y K G N S L I N U S Y F V R E
B O R A E T E R J T T Z X N M
L U I D A D I S E P N R L D B
X E R U A C N M F A O A U O E
F Q A B H Y E R R U T P N P I
L S V A A R A R S L U I M M Z
D O N I E N A B A L P R A I Q
Z G T H K C K N I M O I U H G
I L S F C V T N A C M I Q D X
C R U M A A A I K R A W E N I
Q R E P F T C M Y F Q W E Q O
T Z I N E D O D N A L R O L G
```

ATLANTA	KANSAI
BURBANK	KASTRUP
CHANGI	LINATE
CIAMPINO	LOGAN
DENVER	MCCARRAN
DUBAI	MIAMI
DULLES	NARITA
FRANKFURT	NEWARK
GIMPO	ORLANDO
HANEDA	SHEREMETYEVO
JOHN F KENNEDY	ST PAUL
KAMEMBE	ZURICH

```
K R A M N E D E S T O N U X F
A A U V V R A B B L E F R I E
R A I R T I Y A W R O N N X S
R G R T N L E Q M Y F L M O D
O W Y A A F E C D B A M O A N
D H B T R O S Z E N I N L U A
N L I A M P R L D E I Y A S L
A W N A S V Y C O R R I Z T R
V C L M P B P E A V S G E R E
E T M O O E D M S S A P B I H
A W Z V C L N N U T E K A A T
S E L A W A D R A O O R I I E
X D J B S R N O V L V N B A N
B E L G I U M O V M O P I I X
T N W R N S K K M A O P W A A
```

ALBANIA	MALTA
ANDORRA	MOLDOVA
AUSTRIA	MONACO
BELARUS	NETHERLANDS
BELGIUM	NORWAY
CROATIA	POLAND
DENMARK	RUSSIA
ESTONIA	SAN MARINO
FINLAND	SERBIA
FRANCE	SLOVAKIA
GREECE	SPAIN
ITALY	WALES

Nobility

```
Q P L X S R F N K I N G D O M
I R O O A E H R G N S L S Q A
K I J Q C T I I N N A D Z C E
E N Y U D O X D W M N R O W Q
O C I U K E T C A W Y A E Q U
D E K G G G R O O L T D T R E
I E U I H E E R R O M L A E R
E M P E L T C L F P V R C N R
Q A Y L N V H A T L S U S J Y
U J T R H O R O L I E E R T D
E E S B T M R B O A T D I R H
R S A A S N J H T D P N I Q G
A T N R U L E R T D G A K Z Q
Y Y Y O L N A G I I L R L M W
D E D N E C S E D A Y G Y A C
```

BARON	KNIGHTHOOD
COAT OF ARMS	LADIES
CROWN	LAIRD
DESCENDED	MAJESTY
DIGNITY	PALACE
DUKE	PRINCE
DYNASTY	PROTOCOL
EARL	RANK
EQUERRY	REALM
GENTRY	RULER
GRANDEUR	THRONE
KINGDOM	TITLE

```
G I W G L R A M O S H O R T A
N A M A B O I W V Z U T F E G
U S I N T D E T O V Z N L R D
J A F U A R A F A T L B U E U
E W T B H G B N Q I M R K Y B
A U E U Y W N O C I A L A H R
D I M P Y A G E R B E L B E K
T E G A N L C T I R E E Z D O
N D L T P E B N K D G T Z D I
A R N C A S S I N I I W I A N
M R A A V A O A N E L R H C B
R E R R R H M T W R T T D B B
A E Y T P B H H N S A D A T G
K G J E G W C V B A I X W C E
E D A R K S T G M P S Q B J T
```

ANNAN	MAATHAI
ARAFAT	MANDELA
BEGIN	OBAMA
BRANDT	RABIN
CARTER	RAMOS-HORTA
CASSIN	SADAT
CECIL	SANTOS
DAE-JUNG	SCHWEITZER
DE KLERK	TRIMBLE
EBADI	TUTU
HUME	WALESA
KARMAN	YUNUS

Hobbies and Pastimes

```
T B R V S T R A I N F A E L Y
M G I D Q P E G A L L O C D H
D N N R L Q M A R C H E R Y P
P I K I D I E A K Q S E O G A
U V V A D W M B T K Y A F E R
Z A C I P I A A E S Y W I N G
Z C T L N R R T D A R T S E O
L L B J O G C V C L E K H A T
E U L W U H A C C H I A I L O
S O I A I D M G C I I F N O H
S N S N B N O O N K S N G G P
G S G E W T R G T I F U G Y A
M M E H Y C O E J N W G M G L
F T K H T G X O Q G Y E O V P
A Y Y C C H I A F I H Y S D A
```

ARCHERY	JUDO
BIRDWATCHING	MACRAME
CAVING	MUSIC
CHESS	PHOTOGRAPHY
COLLAGE	PUZZLES
CROCHET	RIDING
DARTS	ROWING
DIVING	SEWING
FISHING	SKETCHING
FOOTBALL	SKIING
GENEALOGY	STAMPS
HIKING	YOGA

```
R F A L Z T Z O Y K I P L E K
S T N A O D S B O N E S L K W
R H W A W S W I S H P M P D C
H D T A A S D E E S X R I O V
G S R R N Z C D U I M C R C S
Q T G M I T W G Y L Y N U S E
S A C R S E A A S A U T B C C
G R U B S R H T A G Y E U J I
B V W B B R S Y S E I L F S G
F V Z E U U E O B L W L J G H
I K E M C L I Q A W D I S E L
E T E O W E R O R N H M D W B
Q A L Z W F R I L U K E U F E
T E E A J O E Y E T W U A A G
N N Y Y T K B H Y S L L A T O
```

ANTS	MEAT
BARLEY	MICE
BERRIES	MILLET
BONES	NUTS
CORN	OATS
FLIES	RATS
GRASS	SEEDS
GRUBS	SILAGE
HAY	STRAW
INSECTS	SUGAR BEET
KELP	SWEDE
LOCUSTS	WHEAT

N Words

```
N A Y G N E D U N O I H N N
E O B D E N D E Y M C E N O E
Y F R E L R O R M U A U N T N
L D A T B E T R E A R I N O K
T E E A B H X O W S N O N R L
H D N N I T A N I E V A N I A
G N Y I N R N N T E G E Y O N
I M N M L O G E M O C I R U R
N E S O K N E B N K W N A S U
Y O C N B N E E S E N N T N T
L N I N C R I K G N T U O B C
O Q E S A N A C M X A G N N O
N E R V O U S N E S S G N O N
S N L R E M N N H S K E W A Y
N E S P H R E B N R T T B H N
```

NAMED	NOISOME
NEARBY	NOMINATE
NECKS	NONAGON
NERVOUSNESS	NORTHERN
NEVER	NORWEGIAN
NEXT	NOTARY
NIBBLE	NOTORIOUS
NICEST	NOVEMBER
NIGHTLY	NUANCE
NINETEEN	NUGGET
NOAH	NURSING
NOCTURNAL	NYLONS

```
L V C N S T E K C O P D C P H
Y H C T A W P O T S E N I V Y
Q B R A C E L E T K Y A T A L
B A O H O U R H A N D H E Z L
P P G F F N U G U T U E N T O
S E C A F H S R O N A T I R Y
C J H D C P S B T A N U K A R
C O H H I E W E O D S N J U E
D R A E S V R U Z N K I W Q T
F I Y T Q F I P S E E M I D T
N W N S P R I N G P L L N A A
D I G I T A L M G N E U D N B
C I L O W A T X B V T A E L J
Y L G W J P L K E G O A R I O
T A R E T A W R E D N U G P U
```

BATTERY	LEVER
BRACELET	MINUTE HAND
CHAIN	NURSE'S
CRYSTAL	PENDANT
DIAL	POCKET
DIGITAL	QUARTZ
DIVING	SKELETON
FACE	SPRING
FOB	STOPWATCH
HOUR HAND	STRAP
HUNTER	UNDERWATER
KINETIC	WINDER

Countries' Former Names

```
S N A I N O D E L A C Q E M T
A U U P M B W Y L R S G O D G
T E A M E P O F Z M S R P A A
L F A I I R B H L A A S O H I
O O N I G D S D E V I I U O M
V R O A V N I I I M D R S M A
R M L E B A A A A N I H E E T
E O Y M I Y D M A Q L A Z Y O
P S E T A T S L A I C U R T P
P A C P W Q O S O I T T S N O
U P Y A H T A C I M K U E O S
K A M P U C H E A N Z Z Y I E
N Y A S A L A N D L I Q A B M
A N A I U G H C T U D A U L P
K B V B T A I S E D O H R A S
```

ABYSSINIA	MESOPOTAMIA
ALBION	MOLDAVIA
BASUTOLAND	MORAVIA
BOHEMIA	NUMIDIA
CALEDONIA	NYASALAND
CATHAY	PERSIA
CEYLON	RHODESIA
DAHOMEY	SIAM
DUTCH GUIANA	TRUCIAL STATES
FORMOSA	UPPER VOLTA
KAMPUCHEA	USSR
MANGI	ZAIRE

```
F O R L B F L C W T Y L R O F
O O I X O A A A U A L F O G O
R F R R M H S S R R O H X M F
F B G R G E C O Y R O F P Y O
J O O D R F F S G F O C F D R
T F R O E H O N S R O I O A T
G F F C J K I R E E T R R E U
E T O N I G R N C R L U G H N
L F O R R B O O O E T M E E A
E F U O M O L F F F P M R R T
R O F L N A Z E P H O S Y O E
O R H R Z E T S A T E R O F F
F M F O R E K N O W R A M B O
H I P F A D R O W E R O F E R
L C D R A W R O F O R E F O R
```

FORAY	FORGING
FORCEPS	FORGOT
FORCIBLE	FORKED
FOREHEAD	FORLORN
FOREKNOW	FORMAL
FORELEG	FORMAT
FORENOON	FORMER
FORESAW	FORMIC
FORETASTE	FORMLESS
FOREWORD	FORTIFY
FORGERY	FORTUNATE
FORGET	FORWARD

Portmanteau Words

```
N B I V A M A R D U C O D G I
M Z S H M D B B U C Y B O R G
Y F X O W E X D N K T G Y Y C
Z X P A N T N O C I T O M E T
J E R E D H L A M I K A W R W
D E L T W H J H O H C K A M Y
R U U S T R S N T B N N O V K
X Q L A A S W B E D S C E M S
G O I C M K P W L P M H M O M
Y R G D L O U O O O U Y N C O
T E E O N R C N R S G V O T G
S R R P E T D K D K B G G I C
V B T E L E V A N G E L I S M
H C N U R B Y B R E X I T N A
V U S R J Q Y I Q B Y G K I G
```

ADWARE	MOTEL
BENELUX	PODCAST
BLOGGING	ROM-COM
BREXIT	SITCOM
BRUNCH	SKORT
CARJACK	SMOG
CYBORG	SPORK
DOCUDRAMA	TELEVANGELISM
EMOTICON	TIGON
LIGER	TRANSPONDER
MOCKNEY	TRIATHLON
MOPED	WEBCAM

```
U D R E D Z E B R A M T R N H
K R I B E N S I S U A I D F S
W G X S R A M H R G H I S L I
E R U G C F D E A C L S U Y F
L C S P R U V U I H L C C I R
J I F N P E S B C S W P Q N E
F R A L S Y E I M A R U O G H
R S A T Q U C N R G R I A F C
O T O H R M C O S E E R R O R
Y M C O A O S A F C O I A X A
W M E R S Y S F P B A D L B M
F E L Y B C U S S D A T A U C
K W P A E P A A I N E O L O J
T Z R E Z M R R I C A R R O C
D B A S O T N O R F S Y M F S
```

ARCHER FISH	KRIBENSIS
BARRACUDA	OSCAR
BICHIR	PLATY
CORY	PLECO
DANIO	PUFFER
DISCUS	RAM CICHLID
FLYING FOX	RASBORA
FRONTOSA	RED PACU
GOURAMI	RED ZEBRA
GREEN SCAT	ROSY BARB
GUPPY	SCISSORTAIL
JULIE	SEVERUM

Floral Clock

```
H U V G N A M S T E R I J D Y
E V A G A J R E V E L I L I X
R G M P E G A S T B W O O A Q
E R U Z S M L W N O G O L T X
D A D N O O T E U I C F E A J
N S E S P N S B R E H V M I E
E S S E M C H A T T I E U N I
V I R J O T M M V R D B L O N
A R E G S O K V P G X G L G U
L E W B X D W A I H N H E E M
S B O A Z W N N B I O D I B B
S I L T Y S G A D N W U N D E
W I F Z I U K E H B A A R A R
S P F E O M E M Z P A G A S S
G O S G U W E Y Y T M Q M T D
```

AGAVE	MCHATTIE
BEGONIA	MOSS
EDGING	MULLEIN
FLAX	NUMBERS
FLOWERS	OXALIS
GRASS	PANSIES
HANDS	PRIVET
HERBS	SAGE
HOURS	SEDUM
IBERIS	SLOPE
LAVENDER	TIME
MARIGOLD	WEEDING

```
N O I T A S N E D N O C P E G
K E S H O W E R H R K G V C F
Y I Y E C G P Y V N I A A A M
H W D Q S L Z C Y J P B Q N Z
R S W R E T U J A O H D B A U
E Q A I V G U G R T Q W C L W
S J G W P S A A D R A I N M E
Y I I B C D T V R G W R Y D I
E C S K I I R A D Y E Y A H Y
G E P A O P I E S I S E D C S
U C N N O A U V L P P I T D T
L U V D S R Q L R D L X T D E
E B K F R U S I J U D C H S A
D E V C S Z N W T T Q U O O M
C V I X K G S E V A W H P B K
```

CANAL
CATARACT
CONDENSATION
DELUGE
DILUTE
DRAIN
DRIBBLE
EDDY
ESTUARY
EVAPORATION
GEYSER
GULCH

HOSE
ICE CUBE
OASIS
PUDDLE
RAPIDS
SHOWER
SPRING
SQUIRT
STEAM
SURF
WASH
WAVES

In the Park

```
F L O G Y Z A R C Z S U S P N
S R T W F S Q S S I Q E E E E
S A T R G F G D N D A I H R E
W D Z N E C B N P E R S S S R
F S I N Q E E O K J K I U D G
F W C K O T S P N C D A B D G
S E S I E W E A U M S D L J N
W S A A U O V D I E U Q I Z I
G B T P T I P A V I L I O N L
N U E B A S T R E A E P W E W
I R W R T T S A Y R L A O D O
K H Y M S G H E O P L E W E B
L S P T O E A S A P B F L O P
A J N D G S E Y R T Z A D E S
W O C B C S E K O D S C K S B
```

AVIARY	PATHS
BIRDS	PAVILION
BOWLING GREEN	PEOPLE
BUSHES	PONDS
CAFE	ROSES
CRAZY GOLF	SEATS
DOGS	SHRUBS
DUCKS	STATUE
FENCE	SWINGS
KIDS	TENNIS
LAKE	TREES
LAWN	WALKING

```
G I R D S E C T T I T A N I C
U D B A R R E B N A C R V O R
D O O H B E V U F R N G O O A
U T U X E W A R O I Q O T M R
K M X M P N A D M E Y I I J K
G A B N A M I I N L N X S R R
R R W R M R T K B O E Q B Y O
A E E C I Z Y E M S U B N Y Y
F W K C R A A C S E I G A R A
S O Y V S G L E E S T R H R L
P L U T L P C S M L C O E T D
E F L E N A I A G A E U P Q L
E Y G V I U R N D V P S I E F
H A Y R T C O I T N I L T T S
O M O Q K S A B J A M D B E J
```

ARCADIA	GRAF SPEE
ARGO	HOOD
ARIEL	MARY CELESTE
ARK ROYAL	MAYFLOWER
BEAGLE	MONITOR
BISMARCK	NIMITZ
BOUNTY	ORION
CAIRO	PAMIR
CANBERRA	PINTA
DREADNOUGHT	POTEMKIN
ESSEX	TITANIC
FRAM	UMBRIA

Armed Forces

```
Y C T N E M I G E R D Y M W K
F U S I L I E R E R B E V E S
A N B Q O T R T A T D S H A K
I I M R X G P U E A X R J P N
P F V E I O G L L B O E K O A
W O N S C G I V T M F K T N R
F R H I Z S A I F O F O C S L
V M L K T H W D R C R T J I M
E E I O P I B K I S I S A D Y
H V O S N P Y M A E J B I M X
I B R G F S L P K E R D R N Q
C E S X Q L P I L O T A M L L
L L G W A E E K X O M A A H Q
E R A F R A W E T R E N N U G
S X V R W P G L T N H D W K A
```

AIRMAN	PILOT
ARMY	RANKS
BOOTS	REGIMENT
BRIGADIER	SAPPER
COMBAT	SHIPS
FLEET	STOKER
FUSILIER	TANK
GUARD	UNIFORM
GUNNER	VEHICLES
HELICOPTER	WARFARE
MEDAL	WEAPONS
NAVY	WINGS

```
R B N E W D E I H L E D W E N
U A P A H N E P M O N H P C T
P N K A T H M A N D U A H A P
M G I L D E T A B A G H S A D
U K O E U K N E I I R H A U P
L O L Y P O I A A E K H S N Y
A K B U K I E U I E A H E Y O
L A E F B O A S N T A A A T N
A N A T S A T T R N N L N G G
U W D G A D K A B J I E C G Y
K H T A U H K E N N Q B I A A
C R A T A A B N A A L U N V N
Y P U N J K Z M B E I J I N G
A S T X O A K E K H S I B S Y
N A W A D I Y P Y A N C F S A
```

ASHGABAT	MANILA
ASTANA	NAYPYIDAW
BANGKOK	NEW DELHI
BEIJING	PHNOM PENH
BISHKEK	PYONGYANG
DHAKA	SEOUL
DUSHANBE	TAIPEI
HANOI	TASHKENT
JAKARTA	TEHRAN
KABUL	TOKYO
KATHMANDU	ULAANBAATAR
KUALA LUMPUR	VIENTIANE

Peas and Beans

```
K V N R E N N U R R L X U M T
L R A N U C U M G L O G T V D
C N E H O Y G A F O X E N E L
G I F W E B R R Z C S M K U S
N E P L H B E L U U X A M W M
G E L C A N E C I S B M J C R
A O W N C G N A B T C A L K U
W A Z H L Y E R O X G D H X H
X O C O X A P O R K N E R I X
O M E P S O H B L D I E A F A
T O B S C X S D O E R L H M M
N N Z N L S N F T L T H I H K
I T D J A U A A T P S L O Q L
P K R M V V P V I B T G G O H
W N R V L V Y A D Z U K I S C
```

ADZUKI	LIMA
BAKED	LOCUST
BORLOTTI	MUCUNA
CAROB	MUNG
COWPEA	NAVY
DHAL	PINTO
EDAMAME	PULSE
FAVA	RUNNER
FLAGEOLET	SNAP
FRENCH	STRING
GARBANZO	WAX
GREEN	YELLOW

```
N E H P E T S Q R O N A E L E
H S E M A J X C Y G G N B Y J
O O L R B C U E N A J R E A R
J N T H T T G A I R O T C I V
A G K A H Y G R S T H B S R E
D B E R Z R A S E E X A H A D
L N E O A A L R L Q B D Q G W
I D X L R M A B D E M R A N A
T P H D P G E T L D M A R E Y
A Y V A R R E L P G I W E R V
M K E A T A A A M A J D N E T
E Q M D R A H C I R Y E E B I
E D M U N D O J I R H G N K D
B Y W Z G Y D E R F L A N L R
N A U Y N G Q B E T U N A C A
```

ALFRED	HAROLD
ANNE	HENRY
BERENGARIA	ISABELLA
CANUTE	JAMES
CUTHRED	JANE
EDGAR	JOHN
EDMUND	MARGARET
EDWARD	MARY
EDWY	MATILDA
ELEANOR	RICHARD
ETHELBERT	STEPHEN
GEORGE	VICTORIA

On Fire

```
N Q E S F G D J X P L N M O M
O K G K G I E O I A E T C E G
A O Z F J N T P O G N F N P N
L E X H M I I C X E W E A T I
E C W P L H C K C O S T G A Z
F A Q P U A X S O O T N R P A
W N N C A T E D R M I Q P E L
L R O B S D I E A R S O N R B
Y U J N N E K L E J U C C M K
E F M A R R H M F E R V E N T
N X C I E E M S S X Q B E V J
M N C K N I F T A E P W T W T
I V O M H O T N A I L L I R B
H P K S U A U L I V Y C B I Q
C C E M U U E S W T K L E G S
```

ARSON	KEROSENE
ASHES	LIT UP
BLAZING	LOGS
BRILLIANT	LUMINOUS
CHIMNEY	PEAT
COAL	POKER
COKE	SHIMMERING
EXCITED	SMOKING
FERVENT	SOOT
FURNACE	TAPER
INCANDESCENT	WICK
INFERNO	WOOD

```
A Y H J D Q Q H Z A Z X R R N
X G E T Z D E M M A H O M A W
Y B U C I R D A O A I D P N O
S E F I A M L D I S R X D K R
E J L S L I S A T E E I V U B
A S M S A O S Y H E X S Z C B
B U F L E I Y T R T E T S E E
S Q A I V W U O L F O X E M N
L D F L L L M I L A C O A X E
U S A G H L A I L A F S B Q D
A U K N L Z R E H X H A U Y I
P S W I Y S A E V K R B R G C
T E F W O L S E Y Z N M Y U T
S J B Z C N Y G E E B O H F S
R L O F B D Y U N D F Y X E W
```

BENEDICT	KNOX
BOOTH	LAO-TZU
BROWN	LOYOLA
BUDDHA	LUTHER
DALAI LAMA	MOHAMMED
ERASMUS	MOSES
EZRA	SEABURY
FILLMORE	SMITH
FOX	ST PAUL
HERZL	WESLEY
ISAIAH	WOLSEY
JESUS	ZWINGLI

Words Starting ARM

```
A R D M R A F T E L M R A A A
R E N H A R M U R E U N R R R
M G A A R M H O L E T F E M A
W I B A E O V A R M G O M O R
I M M R A R M Y A N T R H R M
D R R M B I R R A D Z R O I A
E A A W X A M M A L A L O C T
T E M R A L R A A R L M J B U
I A D E E A G R W I M I R W R
L R A S S J M M D M S P M A E
A M S T N E M A M R A C I R X
M A C L N A M G N I M R A T A
R O M I C R T S E R M R A V M
A R A N A R M C H A I R M R R
A N I G A R M C A N D Y M R A
```

ARM CANDY	ARMHOLE
ARM WRESTLING	ARMIGER
ARMADA	ARMILLA
ARMADILLO	ARMING
ARMALITE	ARMLESS
ARMAMENTS	ARMLET
ARMATURE	ARMORIAL
ARMBAND	ARMORIC
ARMCHAIR	ARMPIT
ARMENIAN	ARMREST
ARMET	ARMURE
ARMFUL	ARMY ANT

```
S U G A R P L U M W R V N F K
T R T K K E T T F C A F C P S
I B E I M A R I A T B F H E E
F M B A E W U E O G T C E A Y
M I R U R N F A R E U H W R E
O A E T T O F F E E N O I D S
C Y H S N T L I S O A C N R L
S D S S M A E R C M E O G O L
D N H I F U I R A R P L G P U
E A O V B F G R S S O A U T B
E C S B U H Z E S C E T M I W
S L G D N I H Y N M O E W I T
I B G T P O R B R I T T L E V
N E V A O U B R E S W D C G N
A X N H P R A L I N E G L H H
```

ANISEED	MARZIPAN
BONBONS	NOUGAT
BRITTLE	PEANUT BAR
BULLS-EYES	PEAR DROP
BUTTERSCOTCH	PRALINE
CANDY	SHERBET
CARAMEL	SUGAR PLUM
CHEWING GUM	SYRUP
CHOCOLATE	TOFFEE
COMFITS	TRUFFLE
CREAMS	WAFERS
FUDGE	WINE GUMS

In the Office

```
W I L R O S I V R E P U S Y C
S T S E U G A E L L O C M P L
R R E K M A R K E R P E N P I
E O G N M E Y S T A P L E R P
L T Z R I R E E C X Q I L I B
U A A E A B R T R A P W E N O
R L I I T R A A I A N D T T A
P U D P M R X C D N S N T E R
E C O O Q U A G G N G E E R D
N L L C M E X H D N E S R R R
C A S E O A G E C I I L S I V
I C M E R K S N I L I L A R U
L O L T C K G V Z X L H I C X
S S E C I O V N I L C A L F F
X Y N S T E E H S K R O W O B
```

CALCULATOR	LETTERS
CALENDAR	MARKER PEN
CHAIR	MEETINGS
CLERK	MEMOS
CLIPBOARD	PENCILS
COLLEAGUES	PRINTER
COPIER	RULER
DESK	SCANNER
DIARY	STAPLER
ERASER	SUPERVISOR
FILING CABINET	WALLCHART
INVOICES	WORKSHEETS

```
M H U O E O O D H S K A H L I
X P K U X M C N R H W L J E M
U H R N H C O I W O J L E Q L
A R E X A H T R N W H I A H L
R T K H U I P D H A C C H L W
S H S P S H R A G C H H K I S
H A I O T T C C T V O C A P T
S K H N H K U O Q S X N E O Y
T A W M O G L H C R A N O M S
O N R O H C E H F A N K T M W
M C R A O C E P G A U R R R R
A E N I H W H R H U O A D H F
C H G U O T W G O H O U R L Y
H H Y M A F F I X S Y R P S S
C A S Y P A R E H T O M E H C
```

AFGHAN	MONOCHROME
ANKH	RHINOCEROS
CHAOS	ROUGH
CHEMOTHERAPY	SARAH
CHORD	SIKH
ECHO	STOMACH
EXHAUST	TOUGH
EXHORT	WHACK
GHOST	WHEEL
HOURLY	WHELK
MECHANIC	WHINE
MONARCH	WHISKER

Varieties of Grape

```
M R O U C E B L A M C C A D A
D E S N Z K O E H Q O O E G U
O D B F A I R T N I M R U F C
R L I E N I E E I I I V O D Q
N E M M A O F T G B M I O T B
R F I A A L O U U E H N O E N
E L S S E P S R W C N A G M A
D E A E H H C F C A V T O P N
L K B B C B O I J H E V L R G
E N E L A T D A W X T R E A I
F U L A N R E Z L O E T U N R
N D L M E N H R S A F B Z I A
R M A V R O L U A M U H A L C
O D Z K G S X X H N R B M L S
D G A A G E N A G R A G Y O E
```

AUBUN
BUAL
CARIGNAN
CORVINA
DORNFELDER
DUNKELFELDER
FIANO
FURMINT
GARGANEGA
GRENACHE
ISABELLA
JAEN

LIMNIO
MALBEC
MAVRO
MAZUELO
PAMID
REFOSCO
REGENT
RUBIRED
RUFETE
TEMPRANILLO
TERAN
VERDICCHIO

```
M Y T S Q M N E U C M A R D O
S P O U M R O Q N I T O I F R
E R E R J T S F V R H S I A E
L A G R T O A O X C B T C I G
B H W J A F J D I E R E N Q O
A S P H E T O V E R N S E N J
T U C P D A O N O M A E N A D
S S O X E L T T E R I M B I Z
N S H Z M G O H U L L R J A C
A I L A H T A E E Q E E U D O
E C A E D L O S B N U H Y X S
G R E H T E L E U X A G Y U U
U A O S J X S U Z S L T A L G
A N Z C S A U S A Y S R I T R
S E L C A R O C I H P L E D A
```

ARGUS	ICHOR
ATHENA	JASON
AUGEAN STABLES	LETHE
CHAOS	MAENAD
CIRCE	MEDEA
DELPHIC ORACLE	NAIAD
ERATO	NARCISSUS
GAIA	NEREID
HADES	PEGASUS
HARPY	STYX
HELEN OF TROY	THALIA
HERMES	THESEUS

Varieties of Potato

```
R N D R U I D E T I H W L A C
U D A W E A E U O K R G N C A
A N E K A M N I C O L A V S I
F L I I E C F Y A E V A I A T
L P O N A M O R A F X S U N N
Z Y D O P E H S I B A R A T O
A J L I W T P A M A X I N E P
O A E A E B N X S O I A H P D
S J R N L N I O E X S D L G E
S N C A A N F N T D E N M W R
A U M V C I E G A S A N G R E
C B L A A R O D N O K I K K O
I N P N O I P E T C J C W B K
P P C M E E U A A R P Y T L A
F M D R O F G N I L R A C L S
```

ANYA	NICOLA
CAL WHITE	PICASSO
CARA	PIKE
CARLINGFORD	RED PONTIAC
COSMOS	ROMANO
DRUID	SANGRE
FIANNA	SANTE
KIKKO	SAXON
KONDOR	SETANTA
MAXINE	SHEPODY
MORENE	SOFIA
NAVAN	WILJA

```
T E L O S G L W O E L G A E S
F T A C E L O P E J O B V K B
C L Y R O Q T C D G A Q N E L
Y A B J K L O R N U E U A Z M
O I M W N P L I B S K V I O G
L T S E O S D I P S E I L E I
H O T S L J S E D R S E Y T A
R G S E E S S E R A C C O O N
I U F R R U P R T B M N S Y T
M L B I O I E I M A R R K O P
E O F M R G Q Q D D K J A C A
A C R T D E T I G E R O K N N
Y O S A C W F F M A R G A Y D
D E B A B C A L O E L O P L A
A S A M U P A E Y D J E O J A
```

ARMADILLO	JERBOA
BADGER	KAKAPO
BEAVER	KOALA
CAMEL SPIDER	MARGAY
COLUGO	MOLE
COYOTE	OPOSSUM
DINGO	OTTER
DORMOUSE	POLECAT
EAGLE OWL	PUMA
FIREFLY	RACCOON
GERBIL	STRIPED SKUNK
GIANT PANDA	TIGER

Phonetic Alphabet

```
A L P H Q A F O X Z A D U F W
B J G X P K T X N R A S L L E
Y D R A N T E S R W E O R T T
X A P D E X E E E Z G K A H I
Y E N I S O I A J I N T I U Q
N V L K E S B H A Y L M X M U
B U A M E T Y B U E R R O U E
J R O N I E V T D O E V A O B
Y R P H Y Q O H F B A N G H E
E J L H C R N I M R C N A I C
K A D E T E N E B O A Y W R A
S C I X T U V U B T S L F Z X
I D O D Z O L M Q D F C P R A
H F S N N J H U H U G F A H N
W R O T C I V S Z L A M A R A
```

ALPHA	OSCAR
BRAVO	PAPA
CHARLIE	QUEBEC
DELTA	ROMEO
ECHO	SIERRA
FOXTROT	TANGO
GOLF	UNIFORM
HOTEL	VICTOR
INDIA	WHISKEY
JULIET	X-RAY
MIKE	YANKEE
NOVEMBER	ZULU

```
J D A D E T C E T O R P N U V
G S L M F Y G E S F E J M F Y
N K S I T C Q D L S Z A E M C
I B H N M O L N E I F B L T X
D R Y T E V L E V C T A D E Z
L N F L E X I B L E B C H U Y
E T T Q X I H O J G S U U Q H
I S T P Q T U S O A P S U D S
Y Y K Y E D I Q M Y S H D P U
O E F N S L T I E N F Y N U M
J Z D F K R S S U W A B I L E
Y E S E U T W B I O K L K P L
R J N U Y L B G F D Y A J Y L
R E T T U B F E E L I N G O O
W T J F O T N E G L U D N I W
```

BALMY	MELLOW
BLAND	MILD
BUTTER	MISTY
CLOUDS	MUSHY
CUSHY	PULPY
DOWNY	QUIET
DUCTILE	SILKEN
FEELING	SOAPSUDS
FLEXIBLE	TENDER
FLUFFY	UNPROTECTED
INDULGENT	VELVETY
KIND	YIELDING

V Words

```
V E T A R V Y E L L A V N I V
E U G A V E V E R M I L I O N
S I T E V V P E V I X E N Y B
I T R S O I G I W S Y V I R Y
N V I W U R S S V R V O D O T
E V E R E O V T V O G U E T V
D L I V G U I E A S I C E C E
V V I C A U V R L I S H V I S
I V R V T P N V O V C E R D Y
T E R R L O V U E L E R Y E M
A R O H O V R C O A G T V L U
L D N V V E I I D V I N N A U
L I E A H N V S O N M V I V C
Y C F M E U B N A U C E D A A
V T N V G S H V V I S U A L V
```

VACUUM	VERVE
VAGUE	VICTORIOUS
VAINGLORIOUS	VIPER
VALEDICTORY	VISORS
VALLEY	VISTA
VANITY	VISUAL
VELVET	VITALLY
VENICE	VIXEN
VENUS	VOGUE
VERDICT	VOLTAGE
VERGER	VOUCHER
VERMILION	VOWEL

```
T C V E N I N W O R B T M T N
G S M M A W Y G F O O L A E U
F A A M I H W V V A S U K G N
L C R O R U E S S A H C W R I
A L I N R W D T U S I B O I L
M L N J I N W T H H B L I L E
B P A M E S E M T C T I X L W
E D T E U K H C L M A V N E F
E Q E A S H D Y U X E E A C L
L K U K C I S F A E W D Q U A
W I A A T B A I L K S N T D S
Z K O B X I Y R M O F T P E H
T P B R A W N A B M Z B E R F
E T S A B Z Z L Q S E L T W R
Q L O E U W W C T L W R J F Y
```

BAKE	GRILL
BASTE	MARINATE
BOIL	POACH
BRAISE	REDUCE
BROIL	ROAST
BROWN	SAUTE
CHASSEUR	SIMMER
CLARIFY	SMOKE
DEVIL	STEW
FLAMBE	SWEAT
FLASH FRY	THICKEN
GARNISH	TOAST

```
W A O A P H Y E T W X V U I S
C H P D W U N A D L O N A E M
G E O E O Z N Z O U Q L C W A
A O G Y R W U J Q F R W S U L
G H I Y Y F F J U L Y C J T L
W T C T S K E S D J A D Y N Y
L F O I U K S C L T O Q R N Z
U V W P B Y A Z T O E Q R R Z
F E Q P S E T E A G O S O O I
T G V U L Y R I E Q N C W B D
E Q I A Q B T C C O B O P B Q
G X C G R N Y U W K F E R U L
R N S A O B Z C R J L D R T M
O I I Y P P A H H V A E C S S
F N M W M S L R P E Y S I O N
```

BRAVE	PERFECT
BUSY	RUDE
COOL	SCATTERBRAIN
DIZZY	SLOW
FORGETFUL	SMALL
FUNNY	SNOW
FUSSY	STRONG
GOOD	STUBBORN
HAPPY	TICKLE
LAZY	TOPSY-TURVY
MEAN	UPPITY
NOISY	WORRY

```
Q S U G Q D G M N C Y N S I S
S R E P L L A K K H R E Z L B
P X S K D I I E N A O E N H R
I Z N Z A L O D R T E Q A O E
R T I W J C E G A B Z T J M H
I Z S I C S I M N B I B S S U
T E I E S S O I O I G Q S L M
S K A E V T S N X N K E C A C
Q P R I R H I E A B C O R M T
J T I U A A F A U I P M O B E
S E G H S I L O P S A B M C E
T O L B C T O S Q L S R T H F
Y Z E L T S U H A C T I L O F
Q E P U Y W R D P Z R W T P O
S E L B A T E G E V Y V O S C
```

BREAD	LEMON
CAKES	MARMALADE
CHIPS	PASTRY
COFFEE	POLISH
COOKING OIL	RAISINS
CREAM	SPICES
DESSERTS	SPIRITS
FLOUR	STEAK
HERBS	TISSUES
HONEY	TOMATOES
JELLY	VEGETABLES
LAMB CHOPS	YOGURT

Escape

```
B D N O C S B A W X T E P X S
R F F F F O N U R F K M I S C
T A K E O F F W V L A F K W A
T N E V M U C R I C E E S L T
U N T P U D Y N E E D P C I T
O Q R I P Y E D L A K O A A E
K K T B G A M F D V N L A T R
A D T P D E S D E U Q E G N V
E U U I T G L I R C E E G R W
R I O T A E K D D L T E M U J
B V L I E D N A U A H T C T D
A I I V R A O D W J J K L O B
Q B A J T D E A F Y G U D O K
C D B U E Q Y D X B N G M R B
E S C A R A N S C O E E S P Y
```

ABSCOND	ELUDE
AVOID	EVADE
BAIL OUT	FLEE
BOLT	GET AWAY
BREAK OUT	JUMP
CIRCUMVENT	LEG IT
CUT AND RUN	RETREAT
DECAMP	RUN OFF
DEFECT	SCATTER
DISAPPEAR	SKEDADDLE
DODGE	TAKE OFF
ELOPE	TURN TAIL

U Words

```
U D U U R C U S R V U U G U L
S H O P N U U N A E E M I U E
U L N A R H N G I N D G A N T
Y R U S U I U F I V W D U H A
U U N M Y R G R I N E U U D L
K P U F B U A H T N N R N Y U
U U B A U M T U T P I A S A L
L U N F A I R I A U G S I A U
E U K R U I H T L U Y P H U L
L M T U U J R L G I O G T E I
E L J N V I A E U T T R S I D
U A G I O G P V U Z E Y O B U
M U L T E R I O R C A D M P U
R T I E U E P G H U L S T E R
U C I D M P U T Y L L A U S U
```

UDDER	UNHURT
UGANDA	UNITED
UKULELE	UNIVERSAL
ULLAGE	UNPATRIOTIC
ULNAR	UPRIGHT
ULSTER	URBAN
ULTERIOR	USUALLY
ULTRAMARINE	USURY
ULULATE	UTILITY
UMLAUT	UTMOST
UNFAIR	UTOPIA
UNFINISHED	UTRECHT

Miserable

```
N O D U N H A P P Y Y S E I K
E C C I E L A L O V M R H S D
K H B B S F A D E S O L A T E
O E S T B C D M D B O E R P H
R E J L H F O E E T L T E I S
B R I O Y D T N S N G U E T U
T L L C Y C Y A S T T D E I R
R E D A E L C K E O E A L A C
A S Y J M N E A R S L V B B X
E S E R W S R S T A O A M L F
H D D O A F I D S D U R T E E
V M D Y U E W D I Q P Z R E D
K C U L Z J R N D C S J Y Y U
F O R L O R N D R E E I T L P
H A E L G I D E H C T E R W A
```

BLUE	GLOOMY
CHEERLESS	GLUM
CRUSHED	HEARTBROKEN
DEJECTED	JOYLESS
DESOLATE	LAMENTABLE
DISCONSOLATE	PITIABLE
DISMAL	SAD
DISTRESSED	SORRY
DOWNCAST	TEARFUL
DREARY	UNHAPPY
FED UP	UPSET
FORLORN	WRETCHED

```
P F D R G F I T T I N G B S I
K Q E R U G I F Q M E R R E A
J U I N O L M V T C Y R A M W
S D K S X W U N P H E B I A A
S Z I O X A G R E B M U N G S
R X B L D M T I U H M S T C G
Q E S P E U R S J F W A E S I
U D D L K M S G P E Q P A A J
E Z O N S N M C R S U R S L D
S I L T E Q I A O R O S E V K
T U M I T B U H P D T L R E S
I Q P L N O D A T R E Y V M V
O T M E R K D N R W S S U E N
T D F D T A S O I E B S B L D
P C I G O L W Y T M S K W H V
```

ANSWER	LOGIC
BRAIN-TEASER	MIND-BENDER
CODES	NUMBER
DILEMMA	QUIZ
DOT-TO-DOT	QUOTES
FIGURE	REBUS
FITTING	SOLVED
GAMES	SQUARES
GRIDS	SUDOKU
JIGSAW	SUMS
JIGWORD	THINK
LINKS	TILED

Drinking Vessels

```
N T E A I L L I X G C P O C P
F I J M Q T D W L S U Q O U T
B L E P S D S T O C Q C N E H
E Z A T P S X P R B K R O R L
E S A S S R A E O T Y U G V R
R C T M K D P L A R M S G L E
G Y I V J A B I G D R E I N L
L P P L P E L I R Y O O N O B
A H O I A G O A T T D Z N T M
S U C K L H K R T O E N I Y U
S S E A S N C X T T B A A H T
B R S K A T N M I A E Y C R M
B S S T Y G O D X L Z M J U B
C O F F E E C U P X Y Z U U P
F M L V Z P M B P Y A C A G G
```

BEAKER	NOGGIN
BEER GLASS	PAPER CUP
BOWL	PORRON
BRANDY GLASS	RHYTON
CHALICE	SCYPHUS
COCKTAIL GLASS	STEIN
COFFEE CUP	STOUP
COPITA	TANKARD
CRUSE	TAZZA
CYLIX	TEACUP
FLASK	TOBY JUG
LATTE MUG	TUMBLER

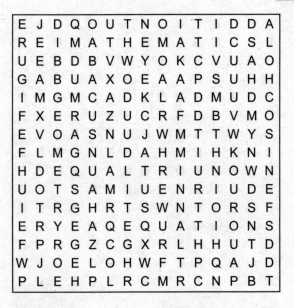

```
E J D Q O U T N O I T I D D A
R E I M A T H E M A T I C S L
U E B D B V W Y O K C V U A O
G A B U A X O E A A P S U H H
I M G M C A D K L A D M U D C
F X E R U Z U C R F D B V M O
E V O A S N U J W M T T W Y S
F L M G N L D A H M I H K N I
H D E Q U A L T R I U N O W N
U O T S A M I U E N R I U D E
I T R G H R T S W N T O R S F
E R Y E A Q E Q U A T I O N S
F P R G Z C G X R L H H U T D
W J O E L O H W F T P Q A J D
P L E H P L R C M R C N P B T
```

ABACUS	MINUS
ADDITION	NUMBER
CALCULUS	PLUS
COSINE	RATIO
CUBE	ROOT
EQUAL	SUMS
EQUATIONS	TAN
FIGURE	TENTH
GEOMETRY	THIRD
LOGARITHM	TWELFTH
MATHEMATICS	WHOLE
MEAN	ZERO

Found

```
A E F E T U T I T S N I Q J C
S S E U D E N E P P A H H A F
P H C J E C X U D D I W M C D
L D V E U F T L E R F E L T L
A B E R R E D V I N U S A O O
N N R C S T R E G P Y L R C H
T E O U N E A R T H E D E X T
D P M T S A P I Z E P D T D O
I D P B I U H G N J C E R F G
H A O L D C D C D E R T I A R
F C D E V I E C E R D A E N O
B J N W W Y J D C C Q C V D U
E I G U W Y G N A K W O E M N
L O W P A K H D R P C L D R D
M A H S I L B A T S E T J V Z
```

ASCERTAINED	LINED UP
CAME UP	LOCATED
CHANCED	NOTICED
DETECTED	OBSERVED
ESTABLISH	PLANT
FELT	RECEIVED
GOT HOLD	RETRIEVED
GROUND	RULED
HAPPENED	SAW
INCURRED	SET UP
INSTITUTE	TRACED
LAUNCH	UNEARTHED

Poets

```
R E I L L I A R R E S K A N E
L H Q J K U Y V M J I E B R K
P M L P S I W P E C E E R T G
E A V T P V S E K O V S A O R
L Y I T N O N U W F O R C H E
N N P M N A B A O W E Q K I E
W O Y A R G K I L N Z T E U N
E Q S Q Y O P E L K W J N W A
L H U R S U S Y E B Y I B A Y
L A S W E P Q A F Q F F U A D
E T C G R V B B G J G T R R L
W K J E L I E H N R O L Y A T
O Y D R O H G L O Q I D C W I
L L P N A F P H L G E T R R J
E L T N E D D O T N O R T J E
```

AUSTIN	KEES
BEHAN	LONGFELLOW
BRACKENBURY	LOWELL
DANTE	NASH
DRYDEN	NORTJE
ELDER	PYE
EMPSON	ROSA
EVERSON	SERRAILLIER
FORCHE	TAYLOR
GILRAY	TODD
GREEN	TREECE
KANT	WRIGHT

Turkey

```
V A N K R P P A U J Y Y Y N N
K N D Q W N B E S N M E O I A
O A X F A N D R B R O M R S I
G D B E S I K T A S U N E R L
R A G N M Z T E B L N B I E U
V E M E L B K Y E I T R Z M J
A N Z R Y G A D K O A P M W F
N E E B U O A Y X R R H I M O
G Y J A R T Q V A X A H R A N
O I O H I K E K Q R R E T R M
L L J C S U N P V Z A A Z M U
U M U E L A U R Y A T A H A L
B A Y T A L A M S U C R M R O
X Z U H Q K Z H R Z K Q O A C
O M T K I J R K U K P E T Y L
```

ADANA	IZMIR
AEGEAN	KEBABS
ANKARA	MALATYA
ATATURK	MARMARA
BAYAR	MERSIN
BESIKTAS	MEZE
BURSA	MOUNT ARARAT
CITADEL	MUTLU
COLUMN OF JULIAN	RAKI
FENERBAHCE	TROY
HATAY	VAN GOLU
INONU	YILMAZ

Dry

```
Y X U G A E O P W G B R A A W
R C S D E S I C C A T E D H T
E L P I D A Y P H Z H B T U Z
D H Y L D I U N W A T E R E D
W I I D A E R E Q D O B W D L
O B R J R I K R O X U N I E E
P Y Z A S I N A O W T S L Y V
L S T O D N E D B T G S T E I
X X L S J Y R D E N O B E Y R
X I K E R W C A U H T Z D R H
D N O T O I E J H P C V M D S
Q Q M H S R H X Y B A R R E N
S S E L E R U T S I O M O X V
R A E S O B E R T E P W V C I
M E D I U M D R Y C C I U A S
```

ARID	POWDERY
BAKED	SCORCHED
BARREN	SEAR
BONE-DRY	SEC
BRUT	SERE
DESICCATED	SHRIVEL
DRIED UP	SOBER
DRY-EYED	SOLID
DUSTY	THIRSTY
MEDIUM-DRY	TORRID
MOISTURELESS	UNWATERED
PLAIN	WILTED

Bathroom

```
R U B Q H S E G G M I B T Z L
R E T D G S L G I U C Z F M E
S O N J E O U O N O L O V C W
F R R O H L A L S O E P M I O
M A P R I F M I F O P R Y B T
A Z U U I T C O N Y R S T M H
O O Y K E M I A U R T E R E T
F R E V O K I D B S D V A D A
G X C I N L A K N I S H C I B
N H U L B O S M B O N E I C A
I B A R A C N U S A C E S I U
V S U F K T I V D E L A T N X
A S T O O T H P A S T E E E Q
H P E F S O T H Y Y S P R S T
S V E N G O L O C A R E N K E
```

AEROSOL

BATH TOWEL

BIDET

CABINET

CISTERN

COLOGNE

COMB

CONDITIONER

FLOSS

FLUSH

LOOFAH

MAKEUP

MEDICINES

MIRROR

MOUSSE

NAILBRUSH

PLUG

RAZOR

SHAVING FOAM

SINK

SPONGE

SUDS

TALC

TOOTHPASTE

Teddy Bear

```
R L R B D J R R P Z P S P M G
O I E Y H N E X H B T V I Y X
O A L G U L U S Q E A C C L B
S S N I W Y U G I S H L N D B
E K W O I L G F T T F R I N E
V Y R E P S F U O R Z C C E A
E G B S W P L M A Y E H M I D
L O V A B L E C F R O P A R Y
T R P R N Y S F C B I M U F E
R T U C T R U H U V Y B F R Y
O I Y O P L A T T D L M B Q E
N A O I F P T B E H D T V O S
M S H N N O T G N I D D A P N
K I U N N C F B T L U B G V E
Y H B Y O R U D R O C S S F Z
```

BARNABY	MICHTOM
BEADY EYES	PADDINGTON
BRUIN	PAWS
BUTTON	PICNIC
CORDUROY	PLUSH
CUDDLY	RIBBON
CUTE	ROOSEVELT
FLUFFY	RUPERT
FRIENDLY	SCARF
GROWLER	SOOTY
GUND	STEIFF
LOVABLE	TY INC

```
V T I P Y Y R T S I N I M A H
E R I E K X T N O I T A C O V
V C W U D R B U S I N E S S U
N Q I N S S O N D J H F Q T Y
S O J F O R O W E C R O F S C
B N I R F I U X S E U P S H X
H Z T T T O T P I H N A A E C
M I G A C T Y A C O B R E G D
E O G F E A B D R M G F D N Y
T E J G B Z Y C E E S P A I Y
L S R W V T Z G X B P R S L P
I A E E R O H C E Q R O U L E
T B P U R P O S E E Q H R A A
U C S H Q N G I A P M A C C R
H G N I K A T R E D N U K V R
```

ACTION	LEGATION
BUSINESS	MINISTRY
CALLING	OFFICE
CAMPAIGN	OPERATION
CHARGE	PURPOSE
CHORE	PURSUIT
CRUSADE	QUEST
DUTY	SORTIE
EMBASSY	TARGET
ERRAND	UNDERTAKING
EXERCISE	VOCATION
FORCE	WORK

```
K J D B R C E M O L E M O U E
N C E T I S N T E O S M O G Q
R R A D O G O H H X M D U B I
N P L J N P J S B H Q O R D O
O T E E K B A C C A R A T A T
O O R C B C K C A D B J F E C
T C A E D S A N H V L A Z R W
N J S E S S O L I I A E K P H
O E L E D J T L B Z P B E S E
P L S D C P L A Y E R S I H T
K F O D Q I N A K O L S S C W
L F K W I K D E L E J I R V Z
Q U L H E M S L Y W S D M E L
X H A R O N I S A C N O R I I
Y S R W R E E L R E K O P J T
```

BACCARAT	ODDS
BANKER	PLAYERS
BLACKJACK	POKER
CARDS	PONTOON
CASINO	ROLL
CHIPS	ROUGE
DEALER	SHOE
DICE	SHUFFLE
JACKPOT	SPREAD
LIMIT	STAKES
LOSSES	WHEEL
NOIR	ZERO

Body Language

```
K Q O M E U Y A W N T E K U D
C Y G T F H A O I Y T E P O M
A K G R I M A C E A S C O W L
L O O Y I I P R L K T B F I L
U W C P H N N U J W H N E O E
N C Q O L S C H Q T I W I N K
V E L Z W I U L F K U A C O D
W I S K T E S L R S H R U G P
H G I S P S R E B E Q F T Z Y
U F E T R E M B L E I S P S W
X G L R L P Z I N D S C O K D
N N R E A Q M A G R D P U C U
L X O T F S D E G H A I T Z M
M J A C R M T Y O C Z H F U Y
V E L H C Q C N E S T L E U D
```

BEND	PACE
BLUSH	POINT
COWER	POUT
FIDDLE	SCOWL
FIDGET	SHRUG
FROWN	SIGH
GAZE	SMILE
GESTICULATE	STRETCH
GRIMACE	STRUT
GRIN	TREMBLE
MOPE	WINK
NESTLE	YAWN

```
P L H W R E T H G I E R F B I
I P Y H H T H C A Y S Z E A R
H T D K B E T A G I R F V E L
S P R J M K R E X U O E T L Y
R R O A M R A R G L H O F A H
I E F Y M B W J Y I O D W N E
A T O W B O A T C C K L Y D N
D P I D O T W L S T I U E A I
H O L W E F E E M A R W K U S
L C I D U P J A R X E V N F U
E I T A F N O A I I D M O F O
L L N E J A X M I S I C D B M
I E W E K D C O A G L M L Y I
M H C B R E S D I N G H Y K L
B A C M O S N A H J A H Q Q Y
```

AIRSHIP	LIMOUSINE
DINGHY	LINER
DONKEY	MOPED
FREIGHTER	RAILWAY
FRIGATE	SCOOTER
GLIDER	SEDAN
HANSOM CAB	TAXI
HELICOPTER	TOWBOAT
HORSE	TRAM
HYDROFOIL	VEHICLE
KETCH	WHERRY
LANDAU	YACHT

Hot Stuff

```
T P F E I G Y Q L A X W W K P
E E R I R N F M R E M M U S S
M Y G I D B F N G Y O I C A O
P U L R X G R E E N H O U S E
E L Y P O G R J R S N N U H Z
R P E X E F Y I E N A L S M S
Z L V F F P K L D A O I I T I
P V O I N G P Z U D D O N K R
C Q T R F W S E S A L O Y T O
O T S E B A R R R X C E F R T
N N Q T C U O F E X L E N E A
O N I O N N K L M B V G O S I
Q X A N S T E A M E M N H E D
M L W G L O B M R N D E G D A
S U N S H I N E O T S U U D R
```

ASHES	KILN
COALS	ONION
DESERT	PEPPER
EMBERS	PYRE
FEVER	RADIATOR
FIRE TONGS	RADISH
FLAME	SAUNA
FORGE	STEAM
GREENHOUSE	STOVE
GRIDDLE	SUMMER
GRILL	SUNSHINE
INFERNO	TEMPER

Awkward

```
Y K C I R T F O I S L Y K O L
N E M B R O T F H U L Q T Z U
E E H C U A G O I N G O R N B
D M A L A D R O I T D A W H A
O V O T T C Z A E E S I S L G
O G Z P I V G S T G E L C R B
W V E T U N A S N L O G A W C
Q N S Q U E I I D U G C G A L
I U B W T F L Y C X E A B L U
R P W A M G A H O L U L W S M
H L L A N O I D E U S G T K S
D L H U L N J S N R O U G H Y
I Z B G G D S F F U S E D U R
E S R A O C I N E L E G A N T
U N C O U T H M Y S A E N U C
```

BUNGLING	RUDE
CLUMSY	RUSTIC
COARSE	SLOUCHING
GAUCHE	SLOW
GAWKY	STIFF
GRACELESS	TRICKY
HAM-FISTED	UNCOUTH
ILL AT EASE	UNEASY
INELEGANT	UNFIT
INEPT	UNGAINLY
MALADROIT	UNWIELDY
ROUGH	WOODEN

Elements

```
N U L K D R Z A W M Y H N N N
Q E S L Z F K W S N U E O O O
C B O B O R O N O Z M N G C N
Y G K N Y L H M K U X E R I E
M A P P Z Y I E I N O D A R X
A G T U I T L H N A E S B M Y
G O G Z N Y T K S I L I C O N
N F M A C E N R T O U N O J D
E F N C M E R C U R Y M V A H
S V A O G C O F E B B A E A S
I H R Y B S G P V A I L R O A
U P X A M R P T R K E D B T Y
M O J I I O A I L E K C I N R
L G U Z C T U C U R O H U U E
S M N Y T M T L A B O C M R M
```

ANTIMONY	MERCURY
ARGON	NEON
BARIUM	NICKEL
BORON	OSMIUM
CARBON	OXYGEN
COBALT	PROMETHIUM
COPPER	RADON
ERBIUM	RHENIUM
GOLD	RUBIDIUM
KRYPTON	SILICON
LEAD	XENON
MAGNESIUM	ZINC

```
U S U K L R W I E C A H S A P
L U S H E I K H R P A M C T L
X P T L H A T O E R O A N E E
H E U D G P Y M D E P P S B R
C R I E C A P P N T C D W H E
R I C R M R A V A S H V L L T
A N V F E T S I M I H A A R A
G T M S G A N X M N P R H A T
I E S U C S A T O I I P H S S
L N I A P P N Y C M W O M T F
O D M M U E A N D E Y A Q W O
E E S O G A I A K M M I U M D
R N W E G R E A R I P H E T A
F T R X P U O A W R N M E B E
E Q L H P I L A C P V G N U H
```

ADMIRAL
CALIPH
CAPTAIN
COMMANDER
EMPRESS
GUIDE
HEAD OF STATE
IMAM
KING
MAYOR
MOGUL
OLIGARCH

PASHA
POPE
PRIME MINISTER
PRINCIPAL
QUEEN
REGENT
RULER
SATRAP
SHAH
SHEIKH
SUPERINTENDENT
TSAR

Rivers of Britain

```
R I V E R E Y T E I F I R Q T
R E G C N F Y A E S F E U R I
G F B U R A J W R U K E A E M
X R L T C J S J R E Q D F O B
K A J H Z T A E G R N O R C D
T H Z A U M Y C S X U I C A L
P W G M G M D P A Z S O L E V
B A M E S P B V T T X M T T T
A E R S T B O E O L A M L S N
L V N R Y N V N R C A F H U E
V S H E E H I A E L T I S R R
S E T H N T F I N D H O R N T
D P A N O Y T R A P C I I E F
T G E W K N C N L E L B B I R
S K Y Y Y E T H A M E C E W R
```

AIRE	RIBBLE
AVON	SPEY
CAMLAD	STOUR
COQUET	TEIFI
DART	THAMES
FINDHORN	TOWY
HUMBER	TRENT
LUNE	TUMMEL
MORISTON	TYNE
NAIRN	WHARFE
NENE	WYE
PARRETT	YARE

Clever Things

```
T V L A N O I S S E F O R P S
H L U F E C R U O S E R P S C
G D M Y R I T Z A O L V C A H
I W S W Y V Q C G T Z U N P O
R O H F C T A I P H V N G I O
B R A H E D F E A T Y X X E L
U S R Q E T D A R G B C K N E
Z N P M E A L E R T A U D T D
M W I D S J P G R C D N J G Y
A C X T B X N A M L R N A K J
R C U B E I I G S U O I V E D
H T N X W N C Y D Z I N I E Q
E J S O E S W E I F T G F N G
F O N D U N F I N F O R M E D
H K O I X T R A M S Y D A E R
```

ACADEMIC	GIFTED
ADEPT	INFORMED
ADROIT	KEEN
ALERT	KNOWING
ASTUTE	PROFESSIONAL
BRIGHT	READY
CANNY	RESOURCEFUL
CRAFTY	SAPIENT
CUNNING	SCHOOLED
DEFT	SHARP
DEVIOUS	SMART
EXPERT	TRAINED

Snakes

```
E E E K A N S N O B B I R I N
N T R E E S N A K E V F C P E
A I L E B A C S A C P P Y K N
V G T F O U R U T U E T A W C
A U A G I H R Z R K H N O N Z
S D I T G S X I A O S R R U Y
E L P Y A H H N N D B O D C H
T S A N T S S I L G C D O A R
E X N N U E M A N T P B B E L
H P C M C A R I S G R U D M U
C B A R M E K O V A S D B T O
A M E B H H H R L N A N U X T
M I A O I G Z E A O N W A A U
F S R A C E R K A I R X B K P
O S P W E V E K G D T A S F E
```

ADDER	LANCEHEAD
BOIGA	LORA
CASCABEL	MACHETE SAVANE
COBRA	MAMBA
DUGITE	MAMUSHI
FIERCE SNAKE	PYTHON
FISHING SNAKE	RACER
GHOST CORN	RIBBON SNAKE
HABU SNAKE	TAIPAN
HERALD SNAKE	TREE SNAKE
KING BROWN	URUTU
KRAIT	WUTU

```
A D R A O B A S J L U K B W W
R P E H R S T T E E L F M H K
N U S O E E G G S I S Z E E V
W O H Y R Y T T F W H A R F U
S E Y N F H I E G I F O R X D
G Z R A D V J C T J H E R L R
S K E C A A Z U H C G B E O A
W T M D C W S D N A A V D T W
E P A K W O R A V S N U D E E
L I E C T Z H L D H I D A V T
L T W P K G A N A Q R S L A S
G C R U I S E A V M A S R E K
F H R E B B T I D E M E Y H R
E B W M X F G N A M S M L E H
E G A R E E T S B M S G E Q D
```

ABOARD	MARINA
AHOY	MESS
CHANDLER	PITCH
CREW	SALVAGE
CRUISE	SOS
DAVITS	STACK
EBB TIDE	STEERAGE
FLEET	STERN
HEAVE TO	STEWARD
HELMSMAN	SWELL
LADDER	WEIGH ANCHOR
LIFE-JACKET	WHARF

Richards

```
N R T Q R E R E G S M A D A C
B O Q O O T S A F A I Y L H Y
S S U F Y E R D G C V K E Y D
E W O S R D A W D D O N X C O
W L U R P W M D N H E U S A O
H I L J K M E P O Y A C R R W
A L L I N S O N M U D D E T N
I S N S V S I M M O N S L Z U
N S G N O E E G A B R U B E D
S Q F N O N N D H S I D J V E
W H Q N I A L R E B M A H C P
O E C X Q L M L Y G B N B B O
R J O V V L W X Z I U Y P T S
T N X O U N T A R S R E I R B
H J Y W A G N E R D H V U V Z
```

ADAMS	GERE
ALLINSON	HADLEE
BRIERS	HAINSWORTH
BURBAGE	HAMMOND
BYRD	NEVILLE
CHAMBERLAIN	NIXON
CHENEY	PRYOR
COURT	RAWLINGS
DAWKINS	SIMMONS
DREYFUSS	TRACY
DUNWOODY	WAGNER
EDGAR	WILSON

Boats

```
C G W U O X J L Z Q R S H E Q
F O M W M I N E S W E E P E R
E N I R A M B U S A O R N Z V
U D H O W T P N X I M T V I C
C O S C O W W T L F F P I U L
L L R I T R A L K A T M A D L
X A L R X E G G R A P G M N W
R A R A G N K C O L U G G E R
G E X M I W R B X I H R P J S
J C P W Z E P Y A W L R T U G
U F O P V M Z N M M A E M N A
A R K O I R E T H G I L S K L
E N H R C L E C N I Q A A F L
F J H S M A C K U U A H X Q E
Y S S Y R R E H W T P W T Q Y
```

ARK	MINESWEEPER
CLIPPER	PUNT
DHOW	ROWING
GALIOT	SAMPAN
GALLEY	SCOW
GONDOLA	SHRIMP BOAT
HOVERCRAFT	SMACK
JUNK	SUBMARINE
KETCH	TUG
LIGHTER	WHALER
LINER	WHERRY
LUGGER	YAWL

Power Rangers

```
E A O A S L U P E R A T I R B
N T U M R E T S N I F D N Z D
O U W C T Y D R X N Q O C R Q
R D O W Z I P X O R G O O O N
A O B O R C D D Z E R F G E N
K N N C G H R E R C A T H O N
P N A Y A O M D U R U C T O S
Z A E M Z S T S I S I S R R R
D N L H A N E K A A A E O T E
C A A N U Y H Y K L G J M S Y
K N X O C P A S L G N A U E M
E G C L S R M I A I B Y G C C
G G A R O K W D N A T O H J I
J E U O T A C E E L D A H C R
R E L L O R T A P Y T T U P E
```

CASEY	KORAGG
CESTRO	LEANBOW
CHAD LEE	MAYA
CORCUS	NINJOR
COUNT DREGON	PUTTY PATROLLER
DAGGERON	RITA REPULSA
DAX LO	TIDEUS
ERIC MYERS	TYZONN
FINSTER	UDONNA
KAI CHEN	WILL ASTON
KARONE	ZHANE
KIRA FORD	ZORDON

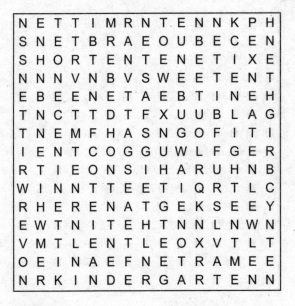

N	E	T	T	I	M	R	N	T	E	N	N	K	P	H
S	N	E	T	B	R	A	E	O	U	B	E	C	E	N
S	H	O	R	T	E	N	T	E	N	E	T	I	X	E
N	N	N	V	N	B	V	S	W	E	E	T	E	N	T
E	B	E	E	N	E	T	A	E	B	T	I	N	E	H
T	N	C	T	T	D	T	F	X	U	U	B	L	A	G
T	N	E	M	F	H	A	S	N	G	O	F	I	T	I
I	E	N	T	C	O	G	G	U	W	L	F	G	E	R
R	T	I	E	O	N	S	I	H	A	R	U	H	N	B
W	I	N	N	T	T	E	E	T	I	Q	R	T	L	C
R	H	E	R	E	N	A	T	G	E	K	S	E	E	Y
E	W	T	N	I	T	E	H	T	N	N	L	N	W	N
V	M	T	L	E	N	T	L	E	O	X	V	T	L	T
O	E	I	N	A	E	F	N	E	T	R	A	M	E	E
N	R	K	I	N	D	E	R	G	A	R	T	E	N	N

AUSTEN	MARTEN
BEATEN	MITTEN
BITTEN	NEATEN
BRIGHTEN	OVERWRITTEN
ENLIGHTEN	ROTTEN
FASTEN	SHORTEN
FLATTEN	SOFTEN
FRIGHTEN	SWEETEN
GLUTEN	TIGHTEN
KINDERGARTEN	TUNGSTEN
KITTEN	WHEATEN
LENTEN	WHITEN

```
O R X E B T F B X G D G P U T
M V L C L V R F B X N J L Q S
W A Y Y T I L I B I S I V A E
G O A T G F W S N C H A R T P
M M N H S K W T M Y R X M D M
D N T S X I H L A W A Q K E E
O M B K N G M S L H A W S P T
W V Z D I L S L H X H M Y R A
N E Y L Q L E H U O O C N E T
P P T P O P O N M G W L I S E
O M O A S C W J I R L E A S R
U L N M M A A N D F O G R I M
R B L G H I U L A G O T Q O V
Q A A T E K L I L O C T S N S
C Y J D Y T R C D Y F S S E S
```

BRIGHT
CALM SPELL
CHART
CLIMATE
COOL
DEPRESSION
DOWNPOUR
FAIR
GALE
GOOD
HAAR
HUMID

LIGHTNING
LOCALLY
MISTY
RAINY
SHOWER
SMOG
SNOW
STORM
TEMPEST
THAW
VISIBILITY
WINDY

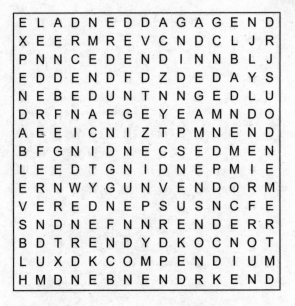

```
E L A D N E D D A G A G E N D
X E E R M R E V C N D C L J R
P N N C E D E N D I N N B L J
E D D E N D F D Z D E D A Y S
N E B E D U N T N N G E D L U
D R F N A E G E Y E A M N D O
A E E I C N I Z T P M N E N D
B F G N I D N E C S E D M E N
L E E D T G N I D N E P M I E
E R N W Y G U N V E N D O R M
V E R E D N E P S U S N C F E
S N D N E F N N R E N D E R R
B D T R E N D Y D K O C N O T
L U X D K C O M P E N D I U M
H M D N E B N E N D R K E N D
```

ADDENDA	LENDER
AGENDA	MENDACITY
COMMENDABLE	MENDER
COMPENDIUM	REFERENDUM
DEFENDS	RENDER
DESCENDING	SENDING
EXPENDABLE	SPENDING
FENDED	SUSPENDER
FRIENDLY	TENDER
GENDER	TREMENDOUS
IMPENDING	TRENDY
INNUENDO	VENDOR

Famous Pictures

```
A T A P Z L X C H W L H G M X
H O D B E Y Z C L I D R C N D
V L S T N I A S R U O F I C S
S E N U D M U V R S H L N U I
A D E L A R A S V U K O C I T
L O A L A E D E X H A R I R R
O V O C N B N K R C I A P I Y
M N I A D O E E T C O O E S A
E A J L R Q C L E A S L H E W
T F X H D A U H L B F E T S L
I P U K L A T V V A I L H S I
B N M V T E N A L N I G T T A
T D A N C E R A T T H E B A R
E R A S M U S M E D U S A F J
Y X E V E D N A M A D A L Z G
```

ADAM AND EVE	ICARUS
ALONE	IRISES
BACCHUS	JANE AVRIL
CALVARY	LA BELLA
DANAE	LEDA
DANCER AT THE BAR	MEDUSA
DUNES	RAILWAY
ERASMUS	SALOME
FLORA	THE CIRCUS
FOUR SAINTS	THE PICNIC
GIN LANE	THE SCREAM
GROSVENOR HUNT	TOLEDO

```
N A V B P U N R I U B E A E A
H N O A R D E N T X L U V S G
I N T E N S E W G B O A A U N
G S Y J M E V B A N R Z S O I
T S E N R A E R M G O I T I Y
Z X P E Y E U N S U G R U R F
O A V S X S S O G N L D T E I
X E X S A T N U I R I P E S T
S K F E Z O R P R V O Y N C S
S Y M E R J A E I T N S A U Y
R M B O R G Q V M Y S N S O M
I U U A T V W N Z E Y B D E Y
J S C P S S E L M O H T A F D
C A B Y S S H N N C F L R Q J
G N I N W A Y H T W T Z K U L
```

ABSTRUSE	GAPING
ABYSS	GRAVE
ARDENT	IMMEASURABLE
ASTUTE	INTENSE
BASS	MYSTIFYING
CANYON	SERIOUS
DARK	SEVERE
EARNEST	SONOROUS
ENGROSSED	STRONG
EXTREME	UNPLUMBED
FATHOMLESS	VIVID
FERVENT	YAWNING

Musical Instruments

```
R E I F X A H S A F O J N A B
I P S E M I H C T R V A Q T E
Q A I O O G K A S T A B O R S
I X L C W B B O E S R T P M C
U I R O C E O S L B P R T N F
A J E U I O L L E C A Q A L G
E S I Q W V L T C H S B L C E
A Z V S X G U O S E M Z U L N
J E A I F L G W P I C Z G N T
M V L G F D E I R E H U G A A
X W C D R J P A B E B W O Z M
L T A U D N M E T X F A N V B
C L M H A I R P U E B I G I A
M B E P S V F Y B U Q S F O T
M C Y B J S Q Z T E A Y A F C
```

BANJO	JEW'S HARP
BELL	MARIMBA
BUGLE	OBOE
CELESTA	PAN PIPES
CELLO	PICCOLO
CHIMES	RATTLE
CLAVIER	REBEC
DRUM	SHAWM
FIDDLE	TABOR
FIFE	TIN WHISTLE
FLUTE	TUBA
GONG	VIOLA

```
B E T M M C Y Y E L T R Y M N
Y O Q J S P B R E D N E V A L
K L H A P R B T A N S Y M R H
E S L O Y I F P S I A S L V A
A U P O R B H D A H L I A C G
U O N I H N I L G N F X I A V
Y Y S C E A I V E V J L A I O
G L P Z Y L I G Y Q E P A L E
U J E R Y H Q N X G S R R O V
Z A O R Y A E V N R E F O N E
G S K O U D P A P I O U L G B
E M S P Y A Y O T A Z L F A N
E I A R U I L O Y H N G E M M
L N M Y E S H L N F E S V Y Q
H E K J X Y U O V E W R Y L A
```

ANGELICA	LAUREL
BRYONY	LAVENDER
DAHLIA	LILY
DAISY	MAGNOLIA
DAPHNE	MAY
FERN	MYRTLE
FLORA	PANSY
HEATHER	POPPY
HOLLY	ROSE
IRIS	SAGE
IVY	TANSY
JASMINE	ZINNIA

Dreams

```
U W H F L Y I N G A I B L Z S
S U O M A F G N I M O C E B G
C E B V R J L H Z N B P H E S
H F S O R G H N S D R F T I Y
O O K A B S E S F A N T A S Y
O R I J H W E F Q Q I D Z C R
L T I E J C O E A N M O N E Y
J U Z O C O A N G L E V A R T
W N B U D T I L E M I E H D S
M E S F I M O T O A V E X X E
H Q A N A S G T K O N V N F L
L F G L T R H S L W O H O S T
V O S V T E O M E M O R I E S
O E T K R H M S D W O R C W A
P I H S D N E I R F V H K I C
```

ALIENS	GETTING LOST
ANIMALS	HOME
BECOMING FAMOUS	LOVE
CASTLES	MEMORIES
CHASES	MONEY
CROWDS	MOTHER
EATING	NEW JOB
FANTASY	SCHOOL
FLYING	SUCCESS
FOOD	TRAVEL
FORTUNE	WEALTH
FRIENDSHIP	WORK

```
V R L I Z C G A P I T F F U B
R O T A K N O T G R A S S V X
E R V G R W T M W D A N A I D
P E Z M C I I D M P U P A C R
E P M K A A M N T A Q S F A Y
E M H E C A R D R E V O P T A
K E O T N I E D A S L Q S E D
E K U L O O H T I D F U F R P
T C Y L L M T L E N E E V P F
A O P E B O A S T L A R N I R
G C L F S S P H M L G L E L R
K A X U Y R A A B I K N B L Q
E E F R I T I L L A R Y I A M
U P H Y L F R E T T U B U R J
H C R A N O M K N A G H O S T
```

APOLLO	FRITILLARY
ATLAS BLUE	GATEKEEPER
BRIMSTONE	GHOST
BUFF TIP	HERMIT
BUTTERFLY	KNOT GRASS
CARDINAL	MONARCH
CATERPILLAR	MOTH
CHRYSALIS	PEACOCK
COMMA	PUPA
DANAID	RED ADMIRAL
DRYAD	RINGLET
EMPEROR	RIVULET

Books

```
N O I T C I F I X X B S N S R
P A F I N S B L G E E I C D C
B E F E D C Y C Y R D F B H P
E P M R Y R A D I L M N A L I
S O U Y M I R E U E E R I W E
T E S R Z P S G M T A A Q A T
S T C O F T F O G C S X F G S
E R I T A S I A T E N D I N G
L Y F S P R D E I O S J M I S
L W I K S G R V F R L E Q D E
E O E P Z S V A F O Y P P A G
R Y O I G U T P X P E T N E A
S S G D V L I B R A R Y A R P
A V G K A E H W K N Y B T L H
T H E S A U R U S E V N R K E
```

ATLAS	PLOT
BESTSELLER	POETRY
BIBLE	READING
CHARACTERS	REVIEW
ENDING	SATIRE
FAIRY TALE	SCI-FI
FICTION	SCRIPT
FLYLEAF	SERIES
INDEX	STORY
LIBRARY	STUDY
MEMOIRS	THESAURUS
PAGES	TOME

Lights

```
E N I H S N U S J D B B A E N
B I H P T M C E Y L B U R M O
O Q C T A H N Q U T R O E A O
R B Y E E O G B Z O A D I T M
T M B M B L N I R R N P L C O
S Y A S S E E A L X T N E H I
A I B E G T M C N D O R D R E
S G Q O L G A A T E A E N Z H
V O L T A G E R N R L E A H B
I A I Q R Q S Y B D I L H C L
H N R E T N A L N L B C C R O
G Z W L O E N A V I A E I O E
L T O A A A C W A T T S S T O
O W D G D M Q D P C J S E C Y
W R A E S I R N U S T L F R A
```

AURORA	LASER
BEAM	MATCH
BLAZE	MOON
CANDLE	NEON
CHANDELIER	STAR
DAWN	STROBE
ELECTRICITY	SUNRISE
GLEAM	SUNSHINE
GLOW	TAPER
HALOGEN BULB	TORCH
HEADLIGHT	VOLTAGE
LANTERN	WATTS

Picnic Basket

```
H N X G N E K C I H C L O T H
S T X L E B G B P A N X X J M
G G E D E L I O B D R A H B S
U R F N L U B P D R P B A U L
M H T V K S R L N P E N F R R
Z E D A N O M E L H A T M K T
R B A U S F S E T N R K A B L
B W B S E Z P L A T E S R W X
Y S Z P K T K X L G U E O T L
R A K C A I P N J O A B L X A
E B X R C U E T I D R P A S L
L C O W O R P U A V B M A W N
T K S A L F P H G F E L A T A
U C V C S R E J S A T S H H E
C O R K S C R E W I P G X Q T
```

APPLE	FORKS
BANANA	FRUIT
BOWL	HAM ROLLS
BREAD	HARD-BOILED EGG
BUNS	KNIVES
BUTTER	LEMONADE
CAKES	MUGS
CHICKEN	PATE
CLOTH	PEPPER
CORKSCREW	PLATES
CUTLERY	SALT
FLASK	WATER

```
T E C H N I C A L F K S N S S
O E R E W S Y E L D T I O E L
R I M P T D S Y A R A I I N A
Q M Z U X K O L U R T T S I N
U F D E L V L C T Z N Q N L A
E R R Q E O T S K E S Q E E C
T I A R Y U V V M S X L P P A
E C S S R R U E D D M S S I E
S T R E S S R B J T A E U P P
T I I O S U I X S L H M S Q S
D O L S S O L U E C V V S W R
R N X A N I N O N G I S E D E
A L E I O O E E A T H G I E W
G M C B B U R D L D U H F E E
P S F T F T C B P Z S Q C E S
```

ALLOYS	PIPELINES
BIONICS	PLANES
CANALS	SEWERS
DAMS	STRAIN
DESIGN	STRESS
DOCKS	STRUCTURE
DRAG	SUSPENSION
FLYOVERS	TECHNICAL
FRICTION	TORQUE
LOADS	TRENCHES
MEASUREMENT	VOLUME
ON-SITE	WEIGHT

Medical Matters

```
B O R E N O N I T I S A O A A
H G A B S N U C W T S L A I I
A T S E O A R P O L I O X B F
B D J A C Z E J V S T A L A R
S R E K N A C S M A T O N B F
U P J N Y I N C I A O H H S F
O V M V O B G A I D L I A C Q
I U P U P I V N P N G Z M E L
T V I F M I D R A A I G E S U
C C L A R T E R Y M S L Z S Y
E O L U S S W S A H Y L C D P
F L S F S N N O I T A R E P O
N D E U G A L P C S E P S I S
I S R O S E O L A A N Z D T E
U E S I T I S O R B I F U L A
```

ABSCESS	FIBROSITIS
ADENOID	GLOTTIS
ANGINA	INFECTIOUS
ARTERY	MUMPS
ASTHMA	OPERATION
ATAXIA	PANACEA
BLOOD PRESSURE	PILLS
CANKER	PLAGUE
CLINIC	POLIO
COLDS	ROSEOLA
DISEASE	SEPSIS
ECZEMA	VIRUS

RED Words

```
C L L G D C R S T H G I L U G
A E A R G L I R T C U U A F Y
W V C R F N C L I A A R R M W
L A R O C A I R J B R L I V C
L S F G B V R R E J D T M P H
O Y L B E I Y J R E E I D C I
P S A D T T K C Q E D J A B N
U G G T S G N T F I H S K I A
E I N O A V D E A R T H E A C
L F N O I N O H C J W L B A X
K C I R B I O T R S P B R K X
T R K D G B W N N D E D B E D
E A L N I N I M U A N R P Z H
M A P S L T U R P S I K C O K
N Z X E A S E E C Q W G T H N
```

ADMIRAL	GUARD
BRICK	HERRING
CABBAGE	HOT
CARD	LIGHT
CHINA	ONION
CORAL	POLL
CRESCENT	RIBBON
DEER	SHIFT
DEVIL	START
EARTH	TAPE
FLAG	WINE
GIANT	WOOD

Scottish Islands

```
V Y V H K F R N Q Q U G D N A
Y A L C C S J Y A I U F G O V
Y S Z H V A H G S H U A P K L
R N W A G J E L A T A L E L U
Z O I A B M A L A I Q R I J W
F L O I F Y G N I N R E R A B
A O N O A X E T D E S S R A P
N C A B Q R G E R D H R A T N
U L C E A F M A A G U B C Y R
G Y J B R Q K F T B A E R A C
U D E N B W H V T M Q X A A E
I A J A J C R S V Y A V R Y G
G G U N N A E K E E A A T Z I
A T R I H W Y Y A D N U H O Y
S J A O Z X U E X D G D L K K
```

ARRAN	ISLAY
COLONSAY	JURA
DAVAAR	KERRERA
FUIAY	LAMBA
GAIRSAY	SEIL
GARBH EILEACH	SKYE
GUNNA	TANERA BEAG
HIRTA	TEXA
HOY	ULVA
HUNDA	UYEA
INCHFAD	VAILA
IONA	WEST BURRA

```
N T Z E M O G Y T F E L S A H
O H A N K G R E E N B E R G S
S B Y J O H J B I X T B F E L
N A K O A P X L S V T R L Y A
A R S H J C A Q U E E E O A W
P R R N M K K U R D R T U Z D
A Y E W L L T M S J B N B P E
C Z N A P L A J O I E U R E N
A I I R B O C E M R G H O T O
R T K D Z P M S A M R I C E O
L O H B B O C Y T C O I K R B
M S P A R K Y A N D E R S O N
A V L G C Y Y O U N G O Y S A
Y T A R R E B I G O Y T P E D
S N R N U J Q T M E L O T T A
```

AL KALINE
AMOS RUSIE
BARRY ZITO
CAP ANSON
CARL MAYS
CY YOUNG
DAN BOONE
ED WALSH
GEORGE BRETT
HANK GREENBERG
JACK MORRIS
JOE MORGAN

JOHN WARD
LEFTY GOMEZ
LOU BROCK
MEL OTT
NAP LAJOIE
PETE ROSE
RALPH KINER
SAM RICE
SPARKY ANDERSON
TORII HUNTER
TY COBB
YOGI BERRA

Global Warming

```
O F F W R W Y S J F N W J G T
E R U T A R E P M E T M N A S
A S G T L E V O Q N E I S T L
W S E E R E D J U T T S H M A
P R L T J E H S H L L G T O I
W V O E B A R A E L U S S S C
C X P L V B N M E O O T E P A
P L A O C E L W R R V E R H L
Y A H R Z O L D F C O N O E G
C L C M C I O A G O L C F R R
U L O E O T M L E G B I E E E
I K O T C R I B I S J N R A T
P V E U E I F C E N O Z O L N
C J H P D B E R I N G S E A I
C S N O I S S I M E P D K O W
```

ALBEDO	IPCC
ARCTIC	MELTING
ATMOSPHERE	METHANE
BERING SEA	OCEAN
CLOUDS	OIL WELLS
COAL	OZONE
COOLING	PERMAFROST
DROUGHTS	SEA LEVELS
EMISSIONS	SUN
FOREST	TEMPERATURE
ICE CAP	TREES
INTERGLACIAL	WATER

```
K E U G A R P V E S T R A R E
T A V W M R X R K E J P O K S
F B O S A M M A N L F T T M B
R U M I S L A M A B A D A V E
U J A H C V C T O I Q D A B R
K A L L E V A L A R R O D N A
F X E X U S H U T I R A N A R
F G I I M F P O D S P G W P A
K U W A I T C I T Y A A Z D H
T A R W P O Z B L I K F B H V
T A K I N S H A S A U S L Q R
Y T O A V M E I M A E Q K E A
Y F K I H W Y I O O N K P T B
Z R V H L D L E U S P A U A A
Y I E D A R G L E B Y X A G T
```

ABUJA	KUWAIT CITY
AMMAN	LIMA
ANDORRA LA VELLA	MADRID
APIA	MALE
ASMARA	PRAGUE
BELFAST	PRAIA
BELGRADE	QUITO
CONAKRY	RABAT
DHAKA	SANA'A
HARARE	SEOUL
ISLAMABAD	SKOPJE
KINSHASA	TIRANA

Orienteering

```
T N I O P K C E H C S A F R Z
A N O I T A R T S I G E R F Z
C H A L L E N G E B L B E O P
L O G B X S M C J E T U O R U
O O F X A A N O R A K Y A E T
E L C R I C Q W U Z V Y B S M
E S E A B S K K H N T Y F T H
G L T F T E E R F I T N E S S
N O A S O E A P E R S A B I I
I B G C O R V R A A P T I C N
K M I G S P M I I R D O L N I
L Y V W X X N L K N A I B E F
A S A R H E C G I K G T N R H
W V N U R M Q J I N J S E G V
J P S S A P M O C S E F V Y M
```

ANORAK	MOUNTAIN
BACK-READING	NAVIGATE
BEARINGS	REGISTRATION
CHALLENGE	ROUTE
CHECKPOINT	SCALE
CIRCLE	SEPARATE
COMPASS	SIGNPOST
FINISH	SYMBOLS
FITNESS	TRAINERS
FOREST	TREES
FORM LINE	WALKING
LOCATE	WHISTLE

Baseball Terms

```
J V T E T W L D E B H J H K Z
E R I P M U L W O N C M Q C J
I D B M O E V D S U X M B E L
Y A T F I N N I N G B A A D O
L O F F W O R H T A T L R N F
P S T R I K E X S T K S E O F
D U D W Q R X E E N L D W U O
O H I T S U S R D U A N B C K
N G M X I N Z U M B W A U U C
Z G A D Y D G T Q W K R L G I
C F E E V O L G S I N G L E P
B U T R U W B E V L H L P Y I
U A U T S N P T G O C L E A T
V F L Q T G Q P A B A L N N S
L C N K Q Q L L A B E V R U C
```

BALK	HITS
BASES	INNING
BATBOY	ON-DECK
BATTER	OUTFIELD
BULLPEN	PICKOFF
BUNT	RUNDOWN
CURVE BALL	SINGLE
DOUBLE	STRIKE
DUGOUT	TEAM
FOUL	THROW
GLOVE	UMPIRE
GRAND SLAM	WALK

Verbs

```
A Z R C D Y R R U H E E F O D
D E E K D Z F S L Z V J F I E
N T H P V J C I W I C Y H Q N
O A T C D E S K D E A F P G R
D R A W R T R E C O A O M P A
N T G E E A S I Y D M R U X E
A S A N L O M W F A L S I F Y
B E I J N K O T I Y A Y R Z P
A H U O O B C A J N F W T V N
F C E U S G V I M I G B H X E
I R Z E I Q C W T G R L V M P
O O R G T Q F R R E V I U Q M
N V G F T G O A A Z M N Y Y A
E L K L E F Z K I R I K R T D
E G J A J E N E N F O R S N R
```

ABANDON	MARCH
BLINK	MODIFY
BREAK	NOSEDIVE
DAMPEN	OBSERVE
FALSIFY	ORCHESTRATE
FORTIFY	QUIVER
GATHER	SWEAR
GIGGLE	SWING
GRAZE	TICKLE
HURRY	TRIUMPH
JETTISON	VERIFY
LISTEN	YEARN

```
S Z N T J R L W R P T R E M X
C T E O U N P U R C H A S E R
O O N O I C P I I C E T U Z F
M D T E H T C E A N E C O T N
M L A D M E I T W D G A H N L
I O M E V E N D O R N R U E R
S H O T M A S D N K A T I M O
S E R A D O P I J O H N C T N
I S T V F B V D T Y C O L S O
O A G O H S P I E R X C G E I
N E A N D C K V N C E R A V T
O L G E D T R N B G U V R N A
A Z E R L U G A A P V D D I C
L D L O S E S T E B P C E A O
Q C N E H C T I K S N G N R L
```

ADVERTISEMENTS	LOCATION
BANK	MORTGAGE
COMMISSION	MOVING
CONDITION	PRICE
CONTRACT	PURCHASER
DEEDS	REDUCED
EXCHANGE	RENOVATED
GARDEN	SEARCH
HOUSE	SOLD
INVESTMENT	SURVEY
KITCHEN	TOUR
LEASEHOLD	VENDOR

Wedding

```
U A Y B I P Y C T A B S P Z W
T M G B O L P S N A L P X I D
E G A Y R I A O V L P L F N P
U B V O W S I I S D V E A K R
Q L P D W T U T T H R L N E E
U R K O I U S M Y P R O O A S
O R I D R A S I R A U H O S E
B T A N O E N R G Z C N M E N
X R P T G G W I E I J O Y S T
T I F L L S X O A H K T E O V
X Z D E U A U F L R S T N R A
C A R S A C R P P F T U O S Y
O C E P U S K A P O E B H U D
Z H S S X E T Y I E S U J L H
E N S D O Q S G T T R Y F T T
```

ALTAR	POSY
BOUQUET	PRESENT
BUTTONHOLE	RINGS
CARS	ROSES
DRESS	SUPPER
FEAST	TIARA
FLOWER	TOASTS
GARLAND	TRADITION
HONEYMOON	TRAIN
LUCKY	USHERS
NUPTIAL	VOWS
PLANS	WIFE

M	Y	J	Y	O	Q	C	Z	P	P	Z	H	S	X	J
R	E	G	A	B	R	A	G	D	E	G	S	H	I	E
S	C	X	D	X	W	T	E	L	F	H	E	S	E	O
G	N	A	C	E	K	B	R	F	L	L	C	T	U	E
A	A	S	Q	C	R	B	A	A	H	S	E	N	L	Y
R	L	S	S	I	J	H	L	V	C	P	I	E	G	R
J	A	J	S	G	C	E	S	O	G	E	P	M	Q	E
F	B	A	J	Q	N	D	L	P	M	F	D	D	V	L
X	D	U	R	F	S	I	X	B	S	Z	N	D	F	I
O	N	I	R	H	Q	F	V	S	B	H	A	O	S	C
K	Q	A	H	X	R	G	E	A	S	U	S	E	G	Y
J	W	S	P	A	R	C	S	Y	H	S	T	A	E	V
S	T	U	M	P	X	R	E	Z	I	S	I	S	R	O
K	Y	T	D	E	G	A	V	L	A	S	B	U	D	T
F	S	S	O	R	D	F	F	W	D	R	A	H	S	I

BALANCE

BITS AND PIECES

CHAFF

DEBRIS

DREGS

DROSS

EXCESS

FOSSIL

GARBAGE

JUNK

ODDMENTS

RAGS

RELIC

SALVAGE

SCRAPS

SHARD

SHAVINGS

SHRED

STUBBLE

STUMP

SWARF

TRACE

TRASH

WASTE

Retirement

```
F T E M M M J Y L G M X U J V
R B C G I I T J T H Q H P M J
I S E C N E D N E P E D N I O
E R L A F A P I G A E G F X K
N E O A I R H C D R Q N S M E
D E S U I G B C U J R I E C E
S T F D T O L S B E X D N G C
H N E B R I I A C R I A I N G
I U Y E N E N A T C T E O I S
P L D R L S L E A S M R R R A
S O Y T I L A T I V O O S U V
M V U D E C I S I O N N L O I
Z L A I C O S E G A Y O V T N
I P F I N A N C E S G N W V G
S R A E Y N E D L O G A K H S
```

ASSISTANCE	PRIDE
BOREDOM	READING
BUDGET	RECALL
CHANGE	ROUTINE
DECISION	SAFETY
FINANCES	SAVINGS
FRIENDSHIPS	SENIORS
GOLDEN YEARS	SOCIAL
INDEPENDENCE	TOURING
LEISURE	VITALITY
MEDICATION	VOLUNTEER
NOSTALGIA	VOYAGES

```
W R B R E S E A R C H K I S T
C K O F D R R S C E Q K R S N
E O J E U I L M A S T E R A A
W M M T E I P E T G C U G L R
G Q C P P X G L U T Y Y A C G
B E S U R C W N O O E R D O N
L N P C A E O R C M E A C L I
J G D R I I H T S Z A M P L N
B D N D T E C E T T I M Z E I
G R E I J M N A N H B A W G A
S A U N D I J C C S P R M I R
N T M O L A M H E O I G R A T
Z W U E F A E E H Z A O R T V
O G D D S E E R G E D C N E T
Y E O T Y C O D Y L O O H C S
```

CLASS	MASTER
COACH	PUPILS
COLLEGIATE	READING
COMPREHENSION	RECTOR
DEAN	RESEARCH
DEGREE	SCHOOL
DIPLOMA	SCIENCE
GAMES	SCOUT
GRAMMAR	STUDY
GRANT	TEACHER
LECTURE	TRAINING
LINES	TUITION

Explorers

```
R E P M Y H W Q Y O G E X O Z
O C S A R R A C G R Z C R S R
A R G E S Q I C C I R D U E T
N O V R S V I R Q Y I A F T O
X O Y R O V L D F A N A P Q B
H I S L R L Z Y S L W A Z T A
Z C Z D E S E U G I R D O R C
Z O S S U A F I K O V L I A V
K N S U S H L S G S I L V E S
Z U C T P E L G T G B E E F A
R J O C S N E S N A N X L A K
Z B T A O V N G T D D U H E C
G T T O E O F K I U Q E O H M
Q Z L E R M K S R K R O N Y P
K I N S A E H T Y P H T C E E
```

CABOT	RODRIGUES
CARRASCO	ROGGEVEEN
CAVENDISH	ROSS
COOK	RUSSELL
DIAS	SCOTT
GILES	SILVES
HUDSON	STADEN
KOZLOV	STURT
NANSEN	VELHO
PARRY	WAFER
PYTHEAS	WHYMPER
RICCI	YOUNG

```
A M M I N A E A N X C J E K N
Q I N N E F P E R S I A N I A
G T Y T E N Y S N X Y A H Z I
N H U M D V A A S I T M J D N
A J M A E H I E H C O M X Z O
I G C D M R E K A I E I C I D
N N O E E Q V L I B G R K O E
I A R M L K Z Q L N A I D N L
G H U O S T V P I E G S D N A
A S J K F Z S L M N N S Q I C
H A F E H I I Q A O A I J H C
T N Z O Q C D O N R R I C P S
R E U T R O N M O M I D D Z J
A F X U E I O N A A L J V Y A
C L T P M C Z E N N A Y A M L
```

AZTEC	MINOAN
CALEDONIAN	MOCHE
CARTHAGINIAN	NORMAN
CELTS	PERSIAN
FENNI	PHINNOI
HELLENIC	SABAEAN
INCA	SHANG
JUTE	SUMERIAN
LYDIAN	TURCILINGI
MAYAN	VIKING
MEDE	XIA
MINAEAN	ZHOU

Dressmaking

```
U F L N Q X C E E T O T Y B Z
Y S S E L V E D G E A O R G W
L W T F H D X A K E K M M L H
P O N I G T T T L J I L L N G
A Q O I T H O P A K A J I L N
O K N P E C L L H I Q X C S I
W G V R S A H S C I L Y T A T
C S O P C S Y E S K O O H Y T
F W M K G N I S S E R P R O I
Q M E A O K F G N I M M E H F
G T V D E Y D E G Y O H A A D
D S R O S S I C S D O B D A Y
U L I E J R V A E M I K R A B
E L B M I H T L N X Q T R Z V
F A C I G N I C A F S N Q T N
```

CHALK	PLEAT
CLOTH	PRESSING
DARTS	SCISSORS
EDGING	SEAMS
FACING	SELVEDGE
FITTING	SILK
GATHER	SPOOL
HEMMING	STITCHES
HOOKS	TAILOR
LACE	THIMBLE
MODEL	THREAD
PLACKET	YARN

```
R S G N B N A P I Z R A M G S
E T H M O L A S S E S T T O G
T E F E Y M C F V S S R R O I
T C M N R L E I J X F E U S F
I R Z A O B N L P E G A G E G
B X T Y T E E M H T Z C O B L
P T I H G R Q T C L K L Y E N
B N U A O Z A G M A F E M R I
G A R S K N M P M U N A L R R
A D F E I O E S S U R D T I A
S N E L M F W Y W A H M Y E H
Y O P K C H O C C R A G U S C
R F A C H R H U B A R B R Y C
U L R I I W U H C T A L G O A
P F G P A L E E S O R C U S S
```

ASPARTAME	MOLASSES
BITTER	PICKLES
CANDY	RHUBARB
CARAMEL	SACCHARIN
CLOYING	SHERBET
FONDANT	SORGHUM
GOOSEBERRIES	SUCROSE
GRAPEFRUIT	SUGAR
HONEY	SYRUP
KIMCHI	TREACLE
LEMON	VINEGAR
MARZIPAN	YOGURT

Head to Toe

```
H J S L Z W I D V N S S S A D
T N N T T V R F Q R L X Q O U
T A H P O T J H E I M S O E X
V S K Z R B E D N Y Y N T M S
K H K I N L A G P E S R T A T
Z S L C M W B S F R A C S N E
F B E E O A H E E I S K M T T
Y Y T U C S D J N D N G S I S
F P M K P O M E S B S T O L O
C U S N R P R K K H A H T L N
L M L A Y S Q D I P B C O A C
J P E B T A M O S H A N T E R
X S S T O O B D O O H N Y J S
W U E J D V V E W W P C O W L
B W H J A T T E R I B O K V Y
```

BIRETTA	SHOES
BOOTS	SKIS
BUSBY	SLINGBACKS
CLOGS	SNOOD
COWL	SOCKS
FEDORA	SPATS
HELMET	STETSON
HOOD	TAM O'SHANTER
MANTILLA	TOP HAT
PUMPS	TRAINERS
SABOTS	TRILBY
SCARF	WADERS

```
S  I  Y  S  E  N  O  H  P  A  S  U  O  S  S
S  R  R  D  E  T  L  R  H  I  W  S  S  I  T
S  S  E  L  F  L  E  S  S  N  E  S  S  L  A
E  E  D  G  N  T  L  T  Q  B  Y  E  E  S  C
G  F  D  S  R  D  E  I  S  U  N  D  R  Y  B
A  S  U  I  T  R  O  P  N  F  R  R  T  V  S
S  C  H  D  L  U  I  P  E  G  K  E  S  H  T
U  S  S  Y  E  H  E  L  A  S  S  H  Q  T  R
A  E  E  G  D  Y  A  E  I  T  Y  P  W  A  U
S  E  W  I  N  G  O  R  S  F  K  E  S  B  T
G  N  I  L  B  I  S  M  A  A  S  H  A  B  T
E  N  I  H  S  S  W  Y  A  H  F  S  M  A  E
S  U  N  I  S  N  P  S  Y  S  A  E  S  S  D
O  L  E  T  G  N  I  G  N  I  T  S  T  H  S
S  E  V  E  R  L  M  M  P  S  O  G  G  Y  S
```

SABBATH	SHUDDER
SAFETY	SIBLING
SAHARA	SINUS
SAMOYED	SISTERLY
SAUSAGES	SOGGY
SELFLESSNESS	SOUSAPHONE
SELLING	STINGING
SEWING	STIPPLE
SHAFTS	STRESS
SHEPHERDESS	STRUTTED
SHINE	SUNDRY
SHIRT	SWINGS

Better and Better

```
X O R R Q D J O R D E D N E M
F R E T E E W S R E V I S E D
P R G U R R X J K R D T W D W
C R N N E E L V E U W N H E V
R D O D F V W U E C N Q U R T
O W R G O O D E T C E R R O C
I N T S R C R I G W L E E T S
R U S D M E U E L J D T G S W
E R G Y E R S B T E Z T G E S
P E R N D V W S H R H I I R D
U G E Y I E O C I G A F B E Y
S R A E L C I R R N I M L M Z
S A T L R R E Y P N G A S X K
Y L E C N F S R E M E Z J D Q
V L R E C W O R T H I E R K C
```

BIGGER
CORRECTED
CURED
ENRICHED
FINER
FITTER
GREATER
HEALED
IMPROVED
LARGER
MENDED
NICER

PROGRESSING
RECOVERED
REFORMED
RESTORED
REVISED
SMARTER
SOUNDER
STRONGER
SUPERIOR
SWEETER
WELL
WORTHIER

```
O D C W O R N E O B O N O I O
V O O O V U I O Y H E O O U A
O F Y B J D T O I T C P O L J
R E R X L E L R F T U J Y E O
Z S U O N I M O A L A L S A S
O H U O V S R V E G V R T S O
R E Z E U D E N C M E J E Z T
E O V S O O C E L O T O R P R
S K R I S E G E G A O H U D O
I M A L S N O F F B E A T S P
S P M T U N S O E H S I L W O
O B S E R V E L E O Y O U E R
M O L I O E I F E G N I L G O
S I S A O S V O F F I C E S B
O N A O K V Z O G O N U V O O
```

OASIS	OMINOUS
OBELISK	OPERATION
OBSERVE	OPORTO
OCELOT	OPULENCE
OCTAVE	OSMOSIS
OFFBEAT	OUTRAGEOUS
OFFENSIVE	OVERTAKE
OFFICES	OWLISH
OFTEN	OXBOW
OGLING	OYEZ
OLDIE	OYSTER
OLIVE	OZONE

Peters

```
O R E P I P C T H Z H P Y F Z
O S R O E A P O E C D E H N D
F Y E W B N N S N G S A O Q D
C U P E P K O I A M O T Q T A
S X O L Q R F O I E P R X N V
A C O L Y O R W N M Y Y D A I
R Y C R T T N E A S Y L F S S
S D H R I U E R G E N A D E O
T A I N H R F M O E L E C V N
E V I N G F E G I K E O B Y E
D A A S K E L L E R N S O U G
T G N D H L O W O R R A Y T R
A F X D N R A Q X V F D Z S O
J C T E R O M G F A B E R G E
J F N E T E F P E I Y P M Y V
```

ANDRE	O'TOOLE
COOPER	PIPER
DAVISON	POWELL
DINKLAGE	ROGET
FABERGE	RUBENS
FALK	SARSTEDT
FINCH	SEEGER
FONDA	SKELLERN
FRAMPTON	STUYVESANT
GREENE	TORK
LORRE	WIMSEY
NOONE	YARROW

Opera Composers

```
S S A B J T J D G G C M K Q O
S M U P J H C H E R U B I N I
A E B I B G B I Z E T R B P L
L T E H R A P S G H E Y E C A
G A R E R R Y O O I K B L A O
A N B B Z W U M T S E V L V N
Z A E B A N A N V E R D I A P
S R M L O S E O T A W R N L U
R U T D P P K H V M A X I L R
E O O D R I O E S M Q P B I C
N W A A A V L Y E R O B V R E
G M H H E U Q A I D Q Z P N L
A C C N R L U E V O J N A W L
W T E V R W W C A Z E Z K R Z
L J P Y I W O B D Q F Z Z O T
```

AUBER	HENZE
BARBER	MOZART
BEETHOVEN	PURCELL
BELLINI	RAMEAU
BERG	RAVEL
BIZET	SMETANA
CAVALLI	TCHAIKOVSKY
CHARPENTIER	THOMAS
CHERUBINI	VERDI
DAVIES	WAGNER
GLASS	WALTON
GOUNOD	WEIR

Juicy Fruits

```
U Y R R E B P S A R B E R R Y
G I D M P O M E G R A N A T E
T E O G N A M K A P P T O B V
M N N K M O V T P R R D A Y V
E B A I H U M L H B I E V U H
L I L R R O E E U L C W A Q C
O B L U R A D B L A O B U C A
N D I G E U T Y V M T E G H E
A O D L U B C C T E X R G E P
P K T H B H E K E S A R G R G
I A R A E E C R C N N Y C R G
R W P E M I R N R A L E A Y P
E W I A W O R R N Y L P M D Y
Y K J I Y A T S Y M E B A I N
F F K W Q A B H E G N A R O L
```

APPLE	LYCHEE
APRICOT	MANGO
BILBERRY	MELON
BLACK CURRANT	NECTARINE
BLUEBERRY	ORANGE
CHERRY	PAPAYA
DEWBERRY	PEACH
GRAPE	PEAR
GUAVA	POMEGRANATE
KIWI	RASPBERRY
LEMON	TOMATO
LIME	UGLI

```
P A X I E O B I U W Y G E V Z
E L Z Z U P Y E K N O M M Y W
O M L Y C V M K S R Y E I L W
Z O P O P L A R U R D P Q E Z
T N R A B E L E X L M X L D E
M D C C T Y O Y A B F L W M S
X R E B B U R R T Q I A I J A
M U L P E C A N A N X L L I L
L W Y C H E L M G N C Z L N B
V Q L G K S C T F S G O O E V
I T A C T F O H L U N E W P K
T H U J A N D G W G W Q L S I
M G R L I J C A A Y U A W A Z
S N E A I E A M T W N G E M A
L W L S F P S B R E D H Y J D
```

ABELE	PLANE
ALMOND	PLUM
ASPEN	POPLAR
BEECH	RUBBER
DATE	TAXUS
LAUREL	TEAK
LIME	THUJA
MAGNOLIA	TULIP
MEDLAR	WELLINGTONIA
MONKEY PUZZLE	WILLOW
ORANGE	WYCH-ELM
PECAN	YEW

```
R Y S R A L L O D W M E U J O
G S G A H C V F Z Z R F V V H
R T Y S E K S D N U O P E J S
O O G R P T U I T W E R M N V
S C T U I N S I I J D W O M J
S K R B X R D T E R Z I P N W
D S E A E N H I A V T K T C T
E D U J E D T F C C O N X N X
S K V P R E T S A R E S U V H
N T X A L F J S E M C O L T T
A E W L C S N L Y T C M Q T L
O A E U T A Q A T S O O E P A
L R I S R M P L I X O N N G E
B N O T I C E D C U W E L A W
Z C Y S T E K R A M E Y F T K
```

BURSAR	NETT
CITY	NOTES
COSTS	NOTICE
DEBIT	OVERDRAFT
DEBTOR	PAYMENT
DISCOUNT	POUNDS
DOLLARS	PURSE
EXPENDITURE	STOCKS
GROSS	TELLER
LOANS	TRANSACTIONS
MARKETS	WEALTH
MONEY	WITHDRAWAL

```
K H D A A I B E R S L R U C M
G C J R N W W I D C A R K I T
J S O M A T Z F L I N C S S R
E Y Y L E C E T I L G K G S E
G I P N Y A M N R B I I K P S
H E A D S E T I N N S N T E S
F W G G Q E K E S A G L G A E
D E T A N I M U L L I A S K L
S X A O R Q Z N V A M T M E E
M Y K T S E E I M E A O K R R
A T R V U T V E S N O P C M I
R S A O W R C O D L C U G F W
T X I O M I E B C Y U P Y A G
Z I R O O E Y S S M R A L A T
Q K A V Y M M E S S A G I N G
```

ALARM	MEMORY
ANTENNA	MESSAGING
BILLING	NETWORK
CAR KIT	SIGNAL
COVERAGE	SIM CARD
DIGITAL	SKINS
FEATURES	SMART
GAMES	SPEAKER
GPRS	STANDBY
HEADSET	TOP-UP
ILLUMINATED	VOICEMAIL
KEY LOCK	WIRELESS

Words Starting CON

```
C O E T A R T N E C N O C T C
O C B C C T R E V N O C T O R
N I O C O N C O N C E R N O O
N C S N N N O C O T O T D Z D
C O O W D U F N O T E A N X N
C O C N U E F I N N T R E M O
O U N N C E N O D S U V E N C
N R Q S T A C S I E N D C O O
T N E T C O V U E O N I O C N
R O I G N R Q E C O H T N F W
I C P D N N I H C C O N F E R
T O O K O O R P C O N R I U N
E N C C O N C U T N C O N G O
E S S U O I G A T N O C E A C
C O N A T Y E S R U O C N O C
```

CONCAVE	CONFIDENT
CONCENTRATE	CONFINE
CONCERN	CONGER
CONCH	CONGO
CONCOURSE	CONQUISTADOR
CONDEMN	CONSCRIPT
CONDENSE	CONTAGIOUS
CONDONE	CONTEND
CONDOR	CONTORT
CONDUCT	CONTRITE
CONFER	CONVERT
CONFETTI	CONVEX

Bodies of Water

```
M Y T A E S H T R O N A E S W
D A H C E K A L K I E L B A Y
B B A S S E A O S L A K E N
M K S E A S E A O F J A P A N
A L A E S S E R O L F C E J A
D A M F R S O I N L L N B E C
R P I O H K S O A U A A S V A
I C M S L Q R K G R L E D L S
A I I A F U E J R T T S O A P
T R K R H L C E I I G L R K I
I E S E A S T C H I N A S E A
C T K D J I S W A V L R E E N
Y A O S D E X P L S B O K R S
L G E E A M I X E U E C A I E
A A M A A E S A R A K A L E A
```

ADRIATIC	LAKE CHAD
ARAL SEA	LAKE ERIE
BALTIC SEA	LAKE HURON
BASS SEA	LAKE LADOGA
CASPIAN SEA	MEDITERRANEAN
CORAL SEA	MOLUCCA SEA
EAST CHINA SEA	NORTH SEA
FLORES SEA	PALK BAY
IRISH SEA	RED SEA
KARA SEA	SEA OF JAPAN
KIEL BAY	TIMOR SEA
KORO SEA	WHITE SEA

US State Capitals

```
A Y D J I L K F A E F P U D U
S F D O V E R L R K V Q U O X
E F R K M Y J R I Z E L U R B
N H C A X F E D E N U P O Q O
I P A G N I S N A L C K O Y I
O C M R P K O A O D L O N T S
M W O D R L F N N A T A L A E
S N T N Y I O O H T B F R N M
E O J M C H S O R L A B A E D
D S P G I O M B A T U F L L S
N I T S U A R C U A N A E E T
A D P R C O C D E R S P I H P
O A U I R E V N E D G M G M A
I M T H V C U U E D Q G H H U
J Y M K L J B U N O T S O B L
```

ALBANY	JUNEAU
AUSTIN	LANSING
BOISE	LINCOLN
BOSTON	MADISON
CONCORD	OKLAHOMA CITY
DENVER	OLYMPIA
DES MOINES	PIERRE
DOVER	RALEIGH
FRANKFORT	SALEM
HARRISBURG	SANTA FE
HELENA	ST PAUL
HONOLULU	TOPEKA

```
P U E R E M M A H E V I S W T
C R C O M M I S S I O N G J E
L H O D D E E L O T S O E T U
E K I X P R I C E Q O K N I W
V R N N Y Q Q P A D U B U W Y
Y L U P A T I R S E V C I E I
I M I T A T I O N T O P N P E
T T D F C X Y P R N Y O E T E
E N S D K I M E T E M L A I V
M A L E M N P R G D N M E Y R
S I E W H C A T N K I W D Z E
U Z V F W C D Y R T B O O K S
S R A J T K I E S V Q Q N L E
P Z G C O L L E C T I B L E R
A I C B Y C A M B E O S I D Q
```

BOOKS	IMITATION
CHEST	ITEMS
CHINA	JARS
CLERK	LOTS
COLLECTIBLE	MONEY
COMMISSION	OWNER
CONTRACT	PICTURE
ESTIMATE	PRICE
GAVEL	PROPERTY
GENUINE	PROXY
GOODS	RESERVE
HAMMER	STYLE

Vitamins and Minerals

```
R E P P O C V M U I N E L E S
F F Y T A C J Q P P S S N B H
S O E H N C A L C I U M I H L
Y L L I N U H H V R A O N N I
A I Z A C N O A O N F E S I N
S C S M C L I H G L Q N N T O
E A M I I I P A A P M I I O L
D C V N W S N V C U C D R I E
I I E E O E O Q I I Z O U B I
R D J H S N G M Q X N I E I C
O I P E O V O F L A V I N C A
U T S I J R N I R T I C A E C
L H D T H N Y R E T I N O L I
F D I C A C I O R E T P V G D
M E N A D I O N E Q Q X J I F
```

ANEURIN

BIOFLAVONOID

BIOTIN

CALCIUM

CHOLINE

CHROMIUM

CITRIN

COPPER

FLUORIDE

FOLACIN

FOLIC ACID

IODINE

IRON

LINOLEIC ACID

MANGANESE

MENADIONE

NIACIN

OVOFLAVIN

PHOSPHORUS

PTEROIC ACID

RETINOL

SELENIUM

THIAMINE

ZINC

```
X I E S C A R H G F R J L E C
Y Q E D O Z L A E P P A X U T
D Z E S C A P E B U R G L A R
N E M Y N N R O T I S I V Z I
A S D E E D I S N I L R S C A
M K P N I B E A K F E O U O L
T G C A E N X W L C T C C G N
I E F O T H A L I L H F Y K L
H S L E L L E F Q A I B Q Y S
F I N O L B F R K P E V N V I
Y C G S R O D S P O F O X R C
E R P E N A N C E P O K J D F
H E Y F H T P V Z W A R D E N
C X H A D R A L L E S P C F A
A E G D R O N R E V O G B E I
```

APPEAL	OFFICER
APPREHENDED	PAROLE
BLOCK	PENAL
BURGLAR	PENANCE
CROOK	PRISON
ESCAPE	SENTENCE
EXERCISE	THIEF
FELON	TRIAL
GOVERNOR	VILLAIN
HITMAN	VISITOR
INSIDE	WALLS
LOCKS	WARDEN

```
C N V Z K X E P I R T S G A M
V U E T L D O R A N X W N R X
G O D R C T O B I Y B S I E Z
Z E R M I C X O E A W U N D M
S F Q H S S P A R F R H E U U
R H O B K K L R S M A Q E R L
E J I I C T V E G R A S R T J
K Y Y E O F S M O A Y N C N T
C R H P L E H A D L B K S I R
A C Z Q N D H C L A O C O D E
H S F S U R V E I L L A N C E
A M O L N N Z F B R T M Q A C
L R Y Q I T H E F T S Q K R K
E N O I T A C I F I T N E D I
R O B B E R Y S N A J O R T P
```

ALARM	LOCKS
BOLTS	MAG-STRIPE
CAMERA	RISK
CCTV	ROBBERY
CHECKPOINT	SAFE BOX
CODE	SCREENING
DOGS	SENSOR
DOORMAN	SHIELD
HACKERS	SIREN
ID CARD	SURVEILLANCE
IDENTIFICATION	THEFT
INTRUDER	TROJAN

```
M E Q K Z Y Q N Y E O M W S H
I A W C I X A C A T E N I C K
N G H E A I Z T B K V N I O G
U L V M I R R I C E A F C T A
A E I D Q E N P G G G B A T B
L B I G M N A O N A F B S I R
L P F S U R F A N M M A S V A
E F B B I L G T S A E O I L N
V W O S S C E T S D C T C R I
U D I T A E X A L I I A R A O
T I D L H J N C T W L U E N V
A M C A L E D O N E S U R J I
C S O E L T J T E W M Y R D C
S E T A N T I I M R I E T E E
A N C A L I T E S I C Y D Z S
```

ANCALITES	EPIDII
ATTACOTI	GABRANIOVICES
BELGAE	GANGANI
CALEDONES	ICENI
CARNONACAE	LUGI
CASSI	PARISII
CATENI	SCOTTI
CATUVELLAUNI	SETANTII
CREONES	SILURES
DEMETAE	SMERTAE
DOBUNNI	TAEXALI
DRUIDS	VACOMAGI

Losing Streak

```
B Y G O B A N K R U P T N X F
M A Q T S A L E M O C F I Z G
K W G G R W H I T E W A S H J
G A X N U O R Z W A S H O U T
T E S C I R H N T I E F R O F
U D T E O T F S O Y W B Y T M
O A S N C M N A L H H C O U P
E F U E O O E A L L O H P O U
P M N B I W N T W S A P L P L
I I P J W Z H D O D O F E O L
W S L D G X E E B G N R T R E
K F A F A I L U R E R U A D D
K I C N I A W D P E S I O N U
W R E N O D T U O E K T E F P
X E D E R K C U D D A E D F M
```

ALSO-RAN	GET NOWHERE
BEATEN	GO BANKRUPT
COME LAST	MISFIRE
COME TO GRIEF	NO-HOPER
DEAD DUCK	OUTDONE
DROP OUT	PULLED UP
FADE AWAY	SECOND-BEST
FAILURE	SEIZE UP
FALL SHORT	UNPLACED
FLOP	WASHOUT
FORFEIT	WHITEWASH
FOUND WANTING	WIPEOUT

```
H W G Q X Q P H L F B D G L F
U T T E N N A G O A I A J L S
X J U D U C R C Q E T S N U U
D O F R B T Q H R T K M X K P
D R F R R Z V A G X G A A O B
Z O O N A K O O C G K R I J V
P I D L E N K S T C W X Z A W
T Q Y A N G Z H A E R Z V N O
H T U L I H G J V G M E W T B
J N O R E E D U O Y R M S A N
Q O P C T P T N R S E H A V I
C E T E S K A I F B E N F C A
O O M O B G N O X R X F T B R
R O S P O Y A Z P E B E W N O
D D I L L E R A F S Z A T Y A
```

BRUGGEN	LOGAN
CHAOS	LORD
COOK	NUBRA
DILLER	OTEMMA
DOME	RAINBOW
EXIT	REID
FOX	RUTH
FRANZ JOSEF	SCOTT
GANNETT	SHERPA
HECTOR	STEIN
JACKA	VATNAJOKULL
JAMTAL	YENTNA

Varieties of Carrot

```
N H U S P R P Q F N A X E D Q
O E C Y S R Y A W A Y L F B X
I L N A I R O B I P C Q A O E
R D Y M I N A N A I D N I L M
A N O N A A C N U O G E Z E R
M A G N R U T V U O W O Y R A
A C U O A H X Y R Y V J M O P
L T V T E N F E D I A L E D A
E E Z R U R T N Y X X S C N R
M E I D F M A U P U K Y N E A
N W D M E Z N C C I I T T D B
P S E O A M A K M K E A O M E
T N A K A E T O I M E N G A L
F Y L U S Z E I P N V T N C L
S Y J M V A L O R M G M I Z P
```

ADELAIDE	MARION
AUTUMN KING	MOKUM
BANGOR	NAIROBI
BOLERO	NANTUCKET
CAMDEN	PANTHER
ESKIMO	PARABELL
EVORA	PARMEX
FLYAWAY	PRIMO
IDEAL	SWEET CANDLE
INDIANA	SYTAN
INGOT	TEMPO
KAZAN	VALOR

```
D C R O R R I M S Y D O R A P
W R O K O Y M A C E S R I C E
C M C U J A B C J H C J L H M
M O O R N R E P L I C A T E U
M S S E G T T C E L F E R O L
T U I P C R E V I O W S D T A
D Y Z R I O C R R M L F P F T
T F S O A P N G F Y I E A R E
P I J D Y I E W M E T M E K D
A N B U L R G O E A I N F D E
R O A C Y X D A T T O T G I F
R S S E N E K I L L A N N T A
O R Q M L Y M W C P F R O T C
T E L I M I S C A F R T I O E
L P V E S A R H P A R A P P L
```

CLONE	MODEL
COUNTERFEIT	PARAPHRASE
DITTO	PARODY
EMULATE	PARROT
FACSIMILE	PERSONIFY
FAKE	PIRATE
FORGERY	PLAGIARISM
IMITATE	PORTRAY
LIKENESS	REFLECT
MIMIC	REPLICATE
MIRROR	REPRODUCE
MOCK	TRACE

Brainbox

```
I C T K D H S D E B L B K N T
C X X Y N E M U C A R W O N A
C D A R D B M J I A V I R I P
T S P O J T A S I N T Z G Q T
S P Y M I K R N S A E D I H I
O E I E M E Y E N A R G X X T
X C N M N E V I P K X C F E U
L U V S A R D E B X N O G U D
A L S C E R N U I K E D N M E
T A U N O S K U L L E L W S Y
N T C O R T E X C L E V E R R
E E C E I J R R W B A B P N M
M A Z R E A S O N V L O B E S
S J K E E N N E S S K K Y M C
W W U S T K C S W W A V V F G
```

ACUMEN	IDEAS
ACUTE	KEENNESS
APTITUDE	KNOWLEDGE
AXONS	LOBES
BELIEVE	MEDULLA
BRAINY	MEMORY
BRIGHT	MENTAL
CLEVER	NERVES
COORDINATION	REASON
CORTEX	SENSE
EXPERT	SKULL
GENIUS	SPECULATE

```
S U T P Y L A C U E D P Q K S
B O O M E R Y P T U S V C E S
S E W N U M L E K A K A D U E
W M A S N A T R H W B N Z T I
T U L U H H R T P T O R L A Z
A H L P E T A H U O U M A S N
F E A Y B R B O S H Z L B M E
L K B T R O O A T D A Q Y A M
E A Y A U N H R K O U A T N T
O L K L L W A L K Y R B D I N
N Y D P U T W A E R N I B A U
O H D A R W I N U V N P Y O O
R X Y O U N D M O G P H L Z M
A K P Y L Y B O O M E R A N G
R O L O S L G A B P Z H B W K
```

BOOMERANG	MURRAY
DARWIN	NOOSA
DINGO	NORTHAM
DUBBO	OUTBACK
EUCALYPTUS	PERTH
HOBART	PLATYPUS
KAKADU	PORT ARTHUR
KARRATHA	SYDNEY
KOALA	TASMANIA
LAKE HUME	ULURU
LEONORA	WALLABY
MOUNT MENZIES	WOMBAT

Bobs and Roberts

```
W  I  L  L  L  L  O  S  R  E  G  N  I  Q  H
A  A  H  W  A  G  N  E  R  U  S  S  E  L  L
N  N  F  O  P  R  E  D  L  I  U  B  E  H  T
F  E  P  R  O  H  T  E  L  P  P  A  M  B  S
R  M  S  O  C  K  G  N  N  W  E  R  A  S  K
O  V  T  U  G  J  E  G  D  E  A  G  A  S  Z
S  T  O  E  O  O  K  L  O  L  R  B  I  D  D
T  B  N  L  E  H  O  E  D  O  Y  B  I  R  R
J  A  E  T  T  N  K  D  N  R  M  W  O  Z  X
P  R  O  T  N  S  D  N  D  N  W  F  R  Y  Z
E  K  A  L  B  O  I  G  O  I  E  S  H  A  W
T  E  T  F  L  N  K  M  A  M  I  D  D  P  E
E  R  L  E  S  U  L  L  I  H  R  M  Y  P  N
R  H  P  A  T  T  I  N  S  O  N  L  O  G  M
S  Y  Z  D  N  E  N  E  D  Y  A  H  G  I  M
```

BARKER	KENNEDY
BLAKE	MAPPLETHORPE
BYRD	MONKHOUSE
DOLE	MOOG
ENGLE	PATTINSON
FORD	PEARY
FROST	RUSSELL
HAYDEN	SHAW
HOOKE	STONE
HOPE	THE BUILDER
INGERSOLL	WAGNER
JOHNSON	WEIR

```
A  M  B  V  E  D  F  N  L  F  S  P  D  V  O
H  I  E  N  N  A  W  O  L  M  J  N  R  C  T
G  C  M  G  N  V  U  G  O  P  K  V  A  U  S
M  H  A  D  G  I  P  F  J  J  H  P  W  S  H
H  A  R  A  S  D  E  S  X  T  U  L  D  X  E
N  E  G  E  X  L  F  H  E  N  R  Y  E  L  L
W  L  A  H  Z  H  H  B  L  M  N  Q  A  X  E
E  D  R  R  M  P  A  P  J  S  A  R  C  Q  N
I  O  I  W  A  Z  S  U  G  N  A  J  N  A  Y
N  W  T  M  I  Z  Y  R  A  M  Z  S  A  R  L
E  W  A  L  G  E  O  R  G  E  O  D  L  T  B
G  U  E  X  D  J  W  O  K  P  I  L  I  H  P
U  V  N  R  E  T  E  P  H  V  L  V  C  U  J
E  F  R  E  D  E  R  I  C  K  X  L  E  R  I
H  Q  Q  X  F  W  E  A  I  R  O  T  C  I  V
```

ALICE	HENRY
ANDREW	JAMES
ANGUS	LOUISE
ANNE	MARGARITA
ARTHUR	MARY
DAVID	MICHAEL
EDWARD	PETER
ELIZABETH	PHILIP
EUGENIE	SARAH
FREDERICK	SOPHIE
GEORGE	VICTORIA
HELEN	ZARA

```
D S D L Q D H S G B I T Y T L
F A N G T H E G N O M E O O F
E T T E B N I S U O C B R P N
T L Z G O D A H Q X L D B L E
G H M J Q L I N U O J W O D G
K S M E O I I P M I O L R M R
E O H M R L L O M I I I V A U
T N O I R G V Y C T K E E T J
B R I E R E A L A N O D N I I
J E M L I L A N Y Y M E I L A
Z Q N R A U E I T G M B T D Y
J O R H D R E Y L R K M S A E
I A R I U X O U A E Y A U S S
C V U R Q R H C T E M D J D H
P S U P O M B Y H P U A S P A
```

ADAM BEDE
AMELIA
AYESHA
BEN-HUR
CARMEN
CARRIE
CORALINE
COUSIN BETTE
ELMER GANTRY
FANG THE GNOME
I, CLAUDIUS
JURGEN

JUSTINE
LOLITA
LORD JIM
MATILDA
MERLIN
OBLOMOV
PEER GYNT
ROB ROY
ROMOLA
SHIRLEY
TOM JONES
ZORRO

Emotions

```
T Q X N K P W F T Z S I J E V
C Y G E Y T I N E R E S S L E
J I P U Y L E O B E C R L S J
X J N F I P D Y L H O I N M M
V X R A B L T A T M R E E R J
X S K N P I T A E H P C A Z B
J S S M P I R R T S N L P T X
R E D N O W T M U E A A J Q R
K N V N Z H P S R W S N H E S
Q D B H P R A E H S F G Z O X
R A O O I E V T I O F E R U U
E S Q D O E A O R N C R M F G
O V E F R C N C G E O K O E Q
H Q O S E H G J E W D R E A D
V K S L X Y T E I X N A N R B
```

ALARM	PITY
ANGER	PRIDE
ANXIETY	REMORSE
DREAD	REVERENCE
ELATION	SADNESS
FEAR	SERENITY
GUILT	SHOCK
HATRED	SORROW
LOVE	SUSPENSE
PANIC	THRILL
PASSION	WONDER
PEACE	WRATH

Heraldic Terms

```
D E R E T X E D O A N Q Q E G
E Z I N L T O T E L L U M J E
Y O K O N C E N N U K E A A R
A A D A Z G W E I Z S N I E I
L P J S D I M H M F P W L L T
P E I A V B P A T X F R M S L
S H B E L M R I B I O I V A A
I C R E A T V O L X E M R E S
D N M M L H U T P E K R R G A
O I K E C I R T A K C O C O D
N M T V Z A Y O L I U P M E T
H P Q X U G R M L N L E C S D
T A X B L R V M D L F I E Y X
A L F I E L D E S M D R O L C
X E N R K Z L E N J C Q Z N X
```

ARMS	MOTTO
BADGE	MULLET
COCKATRICE	ORLE
CREST	PALL
DEXTER	PILE
DISPLAYED	ROUNDEL
EMBLEM	SALTIRE
FIELD	SEJANT
GRIFFIN	SEME
IMPALE	TIERCED
LION	URDE
MARTLET	WIVERN

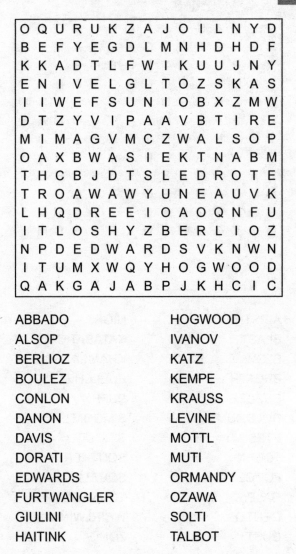

```
O Q U R U K Z A J O I L N Y D
B E F Y E G D L M N H D H D F
K K A D T L F W I K U U J N Y
E N I V E L G L T O Z S K A S
I I W E F S U N I O B X Z M W
D T Z Y V I P A A V B T I R E
M I M A G V M C Z W A L S O P
O A X B W A S I E K T N A B M
T H C B J D T S L E D R O T E
T R O A W A W Y U N E A U V K
L H Q D R E E I O A O Q N F U
I T L O S H Y Z B E R L I O Z
N P D E D W A R D S V K N W N
I T U M X W Q Y H O G W O O D
Q A K G A J A B P J K H C I C
```

ABBADO	HOGWOOD
ALSOP	IVANOV
BERLIOZ	KATZ
BOULEZ	KEMPE
CONLON	KRAUSS
DANON	LEVINE
DAVIS	MOTTL
DORATI	MUTI
EDWARDS	ORMANDY
FURTWANGLER	OZAWA
GIULINI	SOLTI
HAITINK	TALBOT

Wind

```
N L L A U Q S I M O O M D N D
N F K B R E B G A B L A S T N
A Q P M P X T N H E O F J O I
I B M U A Z O D E C R O F R W
S G F N E E O Z G A L E Y N L
E F E F Y L R E H T U O S A R
T K Z N D R C T R V W I A D I
E H W R T H B H S O E H N O H
H A U N G L R Z E R S U C O W
Q M E I O D E O E X I C C S J
S S H W F B A N T Z O A F V T
N I X O J W T D K R E G S M H
Y N N V D R H A I Y Z E U K F
X P V N T V G S I A K Y R S L
C A C I T A B A T A K Y T B T
```

AIRSTREAM	HIGH
BLAST	KATABATIC
BLOW	KHAMSIN
BREATH	PUELCHE
BREEZE	PUFF
DOLDRUMS	SIMOOM
ETESIAN	SIROCCO
FOEHN	SOUTHERLY
FORCE	SQUALL
GALE	TORNADO
GENTLE	WHIRLWIND
GUST	ZONDA

Twice the Fun

```
T D V Y C E L P U O C D Z D S
W M L L S E D E R O R R I M E
O C O O D S T W O E M E P S E
F N R A F U M S C V P A S V E
E N O L C O P I I T I E T S T
E C I W T E W L R R E G A X A
T E X W L T E T E R E U E T C
A C I S X L D D N X O L T U I
C N O H B T E E I U P R A L L
I Y M U T I W W R U T E E N P
L L O G P S T O D I L H P D E
P D A F I L T S F B A Z E N R
E E E U A C E W U O S P R E W
R A X U D J Q O I H L D U P L
I S D P S R D F W N T D I W T
```

CLONE	PAIRED
CLONE	PAIRED
COUPLE	REPEAT
COUPLE	REPEAT
DOUBLE	REPLICATE
DOUBLE	REPLICATE
DUAL	TWICE
DUAL	TWICE
DUPLEX	TWIN
DUPLEX	TWIN
MIRRORED	TWOFOLD
MIRRORED	TWOFOLD

WINE Words

```
Y L E G D O L A V E L Z U R K
T B K X U E K P R E S S A C Y
R A A G O P C E A T C G A V Z
A T L R N E L A N Q E R K P I
P S I A R G T A N N R E V E L
X W S P A E H K I T K S A C K
W O T E X C L V F M E S N E G
T L B A R W N I K S T R N E L
L B C E L L A R T E Y I S X A
O O M W I N E L W L D S U J S
W T V B R U Y A A D U R W M S
E T U E N S R Y N B M A U W E
L L A M R D F A T U E G V R S
F E T A C U C K F U L L J B K
L S B A R E W O R G P X S Q X
```

AND DINE	LABELS
BARREL	LIST
BARS	LODGE
BOTTLES	LOVER
BOX	MERCHANT
CASK	PARTY
CELLAR	PRESS
DECANTERS	RACK
GLASSES	SKIN
GRAPE	STEWARD
GROWER	VAULT
GUMS	VINEGAR

T Words

```
T E S N O I T A L U B I R T T
T U F T E D T O P A Z T T T R
A T D N T T D T E T G H A T A
B T G N A I R A D T O D T R F
A L A B R I M F N U P R R E F
S Y L V C N M E G O E N E M I
C E K K T A R H L B T T P E C
O T L C F G T E L E P H O N E
T E E B A F V E C T S T O D M
S W P N U T D H T F A S R O A
I B I L S U N R R H B X T U B
N A T T F I T S I P Y T I S E
N T S T C H L T F H P A A N U
E P U A W H I E L Q T L Z A G
T A L I C R P A E J A T E R T
```

TABASCO	TIMELESS
TABLE	TOPAZ
TACKY	TRAFFIC
TADPOLE	TREBLED
TAHITI	TREMENDOUS
TAXING	TRIBULATIONS
TECHNICAL	TRICKLE
TELEPHONE	TRIFLE
TENNIS	TROOPER
TENSILE	TUFTED
THIRD	TWITCH
THOUGHTFUL	TYPIST

Five-letter Words

```
H Y S L S K R P F Z M D G X L
D K N E S T S E U Q Z M Y P D
E U U I V V E P N R A E Q W R
U C R I O E K Y D N I C O H H
J M S T C F N U I E R M Z K K
O T E H Y H Y C D B X L N D U
A D N B V I O U N E J A V J O
C R I C I N G R N F L G Z Y S
U J T U Q O T P Y L H E B T U
W M A P T K T D I B A R R S W
P D L R M O T V A R B M U A F
U H I S V H A M U M E R A H H
R C P B I L G S H M Y G P T D
K U V R I U J Q T N I A P S F
Y L D D O N T T Y R N T U V K
```

HAREM	SEVEN
HASTY	SPAIN
ICHOR	THIRD
ICING	TOAST
LATIN	TRICK
MANIC	UMBRA
NURSE	UNDID
ODDLY	USURY
PURIM	VALID
QUEST	VILLA
RABID	VISTA
REGAL	VOTED

```
E M P N O Z N O S M I R C V N
M E Q U A C R T G I A Q I Y A
A T K K I I L D J T D J N K I
L D E O I C T C H E S T N U T
F B K L O U E E Y C U R A L I
M T S N R R M H N S H R B X T
O V G K I A N C C E E E A D E
I O E S G S C A G Q V O R I O
N Y E E L P N S Y B U R H R N
D W N R U B U A L R R U D D Y
I T U O W E O G T K U W X K S
A A S E R R N N C Y H F Z Z A
N I S C A R M I N E D O O L B
F O L L A Y R Q M O P S A U M
R X M A G B Y L L O F H V C S
```

AUBURN	INDIAN
BLOOD	MAGENTA
BRICK	RASPBERRY
CARMINE	ROSE
CERISE	RUBY
CHERRY	RUDDY
CHESTNUT	RUFOUS
CINNABAR	SCARLET
CONGO	TITIAN
CRIMSON	TURKEY
FLAME	TUSCAN
FOLLY	VENETIAN

Volcanic

```
T D D F J R T E C I M U P A O
N E L A Y C N E X P L O E Z P
E Y E E C W R O A R E D L A C
V Y I E I S G U I H M C A R E
A T H V T A S R S T K X O J Q
J V S E S U M M I T P L Q N D
B R A E A E M A G M A U T F E
F M S L L M H D C S X N R D V
L B A Z C I J S E W A G H E I
A R A V O Z T T A M M V N E T
N E O X R G A O R R A L E N C
K T P V Y L E O O X N A T A A
V A Q N P Q D C V G T H L T N
K R A H D E K U D S L A O C D
U C E R U S S I F A E R M A I
```

ACTIVE	LAVA
ASHES	MAGMA
CALDERA	MANTLE
CONE	MOLTEN
CRATER	PLATES
CRUST	PUMICE
DORMANT	PYROCLASTIC
ERUPTION	ROCKS
FISSURE	SHIELD
FLANK	STEAM
GASES	SUMMIT
LAHAR	VENT

```
S S E R P P U S A S B S I T J
A I M I L T C M E J S R C E C
C R L O G O V E R N M O U E K
U O K J M G T W Y R N Z A C S
T L E M N O L T U T Y I T U E
E M A N I P U L A T E A B R M
U N O T V E E I Y J D D U T N
D C B D G V N T C B U S S I L
G U I D E I I Q H E S O A B N
C L T E N R U X A A S R E I E
E H N I O D A N N B T I N H Y
K H E H M R X T N S E I C N P
R D T C L I I D E D E E N I H
O U A H K A L R L R R P R G I
A R E T S A M H O L D S W A Y
```

ASSURE
AUTHORITY
CHANNEL
CHECK
COMMAND
CONTAIN
CURB
DRIVE
GOVERN
GUIDE
HOLD SWAY
INHIBIT

LIMIT
MANIPULATE
MASTER
MODERATE
PILOT
REIN IN
RESTRAIN
RULE
SEE TO IT
STEER
SUBDUE
SUPPRESS

Varieties of Onion

```
O T I D L O G B U F F A L O O
G O N A L I M I D A T A M A R
J I R I L D Z N U E U Y U N F
K J A N M A C W M O R R W O J
N R S R O B M G K T B B H S C
O M A L C T P A N D O R E U U
I N A E O A T E K A E U R M H
R V O R B T S E D D F N C A I
U M K R C N Z L S S H S U D K
T U R J U O E P I C Z W L N E
N R Z A A T A D E A M I E O E
E O V G P R S T L J T C S T P
C F F R K H Y M V O H K P H E
H Y T O N H Y G R O G C E N R
G N O R A B D E R O S A N N A
```

AILSA CRAIG	JAGRO
BRUNSWICK	KAMAL
BUFFALO	MARCO
CENTURION	RAMATA DI MILANO
FORUM	RED BARON
GOLDEN BEAR	RED SPARK
GOLDITO	ROSANNA
HERCULES	SENTRY
HI KEEPER	SETTON
HYGRO	STURON
HYTECH	TONDA MUSONA
HYTON	TURBO

```
L M K C T K E P S N S E G V W
A R F L O T I L L A Z X S S N
R O K T B C E S Q E D L I T V
R E D A J C K R E D W B L D T
O O Q A V W E R V T A D O B E
C H U G N M B O O K E X R N K
H E A U B R E R C A Q L E E E
A U D A A V O A A N C A T U N
A V R A C N H T P N O H S T O
G G O R S S A O C O C R U O L
O W O C I U N U U W A H B N A
U W N M A C R D G M L Y I I B
T G P P H D A C B I Q B L B A
I F Y O G W O N B H O Y I L S
E K F K J V E I E F N C F A Y
```

ABALONE	FILIBUSTER
ADOBE	FLOTILLA
AGOUTI	HURRICANE
ALBINO	IGUANA
AVOCADO	JADE
BREEZE	PONCHO
BRONCO	QUADROON
COCKROACH	RANCH
COCOA	SHACK
CORRAL	SILO
CRUSADE	TILDE
EMBARGO	TORNADO

```
N C N E G N O H C U O S C B L
Y E R G L R A E M N A P A J H
G H Q T O L B R V S S U M F D
N P H C N G U N P O W D E R E
I J A S M I N E L P K L R K O
L U G H P P M J L A I Q O C K
E E M N U H C R E R B D O A E
E X K K L N M N E U I R N L P
J B F D O O A R S P F N E B E
R O X L T S W N N A P B D H G
A K Y L I A L E S N S E S I N
D E V T B E F S O T W B P Z A
C H I N A W A S N A W I A T R
K U K W U M Y N F R V V V I O
N E E R G H A P U T A L E Y V
```

ASSAM	HERBAL
BLACK	HUNAN
CAMEROON	HYSON
CEYLON	INDIA
CHINA	JAPAN
CHUN MEE	JASMINE
DARJEELING	ORANGE PEKOE
DOOARS	PEPPERMINT
EARL GREY	RATNAPURA
GREEN	SOUCHONG
GUNPOWDER	TAIWAN
HAPUTALE	TISANE

Flying Machines

```
T T F A R C E C A P S E B A A
D N I L E P P E Z W T J I K L
A R E W P B L I M P R R P E S
Y F G X P Q X U V E C K L N T
K O A U O Z A D T R O W A A R
A I R S H I P P A M E A N L A
R T I I C I O F I Y D H E P T
B E M G G H T C X R R K E O O
A K D M T O R N A D O C N R J
L C F I U O T X G G C A A D E
L O N F L S E U L F N L L Y T
O R W I J G T N A D O B P H T
O D G H J M B A O E C G I M B
N H A R R I E R N R M I R K B
T C S P U T N I K G D A T C C
```

AIRCRAFT	HYDROPLANE
AIRSHIP	MICROLIGHT
AUTOGIRO	MIRAGE
BALLOON	MUSTANG
BIPLANE	ORNITHOPTER
BLACK HAWK	ROCKET
BLIMP	SPACECRAFT
CHOPPER	SPUTNIK
CONCORDE	STRATOJET
DRONE	TORNADO
GLIDER	TRIPLANE
HARRIER	ZEPPELIN

On the Edge

```
E R E T E M I R E P D E R G Y
T H A F C C X C R E S T I P L
T S R E O O J R E T Q L I L Y
R Y U V N F R K I S V L V D E
E R Y E F D M N N D O K S E V
D A J R I R L O E A G A E M A
R D Q G N F I H U R L E N A F
O N L E E Z S N J T R F U R C
B U R E S D T D G S H P O C H
N O T L D E A B L E I N E A A
S B I L H G S L R E T D K T M
Q S M T I X E Q B I V P E I F
I I I S D N T B E E N E P O E
R A L S K C E R K P V K B N R
H Z R E D L U O H S L W X O K
```

BEVEL	FRONTIER
BLADE	LEDGE
BORDER	LIMIT
BOUNDARY	LIP
BRINK	MOUTH
CHAMFER	OUTLINE
CONFINES	PERIMETER
CORNER	RIDGE
CREST	RIM
DEMARCATION	SHOULDER
FLANK	SIDE
FRINGE	VERGE

```
H H K A U X O I S O R R A I A
O Y M S H Y S I O T M O C A A
N M W H R P H B M N W D K L Y
A W H I O E E E L O C S R T V
T R A R F O T I A Z R I H A H
E R J E J N L C X B S G J I E
F I W I Y E A L A P A P A H A
L P N X T C N A A R D R C N R
O L A U J I D M W E A O O D A
T E A Z G L P Y M A W I R M S
F V J T O A O S S I L F G O S
O E R S V G N J R D S E Y Y E
M N I J W I Y O M X S A R L M
M N T G N A A A Y F B D K E H
O C W S Q S V N U Y K W X I D
```

ALTAI	MOYLE
AUXOIS	PAMPA
COMTOIS	PLEVEN
GALICENO	RIWOCHE
GIARA	SHETLAND PONY
HIRZAI	SHIRE
LATVIAN	SORRAIA
LOSINO	SPITI
MESSARA	TERSK
MISAKI	TOLFETANO
MORAB	WALER
MORGAN	YONAGUNI

On Vacation

```
J P I R T Y A D A W W I Z X F
G T U A R E M A C C N O V W L
N R G I L R G A N I O I D G V
I O U Y S P A M K Q E A N S I
T P I T R G T I K W Y I C X S
U S D S R E B A S L K R Y H T
O S E O B S N M X R Q P V O Q
D A U S P W V E A I A O U H Y
M P L X J I V B C C A R H K E
Y O G E S U M O K S I T P G N
V N U A T E I I Y S L D A H R
P K B J Z O N J T A T G C Q U
Z S T I X G H X S T G A I H O
A P A R T M E N T U E E V W J
R O T I S I V C L B S X L I D
```

AIRPORT
APARTMENT
BEACH
BIKINI
CAMERA
COACH
DAY TRIP
EMBARKING
GROUP
GUIDE
HOTEL
JOURNEY

LUGGAGE
MAPS
OUTING
PACKING
PASSPORT
SCENERY
TAXI
TOURIST
VIEWS
VISA
VISITOR
VOYAGE

Military Aircraft

```
D P V J I I D C W M Q L T V A
M F I R E S C O U T B S N R N
U S C U T R E I R R A H N E I
R E T S A C N A L M E E X S L
U N O G B P P B V K I I D T A
E T R Y X T B W J N V N K U T
N I R E O V P P I I L W G K A
A N R R F V U G A L I G S A C
C E D P P E H L D E G P T V O
I L X S N T R R C V H M E O U
R Y J O H E A L K A T I A O C
R H R A T K G K N J N R L D C
U D W N E G G T U S I A T O T
H K U N K D O V H C N G H O D
T H Y Y C M X E G F G E A Q Y
```

CATALINA	NIGHTHAWK
DRAKEN	NIMROD
DRONE	OSPREY
FIRE SCOUT	PHANTOM
FOXBAT	RAPTOR
HARRIER	SENTINEL
HUNTER	STEALTH
HURRICANE	STUKA
JAVELIN	VICTOR
LANCASTER	VIXEN
LIGHTNING	VOODOO
MIRAGE	VULCAN

Environment

```
B X O E T A M I L C G N K E H
I M N E W C F I S A A P O E F
O N I L W L G E L T R R S R Q
M O N C W E W O I B G U H Z Y
A I L Y I A S O M A A U T A W
S T E C G N N M N S X M D A W
S C R E N A C I R R U H B E N
V E O R L I C O I A T P A O D
H T W P T R A M M R F T R O O
M O A R D U A R A P H D O B P
V R C C L N D E D E O L N W M
K P F Z U U L S R I F S E I N
E C O S Y S T E M H C K T I W
V A T P A R T I C U L A T E S
N O I T A T S E R O F F A R N
```

ACID RAIN	HURRICANE
AFFORESTATION	NATIONAL PARK
BAMBOO	NATURAL
BIOMASS	ORGANIC
CFC	PARTICULATES
CLEAN AIR	PROTECTION
CLIMATE	RECYCLE
COMPOST	SEWAGE
EARTH DAY	SMOG
ECOSYSTEM	TSUNAMI
EL NINO	WEATHER
FLOOD	WIND FARMS

DOWN Words

```
M Z F A I L B D S Q Q H K C T
I E U A S P E C E V Z Q F F K
X K W N L I A N G D M E I P X
G O H F T L T L T L A H T G Z
K R U T E L P B I S S R N N E
H T Z W R Q F L M A A W G I A
U S C Y I A E A E C O Y S D T
Z H F R G E E C L T L E P A T
R U U W H W T O C M Y V J O H
D O H T T I K S T A I R S L E
P L A Y I N G E P O P U Z Q M
R B E B P D B N T S A C B R O
F C O I D U R O A J H M B W U
N X P H F U O J T B D N E R T
Z E W P T F J S I Z I N G S H
```

AT HEEL	RIGHT
AT THE MOUTH	SCALE
BEAT	SHIFT
CAST	SIZING
CURVE	STAIRS
FALL	STROKE
FIELD	TIME
GRADED	TO EARTH
LOADING	TOWN
PIPE	TREND
PLAYING	TURN
POUR	WIND

Golfing Terms

```
Z K R N E E R G E C I L S Z G
L K W D O B I R D I E E R Z Y
S X A S E V O O R G Q L T I H
T E M L C F Q H X M H O H Q H
N P O T F D D R A Z A H G H I
T F U O S K R S G H Y H I O U
T W E T G K H I T I A T L L T
S E Z Q T I M E V V P N F E R
T C D R E E Y G R E P E U O E
Y E S M E P R D A A R E D U G
M A M F K K U E D I O T D T G
I I Z P H L N W Y A A E N A I
E I H J O E Z U O W C N T P J
X E L G A E L E B O H I F F G
I I J S E L P M I D D N F S N
```

APPROACH	HOLE OUT
BIRDIE	JIGGER
BUNKER	LOFT
CADDY	MASHIE
DIMPLES	NINETEENTH HOLE
DRIVER	PUTTER
EAGLE	SLICE
FLIGHT	STYMIE
FORE	TEE OFF
GREEN	TEMPO
GROOVES	WEDGE
HAZARD	WOOD

K	E	E	R	R	H	G	U	O	R	O	H	T	G	A
L	P	E	X	C	E	L	L	E	N	T	G	P	E	R
E	U	O	R	T	W	G	K	M	A	L	U	E	T	B
T	M	F	P	I	C	W	R	I	D	R	X	C	A	L
A	W	M	H	L	T	E	P	N	E	P	A	K	M	A
L	J	E	U	T	E	N	R	T	E	X	B	O	I	M
U	W	Q	L	H	I	C	E	R	E	B	S	O	T	E
C	O	S	S	B	K	A	I	T	O	X	O	B	L	L
A	N	A	I	O	A	E	F	E	W	C	L	T	U	E
M	D	D	N	E	N	C	W	M	A	E	U	X	O	S
M	E	L	J	C	A	C	C	U	R	A	T	E	L	S
I	R	E	E	E	S	I	C	E	R	P	E	T	A	N
R	F	D	I	F	T	W	S	U	P	E	R	B	E	U
A	U	O	T	M	D	E	R	R	A	M	N	U	D	U
N	L	M	D	E	H	S	I	N	I	F	I	P	I	W

ABSOLUTE	IMPECCABLE
ACCURATE	MINT
BLAMELESS	MODEL
CORRECT	PRECISE
ENTIRE	PURE
EXACT	SHEER
EXCELLENT	SUPERB
EXPERIENCED	TEXTBOOK
FAITHFUL	THOROUGH
FINISHED	ULTIMATE
IDEAL	UNMARRED
IMMACULATE	WONDERFUL

Beginnings

```
D R G N I I N R E N I O N R F
W N V Z N P I T G L W F E G E
C S U D L N Q R C X I T O K P
U R U O C O H A D Y N P I A J
N C O I F C U T Y E U C L E B
E O T P N V E S C E K P C I F
Y E N U U G T C K O I U R X F
J U A R N P O I F O D T J E O
R L R U U M R F N O H Z M P D
C R L R E T A E R C F B K S A
M P E O S V E T T Y A G H E E
A J N F B R N E G R E M E T L
I R E G G I R T K W P H G O C
G S C W E T U T I T S N I F L
N O I T O M N I T E S S U F Z
```

BIRTH	INTRODUCE
COME ON	KICK OFF
CREATE	LAUNCH
CROP UP	LEAD OFF
EMBARK	PIONEER
EMERGE	PLUNGE
ENTER	SET IN MOTION
ERUPT	SET OFF
FOUND	START
INCITE	STRIKE UP
INDUCE	TRIGGER
INSTITUTE	TURN ON

```
H T C T V L A A R R O J D B W
O Z A R N E T N E R T M A P N
S G P V O I P B O C Q I Z M I
S L E P B K N B N K D T V J L
P I M W F C S O L E I T H B K
F M A S S L B I T N C E G C N
R E Y T L O N R B H U L A V A
O H D I C D L E I A S L M M R
N O H N O A I E Q T L A A O F
E U A E S R R A C O Z N J M N
V S V B G A R E W A A D O P Y
S E E Z G A I A D P R R W T D
O C L I Q N Y M R A R R G B P
R U S U E Z I M A I M U O F L
G T M P P W N I S A V M I W B
```

ASHTON

BRITZ

CALLOWAY

CAPE MAY

FRANKLIN

GRIEBNITZ

GROSVENOR

HAVEL

HILLSBORO

KIEL

LECARROW

LIMEHOUSE CUT

LINDO

MADERA

MIAMI

MITTELLAND

MORRIS

OSWEGO

PANAMA

QARAQUM

SAIMAA

STINE

SUEZ

TRENT

Eating Out

```
A S L I U E V L I K P O N E K
X S L Q W I T V C J U P H Z S
T A I A A I D T I N A Y M N R
A L B L I H R X E R D A M I E
P G C A T S E M T I I I Q H V
A X H C E U S Y P N V G N B O
S L E A R S T T C E R R I E C
Y F E R L M A O V I T S E W R
P R S T G F U D L S T A E S V
B Z E E D R R L I R E P B L B
W A B T S G A E O N M E A L F
S K O E A I N M S F N I T I E
R E A D P E T F E C P E S G F
O O R G B L R A C A O H R Q O
N J D M R K Q Q H B T H F K X
```

A LA CARTE	MAIN COURSE
ALFRESCO	MEAL
BILL	MEAT
BISTRO	MENU
CHEESEBOARD	PARTY
COVERS	RESTAURANT
DINER	SEATS
DINNER	SERVIETTE
EATERY	SUSHI
FISH	TABLE
GLASS	TAPAS
GRILL	WAITER

X	O	S	E	G	M	Z	K	T	P	T	E	R	G	R
T	C	Y	T	E	J	B	C	E	D	I	B	E	T	E
R	E	D	T	E	O	E	A	A	U	S	M	M	H	N
A	V	D	O	T	R	R	M	V	R	N	O	M	A	I
S	I	A	L	N	L	L	A	Q	M	A	C	O	M	L
C	S	C	Y	O	B	I	I	V	U	R	T	C	E	T
A	D	H	R	W	O	N	S	N	I	T	R	I	S	H
L	Z	T	E	N	H	G	D	T	G	V	E	Z	V	G
S	A	F	I	R	Z	O	M	U	O	G	H	A	N	I
P	I	H	J	M	P	E	T	E	R	B	I	L	T	E
W	R	N	V	H	B	A	N	U	O	N	M	K	R	R
R	E	T	N	I	R	P	S	I	A	H	H	O	T	F
H	H	R	J	E	Z	E	R	C	I	V	E	C	C	O
I	S	U	Z	U	D	M	S	E	M	E	G	D	O	D
B	C	F	L	U	T	O	N	U	G	O	H	S	T	Z

BERLINGO	PETERBILT
CADDY	RASCAL
COMBO	RHINO
COMMER	SCANIA
DENNIS	SHERPA
DODGE	SHOGUN
FREIGHTLINER	SPRINTER
ISUZU	STERLING
IVECO	THAMES
LUTON	TRANSIT
MACK	VITARA
PATROL	VIVARO

Making Movies

```
R O T C A R E C O R D I S T B
T P M O R P F R E C U E F S N
N J X S R C B T F K F R X A Y
N T J T T K T O E S E R M M T
I E P U V U R Y S F E T R V G
Z S R M C H G S F T N E C Z G
N T O E A R E A I U L E A I L
A U P R I R G R T L T M M R N
M D S P T G W S U X B A E S I
E I M C Y N V P Q E K L R T D
L O A D E R S E S E I B A H N
B S N E B U X T U A U J M G A
A Y R Z C T B P R Y S W A I T
C C H O R O E T E W P J N L S
S P F A Y O B R E P P A L C X
```

ACTOR	KEY GRIP
ACTRESS	LIGHTS
BEST BOY	LOADER
BUYER	MAKEUP
CABLE MAN	PROMPT
CAMERAMAN	PROPS MAN
CLAPPER BOY	RECORDIST
COSTUMER	SCREENWRITER
CUTTER	STAND-IN
EXTRA	STUDIOS
FOCUS-PULLER	STUNTMAN
GAFFER	TRAILER

Mountains

```
X S E A G W G U A F X H T R E
K U D D N D G R Y Y X E X S E
U R E M S A E Y N Y M O T D A
A B T W A I S Z E A H O I D N
R L A M N K U I K U H E E A I
F E H I S Y A C T L T N N R R
G X A T O O A L Q N T G U A I
N R N O S B H G U B A P P R G
U Y H U A I O T L P L N T A A
J C K R A N I A A X F V S T L
U S A E G I N R X I E S E R U
D Y S G S C B O X O I F H B A
A M A I H A X K R N I U K G H
M F K E T X O I E S H J O D D
L N A T I P A C L E Q I L D U
```

ANTISANA	GONGGA
ARARAT	JUNGFRAU
ATHOS	KAMET
CABARAYA	KENYA
CENIS	LHOTSE
CHO OYU	MAKALU
DENT BLANCHE	MERU
DHAULAGIRI	NANGA PARBAT
EIGER	NUPTSE
EL CAPITAN	RAINIER
ELBRUS	TAHAN
FUJI	TEIDE

Taxation

```
T V P E L G N I S F Y L H S S
N E S E M T A V W B F T E J S
P H G S N P E A F W P G U U L
L A T I P A C U N F A V F D C
S P S E I N L S N W F U U U X
T T A C K Z J T T E L I N Y N
S L C E I A S A Y F V H R R O
E V D S R N H T N A I E Q A I
R R B N G A O K A O U G R L T
E O E R U E L R G T I D U A P
T K F C A F X C T N E S M S M
N D C O O C E C E C I T A S E
I U N E R R K R I D E L A V X
U T H X H M D E S S G L I X E
J E K B F C S S T D E H E F Q
```

APPEAL	FORMS
AUDIT	GIFTS
BRACKET	INTEREST
CAPITAL	PENALTY
CHECK	RECORDS
DECLARE	REFUND
DUTY	REVENUE
ELECTRONIC	SALARY
EVASION	SINGLE
EXCISE	STATE TAX
EXEMPTION	TARIFF
FILING	WAGES

Tchaikovsky

```
D E R F N A M E S T R A C A S
U B E M L V C H O L E R A N E
E O P R I C H N I K D M O T A
U U V O N M E C K S O P T O A
G J L T J B G J G Z V T R N A
E I M S E R E N A D E S E I Y
N V A E Z Y U R X L Y L C N N
E O Z H V S T S M L O M N A O
O T E T U I W A S T V G O J H
N K P A A A H C W I H M C P P
E I P N N S T E T R A U Q I M
G N A L E X A N D R A N J A Y
I S A M R E K C A R C T U N S
N K M A R C H E S L A V E O Z
E A Q V E R U T R E V O H R Y
```

ALEXANDRA	OVERTURE
ANTONINA	PIANO
CHOLERA	QUARTETS
CONCERTO	RUSSIAN
EUGENE ONEGIN	SERENADES
HAMLET	SWAN LAKE
MANFRED	SYMPHONY
MARCHE SLAVE	THE STORM
MAZEPPA	VIOLIN
MOZARTIANA	VON MECK
NUTCRACKER	VOTKINSK
OPRICHNIK	VOYEVODE

Desserts

```
A E Y U E T O N M E S S Q R D
D B E I P E L P P A R F A I T
E M G T C L A F O U T I S C T
S O N R X R R F F S B G X E A
S B I A P T W S X U X V H C C
U D D T N L U S B Y O G U R T
O W D D S N U A O R Q S U E A
M C U R D O L M E U E C K A F
E A P A D L R L D L F N A M K
H R E T Y W B B B U U F Q U L
D A C S F B P M E J F H L N O
F M I U O L U L D T V F R E J
V E R C O R A Q S E I K O O C
B L A N C M A N G E L F I R T
E L U D K A P N M R Y A H F N
```

APPLE PIE	JUNKET
BLANCMANGE	KULFI
BOMBE	MOUSSE
CARAMEL	PARFAIT
CLAFOUTIS	PLUM DUFF
COBBLER	RICE PUDDING
COOKIES	SORBET
CRUMBLE	SOUFFLE
CUSTARD TART	SUNDAE
ETON MESS	SYLLABUB
FLAN	TRIFLE
ICE CREAM	YOGURT

```
R  I  B  I  L  A  E  I  T  H  R  A  N  S  E
O  V  K  L  P  L  A  T  E  V  G  W  T  E  M
C  T  I  R  P  K  O  A  W  Q  P  E  A  C  E
K  W  N  M  J  S  R  C  Z  Y  P  S  W  X  B
S  M  A  E  A  T  B  W  O  D  N  I  W  H  G
K  C  E  R  M  O  T  R  X  N  L  M  P  H  Y
E  N  S  F  Q  E  H  I  P  N  T  O  V  E  V
H  W  A  T  Y  P  G  B  I  S  M  R  I  F  S
N  L  V  B  I  D  S  A  B  W  S  P  A  K  V
J  I  D  R  R  U  L  W  G  E  J  I  J  C  W
P  A  M  O  Z  E  C  O  E  N  T  X  Q  O  T
X  J  H  R  C  X  J  R  T  H  E  A  Q  F  V
D  C  Z  R  H  Y  M  E  I  A  R  C  H  E  S
C  I  O  I  K  U  J  H  S  C  D  G  E  T  A
U  P  K  M  P  V  X  E  M  I  T  O  L  E  E
```

ALIBI	NEWS
ARCHES	PEACE
BANK	PIPES
CAMP	PLATE
CHORD	PORCELAIN
CIRCUIT	PROMISE
CONTRACT	RHYME
ENGAGEMENT	ROCKS
FAITH	TIME
HEART	VASE
JAIL	WILL
MIRROR	WINDOW

Eggs

```
D N O O P S I Y K T D F G F O
D U A P H V W L C E V N C F C
K D C G H N C I L T I E K D O
L G E K S R D B F H L X R K D
O K B X I E M S C L A A W H D
Y S W F N A B T S A T H A C L
T I M E R U A O B S I X W T E
G H B C B H Q A U T L G X O D
B W S A J Q K C E N O E A C U
I O V B U E H N O O D L E S U
L N I A D V X I S W A B R L H
L Y I L Z Z Q E K Y F R I E D
E L R U E I B C I D I L I W I
H C N B Y D Z N H U X L I D G
S R Y G O N G G E T L F A P E
```

BAKED	HATCHING
BENEDICT	LAYING
BOILED	NOODLES
BOUND	QUAIL
CELLS	SCOTCH
CODDLED	SCRAMBLED
CUSTARD	SHELL
DUCK	SPOON
EGGNOG	TIMER
FLIP	WHISK
FRIED	WHITE
GOOSE	YOLK

```
Y I S T O F C K K S V O H S O
G R E T G G I N G E R N E T D
Y E T C O Y N M Y O U H R U I
B E E E E R H A W T C B R N T
S K N C T N R B M A R H I L R
T N O T B E J A E M S S N A U
O R N C U L E P C O Y I G W C
L O I D F H H F N T K L S K S
L C O C G U C E S E C E T N S
A T N Q Y A P Y T G C R A R I
H E S I M A R C F V I E E Q H
S E V I L O H L H W B P J X C
K W G A Y U O U I O A V S G M
L S J G P W K E E C J Y B Y I
A G I U S F E G A B B A C B K
```

BEANS	KETCHUP
BEET	KIMCHI
CABBAGE	MANGO
CAPERS	OLIVES
CARROTS	ONIONS
CHUTNEY	PEACHES
CURTIDO	PIGS' FEET
EGGS	RELISH
GARLIC	SHALLOTS
GINGER	SWEETCORN
HERRINGS	TOMATOES
JALAPENOS	WALNUTS

Movies

```
T T G W G B A E A C L E Y P N
T F G S E N G I C A M E L O T
T O I N A Y I K F A J D G U N
O M H G D E H V F J H Z A A P
S U N E E Y R K O K Z S M A L
R D D T Z H V D R L L T I Y S
C A B A R E T O N A N M T R Y
S Q N R J I W P R A A E E O K
K E U F L T L O L M N T L T E
N A C P E R N E M A S A T S Y
E B S N R D B A M I T O S Y L
Z H S C E A M N S O W O E O A
O J T Q B F I K M E G B O T R
R I L L J A B M R T E V P N G
F T E N R L Y T A D Y B N R O
```

ANT-MAN	MAMMA MIA!
BABEL	NETWORK
BEN-HUR	PLATOON
CABARET	RAIN MAN
CAMELOT	SAN ANDREAS
FAME	SISTERS
FENCES	SPLIT
FROZEN	THE GIFT
KEY LARGO	TMNT
KRISHA	TOMMY
LA RONDE	TOWER
LOVING	TOY STORY

```
R G N I R E F F U S F U R M N
Z G P Y L G S S E R T S I D A
T U E H C A D A E H S A Q T M
O E H C N I P V C J P P O Y I
R T L D S G E M F I N R A L H
M N H G U F O O Z N T V L S D
E I W R N O I S L U V N O C M
N A W L O I T I R Q E E Q M I
T R E V L B T E T S G U G F S
Z T Q Q Q A B I S N A R P J E
Y S P A N G S I I J K A M Z R
R B Q D B O S W N M A L A D Y
C R I C K N T R L G D G R X C
D N U O W Y Y R U J N I C C I
N O I T C I L F F A P A A B N
```

AFFLICTION	NEURALGIA
AGONY	PANGS
CONVULSION	PINCH
CRAMP	SPASM
CRICK	STRAIN
DISTRESS	SUFFERING
FEVER	THROBBING
HEADACHE	TINGLE
ILLNESS	TORMENT
INJURY	TORTURE
MALADY	TWINGE
MISERY	WOUND

Prisons

```
T H G I W F O E L S I L O L B
M H R O A O B J Y E L S I R H
L Y E E E T L G Q I F U S S C
L E N M J D C D H A F U E L I
E K D G O E O E S M T W R A W
W A O B O U Y R G M E T V X R
H R N A U R N F L L Y K I K O
S S G L A K E T T E A W F C N
A T L O B R E E D M Y O C P A
R A Y P E T A K I S L A N D E
M N F A E A R T L S R A N B Y
L L Z S L D I T O G L D A N I
E E F N Y M L M L Y D A A Z O
Y Y Y B O O U Y Z M V C N C X
H T R A G R W W Y M O T T D F
```

ARMLEY	LEWES
ASHWELL	NORWICH
ATTICA	PETAK ISLAND
DEERBOLT	RANBY
EL RODEO	RISLEY
FOLSOM	RYE HILL
GARTH	STANLEY
GLDANI	STYAL
GOREE ISLAND	TADMOR
GRENDON	THE MOUNT
ISLE OF WIGHT	WOLDS
KAMITI	WYMOTT

Weighty

```
C Y M O M E N T O U S S G A O
N D K B C D J G F Q Y E N H C
Q Y V L E G R E A T T R I R L
Q K T D U A S R I A F I R R A
S O A H V B G N P X E O E K I
U O R E G P F L I I H U B I T
L S L Y C I O O U N Q S M C N
N T O I D D M N R G S P U R E
L N B L D V W R D C R S L U U
U A V I E I I C R E E U A C Q
O P N G E M A T S V R F U I E
E G R L L J N S A D L O U A S
Z A D T A A I B V L Y N U L N
L Y M Z M V Y S M U L C B S O
T Y V A E H C R I T I C A L C
```

BULKY	LOADED
CLUMSY	LUMBERING
CONSEQUENTIAL	MIGHTY
CRITICAL	MOMENTOUS
CRUCIAL	PLODDING
FORCEFUL	PONDEROUS
GRAVE	SERIOUS
GREAT	SOLEMN
HEAVY	SOLID
HEFTY	TAXING
IMPRESSIVE	UNWIELDY
LARGE	VITAL

Geographical Features

```
T T T N E M P R A C S E N K V
A E R U S S I F K R L L B G B
S S S A T O L L I K E I L F T
K T A I R C R W Y J L T F I U
Y U E O S C A T L E D S A F H
R A A N R A H Y M G D T L R S
O R B H I M O I N I L R E M C
T Y E E L S R P P C E Y W R
N V V H A T T A N E F A H Q E
O W F O H C R S I I L M G A V
M A E M L Q H W A L L A E T A
O X U G F C K G E O S M G W S
R S T L D B A D Q W C P U O S
P R F E V I G N I V U T X R E
A C A L D E R A O I S L A N D
```

ARCHIPELAGO	FISSURE
ATOLL	HILL
BEACH	ISLAND
CALDERA	ISTHMUS
CLIFF	LEDGE
COASTLINE	OASIS
CRATER	PROMONTORY
CREVASSE	RAPIDS
DELTA	REEF
DRUMLIN	RIDGE
ESCARPMENT	STREAM
ESTUARY	VOLCANO

```
V H D X L Z K B O C X Q T N B
G Z T N D M R O H T A H O E T
T T Y O U A I I E J P M G T E
E O P Y H A T T X T A N O A D
T M H J K T U E A N U Y S T E
S O N W M N M H F N A W I S J
A S E U E F N C A E W A R A D
B J N N S R P P T M N T I B B
J H E E B U E M I U S E S J E
K R N I Q T R T A U P M T T N
H H S E T E Q O H E S H Y E A
E D K T W N U U H E G E M P B
P E L D I M W S T X K N O N E
R D E X E D E H Z S H A Y E L
I N E F E R H O T E P T U R T
```

AMON	NEHMETAWY
APET	NUN
BANEBDJEDET	OSIRIS
BASTET	PTAH
GEB	QETESH
HATHOR	RENENUTET
HORUS	RENPET
KHEPRI	RESHEP
KHNUM	SETH
MA'AT	TEFENET
MUT	THOTH
NEFERHOTEP	WERETHEKAU

Soccer Match

```
S E N U S Y U S X X D S L J M
R L V H E G T L G S D R E Y G
O M A M P O A N T R S H A A E
T U A O C G I L A A F T G W L
C G Y S G S J C F Y C P U A T
E G A L O U D S P E A K E R S
R M Y L E E S D N A T S L R I
I D O H R D S D G B R R E E H
D N V H A Y I N N C E G N V W
S I O J S Z I S D U A H Z P L
S T R I P G B B F N O A E S A
Z E D S N X S R A F M R N F N
V E L I N E S M E N O A G V I
S S S O T P H W M L F M R H F
N E V Q K N O I T A M R O F A
```

AWAY	LINESMEN
DIRECTORS	LOSING
DRAW	LOUDSPEAKERS
FANS	MANAGER
FINAL WHISTLE	MASCOTS
FLAGS	OFFSIDE
FORMATION	RED CARD
GAME	SIDES
GOALS	SINGING
GROUNDS	STANDS
HOME	STRIP
LEAGUE	TACKLE

```
N E T S G N U T P N V L E A D
S A U A L B R N G I C H Y Y N
S E Z N O R B O T T M C D I P
A X R M J A L T G U A Z C Z E
R M G E S D I W R S P K G M Y
B M A T D B Y T Y E E T O F R
B C N L B L C R W L P R H E U
W A V A G E O T L J H P V D C
O R B K L A E S M C I L O Q R
L B X E K R M T Z U I A Y C E
F O H P I K O U W S I T G E M
R L A T E M N U G T K D L X C
A O L K B F C S J E I R O N B
M Y G A R C U C J E Z A I H U
B U C D N E C D Y L V Z C E R
```

AMALGAM

BABBITT

BRASS

BRONZE

CARBOLOY

CHROME

COPPER

ELECTRUM

GOLD

GUNMETAL

IRON

LEAD

MERCURY

NICKEL

PEWTER

RHODIUM

SILVER

SOLDER

STEEL

TIN

TOMBAC

TUNGSTEN

WOLFRAM

ZINC

```
D N L T L E N N E H O C K S M
Q I T U Y G G B J V W Y Y M A
I W U R D A Q V B J R A S C R
T H L B I T N H A L P E M S C
S K X P P O A S R U E S S T O
A M E N P N P A D E W V U E B
R G E S Q I A N Z E O E A O R
I N S D O P I Y Y B S A M T U
C I D T O V A C D R I O J A N
H L X E J C G E U O A W R B N
E S D R A Y E N I V B Q U A E
N E Q A J R B T A T E C A R R
I I B L O O O C B N R E H O V
N R Q C Q T C M P Z B T J L V
L P N T E E W S A T W G U O I
```

AROMA	NAPA
ASTI	PAARL
BAROLO	PINOTAGE
BODY	RESERVE
BRUT	RIESLING
CAVA	RIOJA
CHENIN	ROSE
CLARET	SEKT
CUVEE	SWEET
HOCK	TAVEL
MARCOBRUNNER	VIN DU PAYS
MEDOC	VINEYARDS

```
N R H I N I T I S J O V C I E
E H R R A T A C T I U N P C R
L Y Q P A G E R T F S E U X U
L U O N S X O Q H W C S O B T
O N O I T C A E R A G R U H X
P R E G H I A H C O E S A T I
R G E E M D S U V D K C L M M
S Q U V A L A S N S K B L E H
K S V C E N L O U I M O E D G
S J H P H F S I N E Z K R I U
L E I A I E Y G H E S S G C O
A Z Y R O C Z A N C M O Y I C
X S U R I V O G H O S F P N H
T S U D A F E L K H D U H E E
P Q L R B S C E D S Y R U P R
```

ALLERGY	LOZENGES
ASTHMA	MEDICINE
CATARRH	POLLEN
CHILL	REACTION
COLD	RED NOSE
CORYZA	RHINITIS
COUGH MIXTURE	SMOKE
DUST	SYRUP
HACKING	TISSUES
HAY FEVER	TROCHE
HEADACHE	TUSSIS
IPECACUANHA	VIRUS

Scottish Lochs

```
G W W F R R R T A Y W X T F L
N E R I C H T N O O S A R B D
P D L D M C N M U F R W L V C
T Y H N A I S S O S M R L S F
H L G A D L H O A R G D E L E
S C Q L F U W N V N A W M P M
I H A D R C V O R L O R T O M
L T L R E R A Z U E X R O A Y
U A E U U E I I Z L V R R R V
O R F F M D C R M Y B A Q A I
Y T L U H H H S A B G Y N X C
T S E A A Y V R H A I H K P P
I X E R C Y H B N I U C I K D
P U T C H C A Y D V E O C M R
U G P R A N G A G Y E L L A V
```

ACHRAY	MORAR
ALDINNA	NAVER
BROOM	OSSIAN
CARRON	PITYOULISH
CRAUFURDLAND	RANGAG
DERCULICH	ROTMELL
ERICHT	SHIEL
FLEET	SHURRERY
FREUMHACH	STRATHCLYDE
LOCHY	TARSAN
LUICHART	VAICH
MARAGAN	VALLEY

```
E C N A T S N E P P A H E K M
N L I G N I S S E L B E A O E
T W B N F O R T U N E E D F C
L C A M A S O P A S R N I T I
L S E Y A D F L N F A V G E D
A C B P I G V G I R J N I M E
F F D A S T O E Q O I R H S H
D N E S D O G U R N W R U I T
N Z O G D L R O E T U P N K F
I C F L K H U P E N E N C A O
W H U L E A O C A S O N H R L
B C F K Y P E R K O G B T M L
K I U X J N I R B E R T Z A O
C L R P O S S I B I L I T Y R
F I Y T K J F N O I S A C C O
```

BAD LUCK	INADVERTENT
BLESSING	KARMA
BOON	KISMET
BREAK	OCCASION
FLUKE	OPENING
FORTUNE	POSSIBILITY
FREAK	PROSPECT
GAMBLE	RANDOM
GODSEND	ROLL OF THE DICE
GOOD LUCK	RUN A RISK
HAPPENSTANCE	WAY IT GOES
HUNCH	WINDFALL

```
N A L A S S A M I N A Y R I B
O C M Z H Z R J S P L S O T P
O P I R A T A A X H A L T Q R
O F B I O L A S I M V A A I C
L T P D F K A R O T H R T H A
A O K R E G H S A C A L I K P
D A E R B N A A N P A C K E D
N Z P H Z S A E X B K I B E H
I M A O A R K D Y E T C Y M K
V J E R S C N L N B E C O A A
I N D A I R E B M A S Z M N S
P A T H I A H A I Q S L Y A N
M Z C D H U L Y F L M A Q N A
J D M U N I T A P A H C P W H
P I L A U R I C E N A U Y A D
```

BALTI	MASSALA
BIRYANI	NAAN BREAD
CHAPATI	PARATHA
CHICKEN BHUNA	PASANDA
CHICKEN CHATT	PATHIA
DHANSAK	PHALL
DOPIAZA	PILAU RICE
JALFREZI	RAITA
KEEMA NAN	SAG BHAJI
KORMA	SAMBER
LAMB TIKKA	SAMOSA
MADRAS	VINDALOO

```
T D U G N L B C G I Y O K F R
F N O A I X G N I N X W B C F
E E N N Q D N I A K O U R I X
E E H I S A M A I Y U T W L Z
H I S B E M U O H Z G N A H C
V M I R J I A N G S U N L D E
N M N A H S W J R M E U O I D
V U C H U H E A V I R H N L Z
I F H H T A I C H U N G I Q I
R D U S W O H H M Y U N F U A
H W U V N Y A Q O J P B W V T
U R Z O C A I U T H E F E I G
N V O J L N G P F F M A L X N
A Z S I I G V Y K V B R O O I
N H G N I M O A M N E M A I X
```

ANSHUN	MAOMING
CHANGZHOU	NINGXIA
DATONG	SHAOYANG
HARBIN	TAICHUNG
HEFEI	URUMQI
HENAN	WEIHAI
HESHAN	WUHU
HSINCHU	WUXI
HUNAN	XIAMEN
JIANGSU	XINGTAI
LONGYAN	YUNFU
LOUDI	ZIBO

```
K F C O W H S V C N M R Y I W
C C U Q O T T U J I B U T N Y
E Q A L L Y A A V Z M O E Z J
U M G N F J V B E E O S Y N P
W L P P K K J X L H X P O E E
P W T L R K N W S E R I N C V
M M R X O M C E P S T D S I A
U J U E W Y L I G O O K A H L
L E B P S B E Z N R Q Y O E U
P P B H U E W E S K U D R R A
I I E O C Y R E M O T I E E T
C S R F A N T V K U Z U G W E
K T H A R R U H O I X R A I U
U L E N Q H G H Z I D D N T I
P E O C E I P Z F N R I O H J
```

COSMIC	NOTION
DRUID	OREGANO
EMPLOYEE	OUTDO
ENDORSE	PICKUP
EPISTLE	PLUMP
EVALUATE	PUMP
HEATH	RESERVOIR
HEREWITH	RUBBER
HUNCH	TABLET
HURRAH	TROUBLESHOOT
IRAQI	WORKFLOW
KNICKKNACK	ZIZZ

```
C L A I S U T P Y L A C U E M
I P E I M A N H R O E T L L C
E G O D S K E S X D X E E L H
B W D P O M E C U R P S A H E
G F C B L O A P A A A E O A S
Z G J O K A W A S T D K A Q T
X E C L E N R D I M A Z C Y N
J K B E E C H N E O V Y N Q U
U R N R G T W F I R U O K B T
W R U A A O T M U R B Q I A Z
I O E N O W A Q F E Y R E L H
C B L D T P O F F A C G M S F
K L X L L Y U O U H N F A A G
E R I E I A O O D I W E Y T R
R K G I Z W E K F R L T A F G
```

ALDER	MAPLE
ASH	OAK
BALSA	POPLAR
BEECH	REDWOOD
BIRCH	SAPELE
CHESTNUT	SATINWOOD
DEAL	SEQUOIA
EBONY	SPRUCE
ELM	WICKER
EUCALYPTUS	WILLOW
FIR	YEW
HEMLOCK	ZEBRAWOOD

Alternative Medicine

```
G Q U E F C I T S I L O H X Y
N D A F M S I M A H A R G N Q
I S Z T G H T N E M E V O M X
T C N V C N Y V I N K I E F Y
S O A W S R A P O L S A A U G
A L D U Y H X Z N I J P M R O
F O O M U S I C V O I H W P L
G N I L A E H L A T S Y R C O
N I B A R N P Q H F H I G U D
Q C S S M R I E K G D F S O I
Q S A I I N R U U Z D N W A R
P B M M D A L A T A Z S U Y I
S F A M P D S U D E I J S O N
Z L R Y F H H F I N A N U G S
V P D M A Z A A G E J M P A Y
```

APITHERAPY	KAMPO
BIODANZA	MOVEMENT
COLONICS	MUSIC
CRYSTAL HEALING	PRIMAL
DOWSING	SIDDHA
DRAMA	SOUND
FASTING	TUI NA
GRAHAMISM	UNANI
GUA SHA	VISION
HOLISTIC	YOGA
HYPNOSIS	ZANG-FU
IRIDOLOGY	ZONE

```
T S L U I Q C W H T A E R W R
S Q A I R F O R C E C E H E G
A H S R O L I A S N L M Y Q E
M C T A X P R O A T Z A O R A
F Y P N G U L R G W R Z I N E
L A O V O D B A T P Y F Y G S
A E S E I M I S M R E M A N S
H B T E E R H E N S E R P Y E
G Q R M M Z N T A A D N H O T
X A E A Y B N E N V R Z C R U
V R N Y V A C E H E K E O H L
I M C P A T L M A R V P T H A
G Y S P N T X M E D P E J E S
I U K O G L P O G U Z L L F V
L H I P V E P S S N L J D E C
```

AIR FORCE	REMEMBRANCE
AIRMAN	SAILOR
ARMY	SALUTE
BATTLE	SOLDIER
CEASEFIRE	SOMME
ELEVENTH MONTH	SUPPORT
HALF-MAST	TRENCH
LAST POST	VERDUN
MONS	VETERANS
NAVY	VIGIL
POPPY	WREATH
PRAYER	YPRES

Fictional Places

```
O V X N N A H O R F U D X K Y
E W E Q B Z T I X A A B P T L
A L G U E O O R S X E L I C I
D I D T O Y L A N D A C M Q L
N B I O J O Z O R I M N Q E L
E K R P R D L O W A W N A U I
Z Y B I I A C H H O R N L D P
J J R A V K D T J I F O A H U
M C E A R Q O O S O H T L U T
L E T T R G D G R W S E I S N
C O S T E P F O R D E S W U T
H P A S V C D R M Q I U N S H
W Z C V O N W D B F P O L O B
W O L K O S Q U I R M M T C X
J W K G A I N R A N U H U K Z
```

ALALI	LILLIPUT
AVALON	MOUSETON
BEDROCK	NARNIA
CASTERBRIDGE	QUIRM
EL DORADO	ROHAN
ESSOS	STEPFORD
FALME	TOYLAND
GONDOR	UDROGOTH
GOTHAM CITY	ULTHOS
HOTH	UTOPIA
KITEZH	XANADU
KLOW	ZENDA

X Words

```
S U T S Y X X D Y C X M X A X
I V N G E B I X I E E A Y I E
X J X R X O S B Y L N E S R N
A X X Y H F O C Y T X E I A A
T E C P L H F X H O K O L L S
S V I G P A E I L E S E L Y X
A X A O X E N O N A N Z N X X
U P N X H E F X A V I E R L S
I E X U T M X A M X H N X A U
X V E E I Y X S S A Y X E K C
A X N K L M E O O X E R E X I
N U O O O Y B H L R M D I A N
X I P R N K E X Y A X A A S E
W I U F E E C H X Y O X S I X
A C S V X X E A M O H T N A X
```

XANTHINE	XHOSA
XANTHOMA	XIPHOID
XAVIER	XMAS
XEBEC	X-RAY
XENIAL	XYLAN
XENICUS	XYLARIA
XENOLITH	XYLEM
XENON	XYLENE
XENOPHOBIC	XYLOPIA
XENOPUS	XYLOSMA
XEROX	XYRIS
XERXES	XYSTUS

Heteronyms

```
Y D G L E T A L U C I T R A Z
D O E S R E W E S C P T C D F
R A U G U S T N H T E B H T G
R A Q H G O T H E S C O R T L
L T E O N A E F E X A E Z G Y
H A P T A L R N X D S S J H U
S U M W O R I Y E E L J O E S
I R M I U F J G D T Y U B W R
L C G N N H L E N A S C J D X
O O K O C A G E V E S L E S M
P Q C W J G T N S U N P C H P
T J L L O N B E S S J A T W Q
M B I D O U H A G N I T T U P
J H V C D S N K S V D X H A H
U A E N L D E D E S U F E R L
```

ARTICULATE	LIVE
AUGUST	NATAL
BASS	OBJECT
CLOSE	POLISH
CONFINES	PUTTING
CONTENT	RAGGED
DESERT	REFUSE
DOES	REJECT
DOGGED	ROW
ESCORT	SEWER
HOUSE	TEAR
LAMINATE	WOUND

```
W A S T S E N A Y N N U B B C
O T H F H H W A T E M X L A A
L F H X S T N I S A X I T W L
L N L I W E N Q U V L E Z A V
I B B E M N Q I G Y R Q M R E
W B L O D E O U C P X B R M S
Y S N O R G H I I A S H M T B
S E L Q S G L L T N Y E C H S
S Y N I U S L I F A O H A F P
U O R N Y A O X N K R X P E I
P H S E R F J M B G A G A S L
S E E E T Q W W A X N P I R U
G D V T O N X S Y R R O E M T
R E U L Y Q E A Y I C Y S I A
F O A B S R M L L E A H C A S
```

ANEMONE	GUSTY
APRIL	HYACINTH
BLOSSOM	LAMBS
BUDS	LENT
BUNNY	LILY
CALVES	MARCH
CATERPILLAR	MAY
EGGS	MIGRATION
EQUINOX	NESTS
FEVER	PUSSY WILLOW
FLEDGLING	TULIPS
FRESH	WARMTH

Examination

```
N O I T A R A P E R P C Z C F
I Y E C N A R T N E J F I O G
U A D G O U O K U E D D P L K
U N K N O W L E D G E A V L S
L A C I T C A R P A P E R E N
R L C D U R Q K Y A G U V G O
A Y H N W J S Z E H S X B E S
E S A A M E Q Z V W T S G Z S
Y I I T D K A A R I Z F O S E
F S R S T F W J U T A M S T L
O C I R R N O I S I V E R U V
D H F E O Y W M L S R K E D M
N O E D P V G N I T I R W Y F
E O G N E Y T I S R E V I N U
R L D U R O T A L I G I V N I
```

ANALYSIS	PASS
CHAIR	PRACTICAL
COLLEGE	PREPARATION
DESK	REPORT
END OF YEAR	REVISION
ENTRANCE	SCHOOL
FAIL	STRESS
GRADE	STUDY
INVIGILATOR	SURVEY
KNOWLEDGE	UNDERSTANDING
LESSONS	UNIVERSITY
PAPER	WRITING

```
A H S A W A R U B A M G S B Z
A E J R N J D M B E U S I R A
R R I A J C B P A D D Q S E W
T V H A Z N K R H F I A I T Y
A U A I T I M P E U E R V T E
P J Y Y E U Y I K M M A A H T
O Z R S M R T J A Y R W U S E
E L R M A M O A V B G A H I L
L O Y M A Z I G N O U H N L A
C V I S S N S I L K S S A L R
L D K A N P L D A Y H I I E Y
S S Y I O E C O E X P A R R A
E H L Y F S P H I N X H M I N
A P H A R A O H Z N P J S U S
Q E H C U O T R A C T A S L N
```

ABU RAWASH	MASKS
ABUSIR	MEIDUM
ASYUT	MUMMY
CARTOUCHE	NARMER
CLEOPATRA	NILE
EDFU	OSIRIS
EL-LISHT	PHARAOH
GIZA	PYRAMIDS
GOLD	SNOFRU
HAWARA	SPHINX
HIEROGLYPHS	TUTANKHAMUN
ISIS	ZAWYET EL-ARYAN

Look

```
F T D A N C G O A E P G T M B
L A K W R E S J T W E C E E I
O T U O E K A M A C U O R B N
R N V Y C I B G A S E A A K V
I I E I S Q V O V T L P T T E
M U H G I P L G A G G Z S L S
P Q R B D X Y L L K O A J N T
Y S A S D E P A E M A F P N I
U I P D V M F N G S Z D A E G
X O A R E L V C I S P C N N A
T Q U T T M C E E E S M O X T
K S N X Y H V N Y I Z Y I Q E
O O G I E M G A M P P A T L U
C E S C A R K I A S S Y G P G
O U K E E V R E S B O E B E X
```

CHECK
CONTEMPLATE
DISCERN
ESPY
EYE UP
GAPE
GAWP
GAZE
GLANCE
GLARE
GLIMPSE
INSPECT

INVESTIGATE
MAKE OUT
OBSERVE
OGLE
SCAN
SIGHT
SPOT
SPY ON
SQUINT AT
STARE
SURVEY
VIEW

```
R T O X K O L T A J G I J E R
F E D L D L C M M D A K F O M
W O M A A E Y A R E V A M P E
E B X E R L I K E A I D U M D
N E H R D N R E F I T J W L A
E Z O H T Y L G U A T U B T R
R C W A Y E M O R I G S V A G
K M I G D H C O B C J T E D P
T N I O P E R D I B U L M U U
O H M M H A E C S K B R W P G
L E P U A B T H H B Z E E B M
R X R P U I U C O E S I V E R
G N O G P N M C H O V A N R O
P R V S I A U Y P U R D C Z C
U M E Y F I T C E R P H N R Q
```

ADJUST	RECTIFY
COBBLE	REFIT
CORRECT	REFURBISH
CURE	REJIG
DARN	REMEDY
DEBUG	REMODEL
HEAL	RENEW
IMPROVE	REPOINT
MAINTAIN	REVAMP
MAKE GOOD	REVISE
MEND	SEW UP
PATCH UP	UPGRADE

Weeding

```
T B R I A N Y W Q V F R S W B
C F E D E E W Y A M D E I A M
Z O O N E T T L E S E V L Q T
J C N N L R Z B I O E O A L C
K K P V E T C H S R W L X T Y
N H N F O H T L H R D C O R M
C I O O O L T I Y E N J R O Y
D I A R T S V A B L I E S W N
L A O T S W H U F N B S S G O
G O I Z N E E K L K E L E A Y
Q Q Z S N A T E C U I H R R R
J E M B I Z L A D I S N A L B
L C A B J E L P I K F S T A Q
P N N I E B S G E L T S I H T
E Z M A Y W E B R A C K E N P
```

BINDWEED	KNOTWEED
BLACKBERRY	MAYWEED
BRACKEN	MOSS
BRYONY	NETTLES
CLOVER	OXALIS
CONVOLVULUS	PLANTAIN
DAISIES	RAGWORT
DOCK	SORREL
FAT HEN	TARES
HENBANE	THISTLE
HENBIT	TREFOIL
HORSETAIL	VETCH

```
S M J D T E N I M R E T E D V
C A L E H E E L T W T M G M H
E O E S S Q N H O D N N M O L
M F U I I B G D E S I G N T M
E U L R W I K G E R O M Q I T
H I L E S J V E A N P W L V F
C T F H R E I E W L C X T E W
S N O I T I B M A Z H Y C C Z
J N R R P J P T M Q D I E I T
M O E V I R T S Q I B M R F E
U S Z Z V E T R A M V N I N L
L A T Q G O A L O I P R D G H
C E B R W E I V L F D V V O U
K R A M G W J L Q V F N P U M
V T V N V K E V I T C E J B O
```

AMBITION	MARK
ASPIRE	MOTIVE
BEARING	OBJECTIVE
COURSE	POINT
DESIGN	REASON
DESIRE	SCHEME
DETERMINE	SIGHT
DIRECT	STRIVE
DRIFT	TARGET
EFFORT	TENDENCY
GOAL	VIEW
HOPE	WISH

Things That Can Be Hung

```
T A P E S T I A R T R O P F F
I B F S I G S Z H P U G L Y L
N G C N T B B G D B W Y N R E
S D S H A O I D T R T T G T H
A E R S A L W B W R A E I S S
L E K D R N A E A R V P S E J
C E H Z F N D P L O E I E P R
T L V K N I L E U R C A S A S
R Q O E I A B N L R A I T T K
O U R T Q O S N D I Z I R H C
P Y M U H G B A S M E E L E O
H L E P A E K N M M A R T V L
Y H A L W W S T K M V O T R C
S R F T D L A X E M O B I L E
T Y H Q E Z E R U T C I P D Y
```

BANNER	PICTURE
BASKET	PLAQUE
CHANDELIER	PLATE
CLOCK	PORTRAIT
CLOTHES	SHELF
DRAPE	SIGN
FLAG	STREAMER
FLYTRAP	TAPESTRY
LIGHT	TINSEL
MIRROR	TOWEL RAIL
MOBILE	TROPHY
PENNANT	WREATH

A	O	W	O	C	S	O	M	Z	Z	Y	C	P	Y	L
X	N	V	O	S	I	U	O	L	T	S	N	J	S	G
Y	I	T	K	Y	I	G	S	I	I	I	C	S	L	I
G	J	N	W	Y	C	R	R	D	R	Y	U	E	H	S
R	N	Q	O	E	C	A	A	U	O	N	Z	C	Y	A
E	M	A	Q	M	R	F	T	P	M	G	O	D	P	N
N	O	P	H	Y	A	P	D	S	T	S	N	P	C	I
O	S	E	T	C	M	H	E	O	S	E	N	T	N	T
B	C	X	P	F	G	O	C	N	Y	U	T	N	A	R
L	A	N	M	F	U	N	N	A	F	K	S	G	G	O
E	W	I	T	L	C	A	O	T	T	B	O	H	A	C
M	E	L	B	O	U	R	N	E	R	H	R	T	N	M
S	A	R	A	J	E	V	O	U	Y	E	E	O	O	Q
V	C	E	M	U	N	I	C	H	H	P	A	N	M	Q
L	J	B	A	B	Z	K	N	O	D	N	O	L	S	E

ANTWERP
ATHENS
BERLIN
CHAMONIX
CORTINA
GRENOBLE
INNSBRUCK
LONDON
MELBOURNE
MONTREAL
MOSCOW
MUNICH

NAGANO
PARIS
PYEONGCHANG
ROME
SARAJEVO
SEOUL
SOCHI
ST LOUIS
ST MORITZ
SYDNEY
TOKYO
TURIN

Things That Can Be Driven

```
D B E W O N S J Z L P F C E K
A T L K Z I C L O U D S X O N
S F T M Q Z S M O T N C P X F
V T T R G K N Z E N N W A E V
X Y A C Y I S E L E N I R N K
C I C K B H L L N I R E O C E
N Q U U E S L I A N T I U P S
E S S E E A G G H N T R S A L
F G P G B N R U I I T H U E H
W C N F E A L R B R B B S E D
E B L A B Q P M A E E D Q I L
D O D E H D A C A F W F F R V
G H C A O C T U N O E K O L V
E F W N R O M Q L R D N E R T
T W S P R A C G N I C A R C M
```

AMBITION	POINT
BARGAIN	PRINTER
CATTLE	RACING CAR
CHANGE	RAIN
CLOUDS	REFORM
COACH	SHEEP
DESIRE	SLEET
ENGINE	SNOW
GOLF BALL	STAKE
NAILS	TRACTOR
OMNIBUS	TRUCK
OXEN	WEDGE

```
G S C U R F L O W E I R A J K
N W U V Q K M S S L N L R C N
I Y P P D R A S O O E B T O O
R R C O P A S Y M V I S B N I
I K U Y T O V F A J I L A T T
W A T E R S R R X R U T S A A
E R E E S L G T O B P C K I N
J G S G W T J L E F U S E N R
N A A O E N F M D T E N T E A
V S B I G R S Z T O Z R C R C
J Q T L L E B I Y E A W N H G
Y A G E S O N E N E Y L M S X
O Y V O M G F U R M U S A W E
A F R O S S V W H A P N O Z Y
S E L B R A M F Y H D C J P C
```

BASKET	NOSEGAY
BOWL	POSY
BUNCH	POTS
CARNATION	ROSES
CONTAINER	SAND
CUTTING	SOIL
FERNS	SPRAY
FLORIST	STEMS
FOLIAGE	SUPPORT
GERBERA	VASE
GRAVEL	WATER
MARBLES	WIRING

Significant

```
D E K R A M Z K Y Y V A E H Y
B I G T I M E T A W P M A R N
N U D N C C F K B P G I S L F
K T V E I O G L R N N S O N E
E E I T L N C E M E O L R V L
Y G T O O S C Y F M R L I L A
T R A P P I P P A G T S X L T
H A L R A D R T F I S I T U O
G L I B N E E C S A L S A F V
I M L E S R V R M O U G E E I
E E X S I A A U N O M I R T P
W X I A Z B R C N U H E G A N
V N L S X L G I D C O Q R F F
G L A T N E M A D N U F K O H
V Q C W C O P L T Q B K F V F
```

APPRECIABLE
BIG-TIME
CHIEF
CONSIDERABLE
CRUCIAL
FATEFUL
FOREMOST
FUNDAMENTAL
GRAVE
GREAT
HEAVY
LARGE

LOFTY
MARKED
MASSIVE
MATERIAL
OMINOUS
PIVOTAL
POTENT
PRESSING
PRIME
STRONG
VITAL
WEIGHTY

```
L E D O M Q N U H N A E B J H
E X O C E W A T Q M W M R N L
F D R W O R W P A R U A G A Y
C S L M F O J N Q L B S D D R
T D E A R S S J O C X I A A W
N T A G P B C O J M P L L X T
E Y N X E U F O O X D V N L B
M N S A U R H O R E M B M C F
A H R V T N N R N E S F N Y M
T D E L H I G O G A T E A P E
S V I Y Q A I D D G Y R M W X
E Y O G A H G F F M L U O R I
T B A L S U K H D J E I W P C
I D J A N I Q R E I D L O S O
N S F Y R T N U O C O Y H I T
```

BEAN	MEXICO
BILL	MODEL
BOY	MOON
COUNTRY	MOWN
DEARS	ORLEANS
DELHI	PORT
FASHIONED	QUAY
FOOL	SCORE
GATE	SOLDIER
GROWTH	STYLE
LADY	TESTAMENT
MAN'S BEARD	WOMAN

Silent G

```
G U R U C U E N G A P M A H C
T E E M C M R O U G H L Y G O
H S T N O G I B N L P C O I I
G L H N N G O I Q H A L E E G
I O G S S C T S Y M A N K N N
L U U V I H S S P S O E D G A
S G A Y G C I A A U N E Z T K
N H D I N O I G G G G J H H G
C G L J G G N H R G Y S N G N
G N I N N E N E I E A B N I O
H O O N A I P B F N B G L N S
B M E G E E X I G I I K L T I
Y O N P V B G W F E I G N R S
U N L G F H F H D U D G E O B
H E G M T O G N G I S N E F S
```

BENIGN
CAMPAIGN
CHAMPAGNE
COIGN
CONSIGN
DAUGHTER
DEIGN
ENOUGH
ENSIGN
EPERGNE
FEIGN
FIGHT

FORTNIGHT
GNASH
GNOME
GNOMON
GNOSIS
LASAGNE
LIGHTING
NEIGH
PHYSIOGNOMY
ROUGHLY
SLIGHT
SLOUGH

```
F O O R P Z R S G O X K R A M
T M T D S A G E T L R W E H W
S A P M A P G F P E V I I P O
O K P G E E R E D A L M P F W
I P O L S N H E S U P F F S R
R C Y O W G I R T R O S A A X
H O I E B A V L E N E T H E Q
F Q T O B D X S E T I E O F L
E A A I H M S A S Y T R D N P
E R P G S K W K O A D E P L E
D Y Q S I O B M L L S P L I D
E J P T L K P P H I Q R T T T
R C E N B N Y M G C L O E H V
K X Z O U R A N O W U J R O U
T I C F P G W P I C T U R E S
```

BOARD	MARK
BOOKS	OFFSET
COMPOSITOR	PAGES
DESIGN	PAPER
DUOTONE	PICTURES
DYELINE	PLATE
FEEDER	PRINTER
FONTS	PROOF
IMPRESS	PUBLISH
LEAFLETS	REPRO
LETTERHEAD	SPIRO
LITHO	TEXT

Juggling

```
L S J X K S W K Z Q Z T P D S
L E C I T C A R P D V P E D M
I O M C E L M T G K L X C R P
K R A I E N W E G A T S O E E
S A T F Z O T J T E V F S C R
S N N J R D E E R Z R M T O E
S G J H U N S I R E Q P U V N
A E T G I G T N P T O L M E E
C S W T N Y G T R I A H E R R
C E U T H I G L S O Q I S A E
U O F C X F S E E H D U N H N
R K T B A L L S P R C V A E T
A A D Y T T X O A R P N Q Y R
C W O H S G G K I P D B V K A
Y L O R T N O C R S F V H J P
```

ACCURACY
ACTS
BALLS
CATCH
CIRCUS
CONTROL
COSTUME
DEXTERITY
ENTERTAINER
HANDS
JUGGLER
ORANGES

PARTNER
PASSING
PERFORM
PLATES
POISE
PRACTICE
RECOVER
ROUTINE
SHOW
SKILL
STAGE
THROW

```
E E J T E K C O P O H U N T W
D H C A E R M Q V S T Y O A I
K R O W E A E U R T P K I O B
R D E P T E A Y L O E X S N Y
H Q A T Y H V O E A D Q S S R
S H O T C T E W A O S E I A T
S T O C K A M Q O C E C M E N
V W T H Q I R R U J N N M X U
N L J R U E S A K E O E O E O
I T S S S T E P H H S I C N C
T G N I N I A R T C N T N D E
T D D A T H V T O T P A I T H
G N B N Y X U J U S Z P T O T
B I B R A N B R C I A V C Q N
J M H A E H N X H N K J U E T
```

CHARACTER	STEP
COMMISSION	STOCK
DOORS	THE ARK
HAND	THE COUNTRY
JOINT	THE QUESTION
MIND	TOUCH
ONE'S DEPTH	TOWN
PATIENCE	TRAINING
POCKET	TRUE
REACH	TUNE
SHAPE	TURN
SHOT	WORK

Accounting

```
T A S A T N O I T A X A T G K
F S C L G S P V O W A G T T E
G S R U G O T Z X A M J Z E M
C T E E R U T I D N E P X E O
H S D S B Y A K F L L T W C C
A T I J A M A G A O S O N A N
R S T K S H U I E W R A I S I
G O C R O L C N R T S P L R R
E C I P O N L R H C G H R E P
S G L O A P P I U A R M G G S
Y R T N E L E E B P O I K D X
Z R I R E C O R D I S E L E S
P F N P A Y M E N T S U M L Z
Y A L T U O B I E A V O Q R X
E C I O V N I R G L O S S E S
```

BILLS	LOSSES
CAPITAL	NUMBERS
CHARGES	OUTLAY
COSTS	PAYMENT
CREDIT	PROFITS
ENTRY	PURCHASES
EXPENDITURE	RECORD
FINANCIAL	REGISTER
GROSS	REPORT
INCOME	SALES
INVOICE	TAXATION
LEDGERS	WORTH

```
E K O K O S H P I X I E B O B
Z P F I E O H S W O N S V N I
Q J P Y P Q N Z M Y B A I M K
N A Y A L A M I H Q A C M H O
M V G V Y G B S K O A B N C R
H A Y E T D O Y S H C S M D A
R N I U R M N A S P C I I O T
K E R N A M D A B S H N C A B
A S K L E Q A B I U I Y U A N
L E I Q L C C N X R R N N M T
A A O F Q O O L R J E M I X V
H U G Y Z N D O E E T B E A Z
P N W N B U C G N H X R I S N
U W X U E R T R A H C G U S E
S T X L S B P I M R E P A L U
```

ABYSSINIAN	MANX
ASIAN	MUNCHKIN
BENGAL	OCICAT
BOMBAY	PIXIE-BOB
BURMESE	RAGDOLL
CHARTREUX	SIBERIAN
GERMAN REX	SNOWSHOE
HIMALAYAN	SOKOKE
JAVANESE	SOMALI
KORAT	SPHYNX
LAPERM	SUPHALAK
MAINE COON	THAI

Countries of Asia

```
Z B L E A R S I M B R N L U V
G H I N W I C H I N A E Y L S
S U R N A T S A I A Y M Q L O
M T A S Z T N E Q D U E K D A
M A N T S L S B N R S Y X I L
A N O T A Y P I A O W I S I Z
N Y L P A A R I N J D S U T J
T O E L R I D I L A U N C H N
E N N W T N S Q A R H G I A O
I D Q A I R O Y M O R G M I F
V V G V B N A P A J A O F L Z
A B R U N E I C M L T I R A Q
W J R C F D L N X Z A N P N N
D M T U A A A O U H Q M M D D
A N A W I A T F B R Q I Z E J
```

AFGHANISTAN	LAOS
BHUTAN	LEBANON
BRUNEI	MALAYSIA
BURMA	NEPAL
CHINA	OMAN
INDIA	QATAR
INDONESIA	RUSSIA
IRAN	SYRIA
IRAQ	TAIWAN
ISRAEL	THAILAND
JAPAN	VIETNAM
JORDAN	YEMEN

```
U D E S E R T E D B D D R Y V
N R Q X E T I P H T E T S L V
L E U M C A X W X D D E R N L
O N O N B L P V N O I I V O D
V T E Y A U U E X E A U N E A
E F U M T C T S L K N Q T Y N
D R Q E N T C G I W U C D L S
D I I Z A Y N O A V E K T E E
E E N N T I R N M J E T J N P
R N U O S Q T A E P F F X O A
I D Q L I E R R T R A P A L R
T L I O D W T S I I M N S F A
E E I S O L A T E D L K I S T
R S J N W O S E N O N O Z E E
G S F Q L F F O T U C D S Z D
```

APART	REMOTE
CUT OFF	RETIRED
DESERTED	SEPARATE
DISTANT	SINGLE
EXCLUSIVE	SOLITARY
FRIENDLESS	SOLO
ISOLATED	UNACCOMPANIED
LONELY	UNAIDED
ON ONE'S OWN	UNATTENDED
ONLY	UNIQUE
QUIET	UNLOVED
REJECTED	UNWANTED

Room Inside

```
E U C D M P N Y M C R T N B Y
I M L V P O D M R E C E A D I
Y B B O L U O Y C E A L E O A
N E R A T W P R L A L T O F X
O C F S N T S L D R N L T F H
H B A K S U A K O E Q T U I T
A A Y W F R A O G B B D E C C
H N V A X J M S I R H C F E S
J Q E S Y C U B I C L E D N N
K U V H L R T O S Z N Z A Y Q
R C V R C O T C O R R I D O R
J H H O D T U S A T E L I E R
S A L O O N I N E B N R U G D
R E B M A H C K G V I C K L R
M O O R E N I G N E Z N X X F
```

ATELIER	KITCHEN
ATTIC	LOBBY
BALLROOM	LOFT
BEDROOM	LOUNGE
CABIN	OFFICE
CANTEEN	PORCH
CELLAR	SALOON
CHAMBER	SAUNA
CORRIDOR	SCULLERY
CRYPT	STUDY
CUBICLE	VESTRY
ENGINE ROOM	WASHROOM

```
R F S Y N I K D N A H T I K L
V B R T T X P E R S O N S H A
C N E B N E R D L I H C U E B
X U H S N E I P A S O M O H D
M F T I S C D C C S A B V W N
S O O W N A O I O N G V E A Q
R Q R M D H D U S S Y N L M R
E F B T F E A U N E A C I Q P
T M A O A H N B L T R W T E U
S J L M N L Q I I T R I B E B
I K A W I P S O Z T S Y Z Y L
S L A C O L N K I E A E M J I
R X X I X A Y M P T N N R E C
G S R E L L E W D Q E S T Q N
I J T S Y T I N U M M O C S K
```

ADULTS

BEINGS

BROTHERS

CHILDREN

CLAN

COMMUNITY

COUNTRYMEN

DENIZENS

DWELLERS

FAMILY

FOLKS

HOMO SAPIENS

HUMANS

INHABITANTS

KITH AND KIN

LOCALS

MORTALS

NATIONALS

PERSONS

PUBLIC

RESIDENTS

SISTERS

SOCIETY

TRIBE

Sounds

```
J E N T R I C S O S H S A O I
G O I L R C S L U A C S C R A
N H O O E I L P H M R I A S Q
I N H L V A M B U L V H S R P
R C W Q E U U F S C U B C U C
E T J U R K R X K B E L S Z M
E N Q G B R M K Y L L D Z Q I
H S T C E K U Q L I B U K M P
C X N G R H R O R T B Y O L N
Z E E Q A Z W T G N A L C O I
Y H C J T P I Z Y V B C A P A
S G C I I D M H C E E R C S R
H U A C O U S T I C S O Y P T
U A I E N V Z U C A O A R A S
Y L H S A L P S N C S K T Q A
```

ACCENT	HUSKY
ACOUSTICS	LAUGH
BABBLE	MURMUR
BELLOW	MUSIC
BLAST	REVERBERATION
BUZZ	RUMPUS
CHEERING	SCREECH
CLANG	SPLASH
CRASH	SQUEAL
CROAK	STRAIN
ECHO	TRILL
HISS	VOICE

Shifty Ways

```
Y L D X Y M D R R X B T X L S
I N E K U G H U M B U G A U X
P Z V U K B D S P E N X O Q U
O M I O T A J O Y E N O H P S
H O O D W I N K D E L U D E Q
D Z U F I M C H I C A N E R Y
C E S B Z T D Z C P A V S S K
R P C L A C H A R L A T A N D
A B N E K T R E A S O N F F Y
F S H C I F L A I K D R O T R
T C I R R T K O R Y F B O S U
Y R M A C S N B E T P O P E J
T M U J P J C R K X F G S Z R
C D T Y R E G G U D L U K S E
H C O O G N I M E H C S L W P
```

ARTFUL	FRAUD
BOGUS	HOAX
CHARLATAN	HOODWINK
CHEAT	HUMBUG
CHICANERY	PERJURY
CRAFTY	PHONEY
DECEIT	SCAM
DELUDE	SCHEMING
DEVIOUS	SKULDUGGERY
DODGY	SPOOF
DUPE	TREASON
EVASION	TRICK

Agree

```
C M D Y N C X A A G C I F Y S
E Y L F O X N S Z L P U D L A
S T E U S A P A A W N A J L C
I A I B I F S C M D C T B A C
M Y Y N N Q C S E C F D A T E
O T M C U O M R E C D P R N P
R S Z A R A S D T N T G G K T
P U R D T T E G T D T A A T U
A E C C A N Y I E A G E I S T
N Z H N D T M L L E W R N T C
N A D O O R B L P T X E E N B
C V R P E C O C I M U H S A P
X S O P B W U U Q A O O E R H
E C D N O P S E R R O C A G Z
T F N F H D I O W K R S T E H
```

ACCEDE	GRANT
ACCEPT	MATCH
ACCORD	MEET
ALLOW	PERMIT
ASSENT	PROMISE
BARGAIN	SQUARE
COHERE	SUIT
COMPLY	TALLY
CONCUR	UNDERSTAND
CORRESPOND	UNISON
ENDORSE	UNITE
ENGAGE	YIELD

Helicopters

```
N Q F L U W E K C O F P Z H J
I C I K Z H H A S E A H A W K
L G R V G T F L R G V V F B A
R N O D T L B G T B O N B C R
E I Q E E Q Y O D C O Z S O J
M K U L C T E N E N U C B Y O
Y A O L W W T A X I K I J K R
H E I E H M T R T A N Y K S R
A S S Z A S E N S S J G E R E
E N D A U H U B O F D H A O G
Z F S G C U O N M Y G V H K I
P O N A J T L K J U R I O I T
U A P O H W A K H O N W K S S
M A V V V L L E B D T D U L P
A S K Y C R A N E A S K M Z X
```

ALOUETTE

APACHE

ASBOTH

AVRO

BELL

BOEING

COBRA

FOCKE-WULF

GAZELLE

HAVOC

HIND

HOKUM

HUGHES

IROQUOIS

LYNX

MANGUSTA

MERLIN

PUMA

ROBINSON

SEA KING

SEAHAWK

SIKORSKY

SKYCRANE

TIGER

Washing a Car

```
G K P H O U E N G G R E N B S
L S P A C B U H R A J W E O O
A J B V O B G L I R X A L E A
S N V U R S S U M D W X C W C
S Y V U C O E V E E E I I N H
T N S D F K R I S N X N H J S
H H C O S F E I T H D G E S L
G O T O P Z O T N O I U V I E
I W X R O X Z G W S Z N X O E
L B A S N S P S N E I Y E M H
L Y K T G K K O P I J N O A W
S Q U E E G E E L D Y R G H F
L E G B H R R S H I H R Y C A
V G N I N A E L C C S E D E U
S E A L K R O W D R A H G S O
```

BRUSH	LIGHTS
BUCKET	POLISH
CHAMOIS	RINSING
CHROME	SHINE
CLEANING	SOAP
DOORS	SPONGE
DRYING OFF	SQUEEGEE
GARDEN HOSE	VEHICLE
GLASS	WATER
GRIME	WAXING
HARD WORK	WHEELS
HUBCAPS	WINDOWS

```
E S N R E R M D R O C N A H H
E R N E A Y A E F T L Y C G G
S F O L E U E S S O N R G T A
A N L H P I T E R E O Y H G S
S O W S C B S T A C H G L E S
C T X E K X N M S J I T C O U
D Y A V R O E J A L H D O V N
E E S E C S N V T E N N T L Y
T Y X E L F I O J A S E T Y C
A S O L E P L A T E L T O A L
E P O S A I D S C F B T N R O
H P C N P V U K W U R A G P O
K N B E P W A T E R F L F S W
S E S A E R C E S V M F B N H
P U A S N O I T C U R T S N I
```

CHORE	NYLON
CLOTHES	PILOT LIGHT
COLLAR	PLEATS
CONTROL	SCORCH
CORD	SEAMS
COTTON	SLEEVES
CREASES	SOLEPLATE
CUFFS	SPRAY
FLATTEN	STAND
HEATED	STEAM
INSTRUCTIONS	WATER
LINEN	WOOL

People in Uniform

```
I  R  U  N  D  D  A  E  F  Y  F  D  Y  D  A
M  N  T  O  L  I  P  D  N  E  O  J  E  C  W
E  E  R  E  L  M  A  N  U  G  N  D  K  X  T
W  D  F  G  N  O  A  M  G  I  O  R  C  P  U
P  E  W  R  U  N  M  U  A  O  E  K  O  R  O
R  F  B  U  R  U  I  T  R  L  X  R  J  O  C
I  I  E  S  S  D  P  M  T  E  T  C  R  L  S
E  W  L  H  E  A  A  U  B  E  N  L  E  I  B
S  D  L  R  C  N  B  R  R  R  T  A  V  A  U
T  I  B  E  C  O  N  C  I  E  R  G  E  S  C
U  M  O  F  A  S  F  I  S  H  E  B  R  L  E
P  S  Y  E  R  E  D  A  E  L  R  E  E  H  C
O  F  H  R  P  L  A  S  T  E  R  E  N  H  U
R  J  B  E  N  D  R  I  V  E  R  H  D  S  E
E  A  F  E  R  C  A  R  T  A  I  N  E  E  A
```

BELLBOY	MAID
BUTLER	MIDWIFE
CAPTAIN	NANNY
CHEERLEADER	NURSE
CHEF	PILOT
CLEANER	PORTER
CONCIERGE	PRIEST
CUB SCOUT	REFEREE
DOORMAN	REVEREND
DRIVER	SAILOR
GUIDE	SURGEON
JOCKEY	USHER

Edible Hues

```
I F E W Y E Y N N E E I F D M
Y I K V G H N O M A N N I C A
R L H A I Q M O R E S I N J E
R R S A Z L R J A C M Q W S R
E Y N I A A O M S H N I O T C
B K X S N C U D P A S O L R E
N P P G J L R T B M H G S A A
A U E U P N I V E P C A D W L
R U K A M U U Y R A I T Z B L
C Q Q D C P M F R G U L F E Q
A B T S L H K R Y N L A M R L
L M I D A W O I L E I A L R F
C B I R R T W A N Y R Y E Y U
G A R N E F W E G A D N C T D
R T U N T S E H C R E A S Y E
```

BISCUIT	OLIVE
CARAMEL	ORANGE
CARROT	PEACH
CHAMPAGNE	PLUM
CHESTNUT	PUMPKIN
CINNAMON	RASPBERRY
CLARET	SAGE
CRANBERRY	SALMON
CREAM	STRAWBERRY
HAZEL	TEAL
LIME	WALNUT
MINT	WINE

Wrong

```
A E S Y P E L A P S Y W B P T
S O R V S U U V E T L D R R U
E W W L F L H R L I S N E E R
A T A N E L U U T W T U U T B
Y F I D F Y A F E N F O J E R
P S H A E F G W T C U S T N C
T H M B R I I F E I G N E D U
C B O E E C M F M M E U B P W
E C C N K F N P C C A C S B N
R M K E Y H R P I E G E E U G
R A D U N O M S Y O U E V D L
O M W P P A B W L D U T K I I
C I K E H W W B O O V S V A D
N S R S V A C F O R G E D T F
I S Z E R I W Y A H N N O D U
```

AMISS	IMPROPER
AWRY	INCORRECT
BAD	MOCK
DECEITFUL	PHONY
EVIL	PRETEND
FAKE	PSEUDO
FALSE	SHAM
FAULTY	SINFUL
FEIGNED	UNJUST
FORGED	UNSOUND
HAYWIRE	UNTRUE
IMPIOUS	WICKED

Chocolate

```
U R I A L C E B A W P C P G O
D V K X N V L O T O N D R O S
R P L B F D R S N J C E O T M
I X C Q E K V R I C S O G W O
N B K O A V I L A H R U C F O
K R S O O C E M L I C P Z R T
I O E E H K R R P P A B V I H
N W E V S L I U A S K V M E P
G N U G I S C E E G E T D U O
Z I R A G T I N L U E K O D W
I E U H E S S K Q E Q E U N D
M S P C B T R E W J L I B O E
Q I M O T A A S G F Z M L F R
J L L M D D R G C I R L E S P
M A F K Z F C S M A D N P O E
```

BARS
BEVERAGE
BROWNIES
CAKE
CHIPS
COCOA
COOKIE
DARK
DIGESTIVE
DOUBLE
DRINKING
ECLAIR

EGGS
FONDUE
GATEAU
KISSES
LIQUEUR
MILK
MOCHA
PLAIN
POWDER
RICH
SMOOTH
SWEET

Distance

```
A B R M E O J E H X O Q S J W
P T E K U A W E F R I D A X Y
H R E Y E G C T W L N V P T R
E Z X M O T M S E A E V I D M
I S T X A N C H H L U N X H A
G Y R R S L D E Q T I B U C T
H E E Z O H D Y R F D M M A N
T C M S T J A O N A C I Z E E
E W E P X R K I O A F W W R T
G I E G D S W M N R P A R W X
A D E U T R U V O C E S E Z E
E Z M E A S U R E H H Z Y I K
R H L H I L F L T G T A L Z B
C E Y Z H B W N E O U A I L J
A A E V Y R K P E R T B F N N
```

ACREAGE	HEIGHT
AFAR	INCH
BEYOND	INFINITY
CHAIN	MEASURE
CLOSE	MILE
CUBIT	REACH
DEPTH	ROOD
EXTENT	RULER
EXTREME	SIZE
FATHOM	SPAN
HANDS	WIDTH
HECTARE	YARD

Museum Piece

```
L C M M L I H S S R S E S A C
M I H S E H T O L C R A N E J
V A E E K L F H I S T O R Y I
B S K R U N C J H Z E C R S A
O O E A U N O G C O O O C I D
N M V R U S N W Y L T I L M M
E I A K U I A R L I L I O U A
S P Q L N H T E S E B F M O E
L L O R C S C O R A D M A S H
T I A R E T P O R T Y G I L J
B E K P I E B O R J Y N E I G
L J A O R O M A N B O O K S R
H T N E L E T S Y F V D B S E
V S A K M R O D U T C N Z O E
S N O P A E W O E S T I M F K
```

BONES	MOSAIC
BOOKS	MUMMY
BROCHURE	RELICS
CASES	REPOSITORY
CLOTHES	ROMAN
COLLECTION	SCROLL
FOSSILS	STELE
GREEK	TAPESTRY
HISTORY	TREASURE
KNOWLEDGE	TUDOR
LEARNING	VAULTS
MEMORABILIA	WEAPONS

Clouds

```
K M S T R A T O C U M U L U S
A C U Q C I L B G A A C R H C
G J A L A C K N M C R I C E I
R C N L I R I M I W E H I F N
I S U R B W A G V O S P R A O
V S R M O T O I M N T A R L L
D U W L U L H H N S A R O L C
S D L S O L S U L B I G C S Y
F I L R A Z O I N T L O U T C
B C D U W N A N U D A R M R M
E Y N U A R V Q I X E O U E R
H W H I T E T I N M U R L A O
D Q J N Y F F U L F B K U K T
J N O I T C E V N O C U S S S
B C S M S U E L I P Y P S I W
```

ANVIL	MAMMATUS
BILLOWING	MARE'S TAIL
BLACK	OROGRAPHIC
CIRROCUMULUS	PILEUS
CIRRUS	RAIN
CONTRAILS	SNOW
CONVECTION	STORM
CUMULONIMBUS	STRATOCUMULUS
CYCLONIC	THUNDER
FALL STREAKS	VIRGA
FLUFFY	WHITE
HYDROLOGIC	WISPY

Card Games

```
D Q S F M G Q M H F W S O O L
U Y E N O Y T N E W T O L G N
S C Y M M U R N I G F O L F F
D E M O N F R F H O S I X I E
N N V E M G Q S N E V E S R H
E C N E I T A P E S E N I H C
R R F A N T A N T A F A S H L
B E N E U C H R E A S G G T L
M D T N P X A X Q T K O M H E
O I C O O T O R A F D S N E C
P P T Q S T A S D D C O S S E
K S X L T U L P E S P C H T E
S O L I T A I R E Z T A Y A R
J S X A A G R Q A O A U N R F
B T A R A C C A B C A R D S N
```

BACCARAT	OMBRE
CARLTON	RED DOG
CHINESE PATIENCE	SEVEN-CARD STUD
DEMON	SEVENS
EUCHRE	SKAT
FAN-TAN	SNAP
FARO	SOLITAIRE
FISH	SOLO
FOUR SEASONS	SPIDER
FREE CELL	STOP
GIN RUMMY	THE STAR
HI-LOW	TWENTY-ONE

Pets

```
S K H T H G G U L H E P H E W
N C T B R E O D P E A C S Q R
A U E M R O U R O X E U A E P
K D R B M X P L F N O Z T T Y
E X I R A B B I T M K S O Y T
K L E W P P O Z C B M E S R H
I W Q X N J A A S A G L Y A O
N P O T T J M R H H L Y R N N
E E A H D E A D J A O F N A E
S R T P A R R O T R V O I C E
R V W T N C M R E T E Y N S F
O X D K I V O K E E B P G S H
H O U J H K S U G F I P O L A
G G O A T I E J S U R U E S F
H A P S H E T L A N D P O N Y
```

CANARY	LIZARD
CAT	LOVE BIRD
DOG	MARMOSET
DONKEY	MOUSE
DUCK	PARROT
FERRET	PUPPY
FROG	PYTHON
GERBIL	RABBIT
GOAT	RAT
HAMSTER	SHETLAND PONY
HORSE	SNAKE
KITTEN	TROPICAL FISH

```
E L B A N U C U L P A B L E E
H A B I T A B L E Y U S N E L
V E L B A I V N E E H E S A B
F D V E L B A U Q E L V W G A
Q I M P E R T U R B A B L E H
S S U S T A I N A B L E L X S
I A U R E T D R Z I N B A P I
Z B Q I A P E M K E A E U A U
E L E B T V A E I S M A G N G
A E L L O A A R O R I R H D N
B E Y C B B B P A T A A A A I
L S E U L A S L B B B B B B T
E R T E C I X P E T L L L L S
U N E N D U R A B L E E E E I
E L B A U L A V T G P U J N D
```

ADMIRABLE	IMPERTURBABLE
AMIABLE	LAUGHABLE
BEARABLE	LIKEABLE
CULPABLE	RECOVERABLE
DISABLE	SEPARABLE
DISPOSABLE	SIZEABLE
DISTINGUISHABLE	SUITABLE
ENVIABLE	SUSTAINABLE
EQUABLE	TAXABLE
EQUITABLE	UNABLE
EXPANDABLE	UNENDURABLE
HABITABLE	VALUABLE

Adventurous

```
P A C D A M E Y Y T G H P Z I
D V L R D B T S V N Q R S E F
D O I L R C T H I O R I A A Z
B G E A I U H O R O Q S E L R
K Y V H G O G A M I S K B T H
H E I U S T N A N S L Y S K S
H V S V U X N H E C Y L P A U
D E L O O T G L E K Y F I R O
H N U T I W T E C A V M R N E
S T P C T N V U A H R S I T G
I F M S U O L I R E P T T D A
L U I A A P G N I R A D E H R
O L D Q C K S U S O P R D D U
O I Y U N A F R A I D P U K O
F K K N I A T R E C N U Z U C
```

BOLD	LION-HEARTED
BRAVE	MADCAP
CHANCY	OUTGOING
COURAGEOUS	PERILOUS
DARING	PLUCKY
DAUNTLESS	RASH
EVENTFUL	RISKY
FOOLISH	ROMANTIC
GUTSY	SPIRITED
HEROIC	THRILLING
IMPULSIVE	UNAFRAID
INCAUTIOUS	UNCERTAIN

```
F I V W D O O W H T R O N Y S
T B N O S M E L C X A V I E R
P L E O O Y R U B S I L A S E
F R I N I D D H Z Q E Q A H J
A N I B E U S F Y X L E U I Z
N M B N R D X P E Q H L K V O
A N R K C E I R O R M P B A A
I C E J A E D C Q R T M R C K
D A N R M V T N T W H E O I L
N D A P P N C O A I Q T W J A
I E U R B A N A N V N C N T N
Y L Y O E Z D D I A Y E U I D
R P C A L N A M R U F F M K W
L H G A L L A U D E T C Z P B
N I J Q S E D U L S H S L A W
```

ADELPHI	OAKLAND
BENEDICTINE	PRINCETON
BRENAU	SALISBURY
BROWN	TEMPLE
CAMPBELL	TUFTS
CLEMSON	URBANA
DREXEL	VANDERBILT
FURMAN	WALSH
GALLAUDET	WINTHROP
INDIANA	XAVIER
KEAN	YALE
NORTHWOOD	YESHIVA

Farming

```
W E C T R O T C A R T Y S T Q
L O B V A T P A A R S R N I S
Q S R F E E G P O L E I R E X
Y E L R G J H U V T A L W H E
O V U E A Z G W T R G E F G I
Z A F S E H K U G N L F U N W
X E R H R H B E I P C I S F S
S H U E C F E W S A W E C W K
E S I G A S O A G M C L O D C
R C T G E N R I T T U D W N O
A Y W S N N E N I U A S E G T
T T Y I Y F N C A E B Z R H S
C H W A M J I U M Y B A R N S
E E O M R D W H R G S V L W I
H W W Y E M S E Z S C L S X U
```

ACREAGE	HECTARES
BARNS	INSECTICIDE
BUTTER	MEADOWS
BYRE	SCYTHE
EWES	SHEAVES
FIELDS	SHED
FRESH EGGS	STOCK
FRUIT	SWINE
GEESE	TRACTOR
GRAIN	TROUGH
GRASS	WHEAT
HARROW	WINNOWING

Slumber Party

```
V T G N I H C T A W G H E Y A
M G N I T T A H C A E P S Z T
F I K Y A E W F M G V K Z B O
Z E D X L A O E N P O I I Y O
S U R N K D S I A O P H R T T
I B U I I I L C M M I G J T H
G A N I N G G R U H C S N W B
N G G G G O H S W N E E E S R
I A I I S D I T F K M S D S U
H N G S D C C Y A E T N D R S
G N I Y A L P C T O E U Y K H
U P U E K A M I R I V F N Q Y
A G A E P K C I R E Y I E T E
L S T C D X E F T A R H G B E
E D A R E S K B E D R O O M R
```

BEDROOM

CAKES

CHATTING

DARES

DRINKS

DUVET

EXCITEMENT

FRIENDS

GAMES

GIGGLING

GOSSIP

LAUGHING

MAKEUP

MIDNIGHT

MUSIC

NOISES

PIZZA

PLAYING

SINGING

STORIES

TALKING

TOOTHBRUSH

WAKING

WATCHING TV

ME, ME, ME

```
S N M E L T I R Y R U C R E M
E O E T I A E M I M N M T M W
L L P R M B T I E K I E M E O
S E E I M E C N K K M E V N L
A M Y E E I L M E M O R I A L
E I M E R E D A E M M N D C E
M T M T L M E T N E F O G E M
E U E A O D R V D E Y M E N U
N M I L T O E I M M S C E H E
A I V D N O O M E D E I R N N
R D X O E C P H M M O M A E J
B A M B R M E O B J E H O P M
M E P I E M D F S T T U T R I
E W T A T W J T A E B E M E E
M Y M E L H L L M C M P G E M
```

MEASLES	MENTAL
MEDIOCRITY	MENU
MEDIUM	MERCURY
MEDLEY	MERCY
MEKONG	MERIT
MELANESIA	MERLOT
MELLOW	MESOPOTAMIA
MELON	METAL
MEMBER	METHANE
MEMBRANE	METHOD
MEMORIAL	METRIC
MENACE	METRONOME

```
L Y Y O U J N O E G N U D I W
E I A R U R I F D Z M T M J S
P F O R E B U I L D I N G T I
A X P U A T A H E S W A L Y L
H R I I E W T P T P C U V A L
C V L R P A E A U H A Y I W U
V E R T T E I T B V M X C E C
Y U A S K R O W H T R A E G T
T O R E W O T I D X C R S A R
M A Y A W H C R A S N B P S O
R A Y O S M A H C T I D T S P
B E L D J W O N O L R E M A N
P H D I B A S T I O N S G P C
E H F A M K U L T K F A M E M
L D R R N E T A M E S A C A S
```

ARCHWAY
BAILEY
BASTION
BATTERY
CASEMATE
CHAPEL
DITCH
DRAWBAR
DUNGEON
EARTHWORKS
FOREBUILDING
KEEP

MERLON
MOAT
MOTTE
PASSAGEWAY
PORTCULLIS
REDAN
SIEGES
STAIRWAY
TOWER
TURRET
VAULTS
VICES

Marine Life

```
A M F A F K L H S X P W X O E
J E O W L I L T N E P D D C T
N L W E M G A S T R O P O D U
A C H P W R R M S U R L A W L
E W E U F A O Z A M A A Y K O
C T B I K P C Y I N Q N M Y V
A K S A B S A R G D A K S K P
T H I H R N C O O F B T D N V
S K H H E N U A C I E O E C J
U K R M S S A N L R E N V E D
R T O A T Q R C L L F T T F Q
C N J E H C U K L A O H V N M
E M F B R S E I I E V P Z A H
I Z H A Q L R F D D Z E L B V
B O B V P K Z I I E C C R N Q
```

ANEMONE	MANATEE
BARNACLE	MUREX
CLAM	ORCA
CORAL	OYSTER
CRAB	PLANKTON
CRUSTACEAN	SCALLOP
GASTROPOD	SHARK
KELP	SQUID
KRILL	STARFISH
LANGOUSTE	VOLUTE
LAVER	WALRUS
LIMPET	WHELK

```
F M F E S O O L E H T N O N T
D G N I K C A L C D I A P N U
Y E G J F T A G X J U U I A R
T G T R L L D B R S P N P V E
P G J A E I L E S A H K T A E
M A R T C E B E R O T X P I V
E G O A X H L E G A L I J L E
E F D E T T E G R R P V S A I
F H M E S U I D E A A S E B L
T P P O V V I V L S L H L L E
T B C N E O A T V Q A Y C E R
C R N A X C I O O E G E L O E
T M W E A M F D J U X E L H N
A A N N P R Q Q Q U S I Q E U
Y L T U N O C C U P I E D J R
```

ABSOLVE	LET OFF
AT LARGE	LIBERAL
AVAILABLE	NO CHARGE
COSTLESS	ON THE LOOSE
DETACHED	OPEN
DEVOID	RELEASE
EMPTY	RELIEVE
EXEMPT	SPARE
GIVEAWAY	UNOCCUPIED
GRATIS	UNPAID
GRATUITOUS	UNTIE
LACKING	VACANT

Dog Breeds

```
N L O K P I B B L H L P K H L
A E O A K O O C R I O G H E A
I E V U R V N B M I M X I B E
T L L Z J C L E N X O N A C K
A A O S H I H T Z U A S L F E
S I H I T O E P C P E Y F M N
L K S U U R A Y S N D I N G O
A A M N S P W R J E T E P V I
T L D J I K E I S S Z L E I S
H S E L T K Y D A D T D K F U
M H L R C L A M R W I O I I R
V O Y O T L B A H R P O N G E
N U C B E S I Z R F S P E R X
T G I E K R E P P I H C S O O
P H Q X B I K P K V J E E C B
```

ALSATIAN
BASENJI
BORZOI
BOXER
BRIARD
CLYDESDALE
COCKER SPANIEL
CORGI
DINGO
ESTRELA
HUSKY
LAEKENOIS

LAIKA
LIME-HOUND
MASTIFF
PAPILLON
PEKINESE
POINTER
POODLE
SALUKI
SCHIPPERKE
SHIH TZU
SHOUGH
SPITZ

```
Z G C A L W M Y K N F H D N T
I W E K Y E T X V T I M M O C
N B I E D G L X T I F M O B T
J B O N I Y U K O D U S R P R
D P A R E N T F C L W W O E A
N T G K W M D A H E V I T O V
E E R I Q O G I G C H R O V E
L U D D Z P R N A F A L I V L
T I N D E R A R Z N D T S H J
T J E F I H A N A E S A T A L
A I M G C H C P S M E D L A R
B U Q F N N O T R A C O B K M
Q H P L S A B H J Y P G I V K
G M E S C A R C E Y Q A K O S
Z W G P W C N O D R A P X L C
```

ATTACH	ORANGE
BATTLE	PAGODA
CARTON	PARDON
CHANGE	PARENT
COMMIT	SCARCE
HECKLE	SUDOKU
HIDDEN	TANDEM
INDIAN	TINDER
JALOPY	TRAVEL
MARROW	TURKEY
MEDLAR	VERMIN
OLDEST	VOTIVE

Valentine

```
E T A N O I S S A P T D F X E
I T D X T D C S R E D N E T A
Y R R C A S O R A V S D R A C
I U S A W R E F U W I S H E S
K I S S E S L R T O L H G E S
K P E L B H A O A B M E B U P
U U H X S Y T T V E X A V U H
H V P S Y S H E E E D R R V H
P X E M T R C B E U R T N A J
T U Q F M N T G S W Q S A U P
G E I K A M D E F B S U V A O
J G R M L I N R O S E S O E E
A Q O C P D F E A P A E B B M
W R E U E S D L Y S O P Q C O
K Z C R F S S E N T E E W S R
```

BEAU	PARAMOUR
BOUQUET	PASSIONATE
CARDS	POETRY
CUPID	ROMANCE
DEAREST	ROMEO
EROS	ROSES
GIFTS	SECRET
GUESS	SENDER
HEARTS	SWEETHEART
HUGS	SWEETNESS
KISSES	TENDER
LOVERS	WISHES

```
A U T N E M A T S E T W E N P
E S K A A X N N E W G A T E U
G J O N E W M A R K E T P W O
A N O N O O M W E N Z K N B R
W E L T N E W J I H L R E T G
E W W J E O X U O A A O W N S
N E E X W V G X E E N Y E I W
N D N N W W A D Y E Z W N R E
E I E A E G W W W F C E G P N
W T W N T E E R W A W N L S E
H I W U N N I R S E S E A W W
A O O G S V T T W L N V N E N
V N R N E W L I N E P F D N E
E E L R N E W M E X I C O U S
N E D N E W N R O B W E N T S
```

NEW AGE	NEW WAVE
NEW DEAL	NEW WORLD
NEW EDITION	NEW YEAR
NEW ENGLAND	NEW YORK
NEW GUINEA	NEWBORN
NEW LINE	NEWCASTLE
NEW LOOK	NEWGATE
NEW MEXICO	NEWHAVEN
NEW MOON	NEWMARKET
NEW RIVER	NEWNESS
NEW TESTAMENT	NEWSGROUP
NEW TOWN	NEWSPRINT

```
M W R E D E S I W Y K V N G H
I S Q J B A Z D G N N O C V A
L L I I M A G I A H Z B O B R N
H G O N H F M G C O R I U W A
Y E F H A S S U M P T I O N H
A O D A I I O N U O Z V Y T S
L C H A S V C S M V R A M N A
E A D U S A C U I R Z M A E H
W U S G U H L S F K I L O L H
J M I H R Q R I I N H D I N S
A S Q I U C C H J I O I V K O
E A S T E R D J J Y S C S A R
K T L R L O A R I L U A E M N
I F C F B H A O A Y E L O R N
E N A T L E B M E N E D E R B
```

AL HIJRA	ISLAM
ASHURA	JUDAISM
ASSUMPTION	LENT
BAHA'I	MORMON
BELTANE	OBON
BODHI	RIDVAN
CONFUCIANISM	ROSH HASHANAH
CORPUS CHRISTI	SADEH
EASTER	SEDER
FASALI	SIKHISM
HAJJ	UGADI
HOLI	YULE

```
O Y V C N L S E L G E N P M O
G K L E E S P E L G O N R P P
S J E V E N T S A I J Q A E A
C Y A R M O O R S W E N D H X
I R I C U E E S P O R T I L L
T X W Q G V U W R L J N O A E
I S A M O C C A O N I X W E T
L E E C S Z D C A T S A A C A
O C B I D L A T E E N N I N D
P R D S R L I L R D A Y S E P
M U N O T O L U O L T C W I U
E O W W N U T R Y Z O S S C N
D S J A B C D S R O D S K S B
I C L E I E I I P D O M N W R
A O L P R S R Z O G H T C T R
```

ANALYSIS	POLITICS
BULLETIN	QUOTE
COVERAGE	RADIO
DISCUSSION	SCIENCE
EVENTS	SCOOP
GOSSIP	SOURCES
LAW AND ORDER	SPORT
LOCAL	STORIES
MEDIA	STUDIO
NATIONAL	TRAVEL
NEWSROOM	UPDATE
PICTURES	WORLD

Risky

```
I Z D Y N A M I T E E C V G A
T Y O X E T R O V K J Z N G C
Y T O K A E L S A G O I N C H
E I L M M X S U G O N I R R A
S C F P E M Q J D T W G A N I
E I M V L H A A H O P H Z B N
V R L B T T N G R S D R O W S
I T Y R D R I H N L T Y R T A
S C A M O L T D G V R E B J W
O E H T W E L K A A V R L O W
L L V S N O N A C L O V A Y S
P E G O U I C E U C W L D R S
X L T Q V B R C K Q I A E I Y
E S D E G S M S X O S F V D B
M K S N O I T A R E P O S E A
```

ABYSS

AMBUSH

BOY RACERS

CHAINSAW

DYNAMITE

EARTHQUAKE

ELECTRICITY

EXPLOSIVES

FLOOD

GAS LEAK

JOYRIDE

KNIVES

LIGHTNING

MELTDOWN

OPERATION

RAZOR BLADE

ROCKS

SQUALL

STONE-THROWING

SWORDS

TIDAL WAVE

TORNADO

VOLCANO

VORTEX

Famous Golfers

```
N W L D L A W R E T S N I F F
Y E E O J B Y N R M C E N V V
D A G F K S V A O A K B E Y Z
Z X E A C S T E W A R T Z Y B
I C I L H H I R P O Y E A W O
M T D D S I X N A K O T R C F
R X E O N Z U I G N H D A Q N
O O C R E U Y W A H G W S E E
D L G I A N J R H T B E K G S
R A I E D M Q I P A N W X N O
I Z L W E L E P B O Y V S I O
G A H Y Y M N D J T T N C N G
U B O L T I R E P S A C I R H
E A E V C A C P E F E Y U E S
Z L O S Y A R M O U R B S B N
```

ARMOUR	IRWIN
BERNING	JONES
BOLT	LYLE
CASPER	OLAZABAL
DALY	RODRIGUEZ
DEMARET	SARAZEN
DIEGEL	SINGH
FALDO	SNEAD
FINSTERWALD	STEWART
GOOSEN	STRANGE
HAGEN	WEIR
HAYNIE	WOODS

Rodents

```
B T A R K C A L B E S H S Y P
E G G E S U G D M L K S V H R
G A O R C E R A E O M A P E A
C O U H C C G I B V C U V S I
O B T D D E K C G K Y Q E U R
Y R I W R N A D N N N S S O I
P E C B S P U S U A I U U M E
U J I P Y Y E O T B E M O D D
T L C B A W T A R E L O M L O
F O A G E C R F I G E R R E G
E R M R O K A G A L E Y O I L
A P R R S P U R O V E V D F N
H A T U A G H C A N E R A T D
T N M N E M O E R N L C S I T
D M G D A N B O R F A M P E T
```

AGOUTI
BANK VOLE
BEAVER
BLACK RAT
CANE RAT
CAPYBARA
CAVY
COYPU
DEGU
DORMOUSE
FIELDMOUSE
GERBIL

GOPHER
GROUNDHOG
JERBOA
LEMMING
MARMOT
MOLE RAT
MUSKRAT
MUSQUASH
NUTRIA
PACARANA
PRAIRIE DOG
SEWER RAT

Tunnels

```
A H Z L E I M R A W A T R R M
N D N S W Y N M T R O P M O S
U R O Y F S A R S H V X U Y V
R O L G I Y M X E E A N M Y G
A F P C I C A G L D T N I K D
H T M I L H R L V M N M N R J
E R I V Q E R K A J T A A A X
X A S O B J A C N D K W F Q Q
R D N L Y N D U R I U P T P O
I X R K R O A R E J B R U N T
V A P O N A U S U W P H F H U
E R K A D B G O A B V P A A K
R K L X U E O B T N J M W E A
O D A Y A O S H A N E E A M K
F R E J U S K B E S D K N I R
```

ARLBERG	HIGO
ARMI	IIYAMA
BOSRUCK	KAKUTO
DARTFORD	MOUNT MACDONALD
DAYAOSHAN	PFANDER
ENASAN	ROKKO
FREJUS	SEIKAN
FRUDAL	SIMPLON
GUADARRAMA	SOMPORT
HANNA	TAUERN
HARUNA	THAMES
HEX RIVER	WARD

Hippies

```
W O L L E M R N C O M M U N E
E M G U T I U E P Y X E D C X
M S W M G I G A Y F R G J N S
L S N O F N R R F A T I I O E
E S I E O T I K O Y R E C C C
Y R M L C D U C W O V P T S I
D E F G A N S O R O V T P I L
E T L P N R I T L E H Y F C E
I S W S R I E N O L I E P N D
T O L R I O N B A C I P E A E
N P N T Y A T E I T K H A R H
M K A R M A P E P L F X C F C
R E L A X E D S S P D A E N Y
T U O K A E R F E T A V K A S
I N O I T A T I D E M H S S P
```

CHILL OUT

COMMUNE

FREAK OUT

GROOVY

HAPPENING

INCENSE

KAFTAN

KARMA

LIBERALISM

LOVE-IN

MEDITATION

MELLOW

OP ART

PAISLEY

PEACE

PIERCING

POSTERS

PRAYER

PROTEST

PSYCHEDELIC

RELAXED

SAN FRANCISCO

TIE-DYE

WOODSTOCK

NIGHT Words

```
Z S L C M H R E L W A R C F J
S C H O O L O X X W O B Y N Y
O S F I I O M E O D O A Y E C
E H Y U R V Q W J R K M P V R
S A J O B T K V C E V L L A F
S D R U V P I W Q S A X J R H
E E L A O S V K A S H O R T E
N C O I I L W R S T E R R O R
D N L O F A Z O J Q C U S I O
N U N O H E O W E K B H D V N
I G E A T G D E T D N E M T L
L A B R H H D Q B H R M B A I
B M J V A R E M F F G K Y V N
X E Q J I M J S K F L I V T D
X S Y B S A A X H Z A J L P N
```

BIRD	LIGHT
BLINDNESS	MARE
CLOTHES	OWL
CLUB	RAVEN
CRAWLER	RIDER
DRESS	SCHOOL
FALL	SHADE
GAMES	SHIRT
HAWK	TERROR
HERON	VISION
JAR	WATCHMAN
LIFE	WORK

Windows

```
F E L T E E I K T G B X A Y F
J L E I R O C A M H X M N V Y
A K V H S O E N R E G K A T D
L C L T L U X H W P O I T J I
O Q A B Q M S S O P I U L P M
U L E A F T L C B F P E N A P
S S P Y A I A G M D R W A A L
I O Q I D B N B X U R A T E E
E Q N I R I C Z T E L T M F S
Y E N I S T R R M F E L C E I
D G L A S S E R S R T T I N J
Y H C K Q P O T N A A D S O S
N Y S U A D Q E K N U E M I N
N F X A A X D B T S N V L U N
F U R V S C L E A T S L A C E
```

APERTURE	LOCK
BAY	MULLION
BOW	OPAQUE
CASING	ORIEL
CLEAR	PANE
DIMPLES	PATTERNED
DORMER	PUTTY
FRAME	SASH
GLASS	SILL
JALOUSIE	SLATS
JAMB	SLIDING
LIGHT	STAINED

```
F Z W O R R D D R A R N O E L
A Y D O D D N R E B A O P Q O
S B F G R Q A A G M E O E C T
E X L O S R S W G O P P I L S
C L W U R T A S A B S R U A I
S S F C N A I G D E A A R Y P
T A J I A D T L F M B H E M T
A Y G W R N E I E I G Q I O O
S A I R G U N R M T A V P R M
S N F H A K W O B I T H A E A
E B V C K E P E N U C O R M H
G R O C K E T C Y B S S L H A
A N I W O B G N O L A S U M W
I L H B O M B A G T X L G E K
F G V N D L K L J T E L L U B
```

AIRGUN	LONGBOW
ARROW	PISTOL
ASSEGAI	RAPIER
BLUNDERBUSS	RIFLE
BULLET	ROCKET
CANNONBALL	SCIMITAR
CLAYMORE	SPEAR
DAGGER	STILETTO
FLICK-KNIFE	SWORD
HARPOON	TEAR GAS
H-BOMB	TIME-BOMB
LANCE	TOMAHAWK

W Words

```
W E L U H W E G U O W B H H S
O W W U W G N I N R A W W P M
R L O H F W U W F W K W O E R
A E W R E H H V W H A H M Y O
G U V A L E C W H O E V E R W
S N R A N D L T F S W S N N N
N Y I C E D L I A E E S E O L
E D E R D W I Y N W A E T P E
N Y W B E U E W L G K G T A A
T W W A W D A U R V N D I E W
F H A A K R N M I I E E R W O
H G G S R E I A H U S W W O A
E E X I G S F S W W S A O C U
R A T U E D A U E L B B O W W
W I G H Y W Y W L E W E L S H
```

WAGER	WEIGHT
WAKEFUL	WELSH
WANDERING	WHEELING
WARNING	WHENCE
WARSAW	WHIRL
WASHINGTON	WHOEVER
WATCHFUL	WHOSE
WEAKNESS	WOBBLE
WEAPONRY	WOMEN
WEARY	WORLDLY
WEAVER	WORMS
WEDGES	WRITTEN

```
H G O T N F S O P L W L D D Y
K F Q I N I U H R E T A E R G
Y G Q J E E O W T Y M O L A M
L T U N W O R H T M F P G E L
D A N E X E O R E G T J S K S
M F I A S G M D U Z G H W D Z
U G B T R T U T A C N U O E S
S J W A R R H M Y L I M R S T
T E T T S A U M C H Q E D S R
A E L T C S M C H U N R O E A
R Q R A T D E R A O S U N U U
D I R E H N X R R U V S Y G Q
V H R C D W T H S I N I F G I
S E V Q S Z T M A R S H A L L
D D E N M A D F I N N I S H V
```

CURRANT	MARSHALL
CURRENT	MARTIAL
DAMMED	MUSTARD
DAMNED	MUSTERED
FINISH	QUARTS
FINNISH	QUARTZ
GRATER	SOARED
GREATER	SWORD
GUESSED	THRONE
GUEST	THROWN
HUMERUS	WALES
HUMOROUS	WHALES

Three Times Over

```
E Y R A N R E T Y E L B E R T
T H R E K I N A A I R T S R A
A E T H R I C E K Q R U I K D
C D T T E O O T T I P P I A F
I L J A H L K R A E O O I T C
L O T T C R B D T D R R E E I
P F D E E I I E T T T E T C T
I E L Y R O L C R R M A A I E
R E O Y T N Y P E T E X C R R
T R F O Q R A P I A W B I H Z
A H E E A F C R L R T U L T E
T T E N P Y C T Y C T R P E T
E T R T H R E E F O L D I L T
W E H T E R Z E T T O S R A O
T O T T E Z R E T H R W T K D
```

TERNARY	TREBLE
TERNARY	TREBLE
TERNARY	TREBLE
TERZETTO	TRIAD
TERZETTO	TRIAD
TERZETTO	TRIAD
THREEFOLD	TRIPLICATE
THREEFOLD	TRIPLICATE
THREEFOLD	TRIPLICATE
THRICE	TROIKA
THRICE	TROIKA
THRICE	TROIKA

```
M A M M A L I A N S Y A J Y M
E Z R U M R U M E W V T T Y B
M K M D M M C Z M F U D S L V
O M L A R I A J S M M P L U E
M E A T Y M X F C B O M O S M
S Y M R E B E A I Y E F R R S
U O H S B B E R M A M O I M I
O N M U L L H R I E M A M R R
I L A E M H E E M M H I O O E
D I M A B L Y W C O X S M N N
O M W E Z M Y O M T B L E N N
L M I Z Z E N M U I D E M A A
E M U D D L E R M L L D O M M
M M D R M A E D I U D O R A J
M A G N I L U A M A M M Y M M
```

MAFIA	MIMICS
MAMMALIAN	MIXTURE
MANNERISM	MIZZEN
MARBLE	MODELS
MAULING	MOHAIR
MAXIMUM	MORSE
MAYBE	MOWER
MAZES	MUDDLE
MEATY	MUMMY
MEDIUM	MURMUR
MELODIOUS	MUSTY
MEMORY	MUZZLE

Latin Words and Phrases

```
L Z B P W L S I R B I L X E P
H I Q P R O T E M S I W S W O
T I U R O L F N U D D R N R S
I J O J Z M R S L A E Z Q O T
O P D E J U R E N P S M P S M
D M V D T E D N E I T U E N E
E Y I A V I O R F J M T R E R
O E D X R D C L G S S I A F I
G M E J O E L E O S E B N E D
R C I M N R T H F T Q I N D I
A F I T V I P E A L B L U I E
T N Z R L P I L C I W D M E M
I K E G C U I B D T T A D D M
A A N O T A B E N E E N W I F
S W S J N U M E R O K U D F G
```

AD LIBITUM	ID EST
ANNO DOMINI	NOTA BENE
CIRCA	NUMERO
DE JURE	PER ANNUM
DEO GRATIAS	PER SE
ET ALIA	PERCENT
ET CETERA	POST MERIDIEM
EX LIBRIS	PRO TEM
FECIT	PROXIMO
FIDEI DEFENSOR	QUOD VIDE
FLORUIT	ULTIMO
IBIDEM	VERSUS

```
O G S M W G H K Y F B F V I V
B V I A A F A R O E S R C U P
G H R M O I O O O C I M A S U
Y E I O L V O K U C V H E V I
O B F F C K I S O S K J K R A
D R A B S T A C Y I I A O C Y
Y I R I U N E O E E B U L M D
E D D E T I O V R N G J L L N
N E M I F E L I U R T K Z S A
K S A A F O G O S O E E N C L
R G D A P A Z T V N B I X I T
O P E I S E R O L F E P H L E
U I I S N Q Y N N B W C R L H
U C R U A L O C I N O A S Y S
O O A Z O R E S G O M E R A N
```

ASCENSION	HEBRIDES
AZORES	HIERRO
BIOKO	MADEIRA
BOUVET	MAIO
BRAVA	ORKNEY
CORVO	PICO
DISKO	ROCKALL
FAROES	SANTIAGO
FERRO	SAO NICOLAU
FLORES	SAO VICENTE
FOGO	SCILLY
GOMERA	SHETLAND

Haydn Symphonies

```
C M O T T A R T S I D L I Q U
R T E W R H O R N S I G N A L
N H S R B E T H E H E N L E E
E E S C C Q U B F H N L L N M
E C A L A U J A O U E A O A I
L L H C E D R X R L N R R L D
A O C O L E F Y U T N F M E I
I C A R W O S I Y U Q G U X N
R K L E R R A E B E H T R O O
E S L D M I L I T A R Y D R O
P L H A L A U D O N C N Q A N
M B Q E N I E R A L O O C L Q
I R I O S E L T X L R E U E F
L A M E N T A T I O N E P T X
I V E L C A R I M E H T K C A
```

ALLELUIA	LE MIDI
DRUMROLL	LE SOIR
ECHO	L'IMPERIALE
FAREWELL	LONDON
FEUER	MERCURY
HORNSIGNAL	MILITARY
IL DISTRATTO	OXFORD
LA CHASSE	THE BEAR
LA REINE	THE CLOCK
LA ROXELANE	THE HEN
LAMENTATIONE	THE MIRACLE
LAUDON	TRAUER

```
S P E F E M C R P S U M R K S
P E M D W I X S P F R R E N G
O Y W A R G I L F O E P P F S
R M I B D R R A S B T R M M G
C R N V C A Y E O D E T U W Y
G O G K I T H T R M P L J R D
N T I N N I C Y M I P X V L D
I S Y P P O I U F S N R E E Y
R E Q Y G N S G E T E I C E S
E Y L K G N W R Z Y F I L M S
H R J Z A G I E F V D L E C E
T W W I Z F O A R U O Y A T N
A I D L G I L F O W I N D Y T
G N M O S L R U X O N I U Q E
I S L O O T S D A O T X T P W
```

CRISP
DAMP
DECIDUOUS
DRIZZLE
DRYING
EQUINOX
FALL
FIELD
FOGGY
GATHERING CROPS
INDIAN SUMMER
JUMPER

LOG FIRE
MIGRATION
MISTY
OCTOBER
PLUMS
RAINY
ROSEHIP
STORMY
TOADSTOOLS
WETNESS
WINDY
YELLOW

9

G	S	N	C	S	D	Q	L	H	O	U	K	K	F	S
R	S	U	A	S	U	L	L	I	T	N	I	U	Q	E
T	G	U	I	I	R	T	S	G	G	A	G	G	N	N
T	K	A	I	N	L	U	I	U	H	J	F	A	V	N
S	Q	G	L	C	I	I	Q	C	I	A	I	I	S	A
N	N	V	A	B	E	C	T	D	A	R	C	N	U	O
A	P	R	Y	E	A	D	I	S	E	T	A	U	T	J
T	U	S	U	I	R	B	Y	L	O	V	N	M	I	A
S	L	S	S	I	A	W	A	R	A	H	T	E	V	N
N	A	I	L	U	J	V	I	L	C	E	H	R	A	A
O	G	M	N	X	F	N	E	T	W	Q	E	I	Z	I
C	Z	N	N	M	U	N	U	M	I	N	M	A	R	R
K	L	E	R	S	S	D	D	C	Q	T	I	N	H	D
D	R	S	U	I	R	E	C	Y	L	G	U	Q	T	A
O	W	P	Z	B	A	Z	V	D	G	I	S	S	D	H

10

A	B	I	K	O	F	S	S	B	Y	U	F	B	Q	C
A	T	W	O	R	K	P	S	N	L	G	F	T	B	E
U	G	J	H	T	R	C	B	G	E	F	H	A	L	J
H	F	N	T	Y	I	O	U	H	V	B	R	I	S	K
T	E	Y	I	N	X	Q	S	N	I	Q	B	Y	E	E
S	R	C	A	V	E	N	Y	D	L	O	U	L	L	I
T	V	M	M	A	I	I	I	D	M	E	P	I	T	J
I	E	U	K	M	Q	L	C	H	R	P	G	D	C	Z
R	N	Y	B	U	I	T	P	I	U	A	E	B	I	K
R	T	L	W	G	U	R	W	S	F	V	W	P	P	U
I	E	E	E	X	K	E	E	U	L	F	P	R	R	G
N	M	N	S	Z	L	L	F	O	V	Y	E	O	O	O
G	T	P	V	B	Z	A	V	L	A	T	I	V	M	F
B	U	S	T	L	I	N	G	E	F	G	H	O	P	A
I	A	S	U	O	I	R	T	S	U	D	N	I	T	F

11

C	D	S	C	H	O	O	L	Z	W	B	Y	H	P	F
G	Q	E	T	T	N	A	R	G	I	M	E	K	W	C
P	E	T	A	R	V	D	S	L	L	I	W	R	O	H
O	T	A	V	T	A	N	E	J	S	I	F	J	R	C
N	A	D	Q	D	H	H	F	T	D	Z	Q	A	K	R
Y	M	R	T	C	G	T	C	O	A	C	R	J	H	U
T	I	S	N	W	O	M	W	O	E	C	Y	Z	O	H
S	T	R	R	U	X	Z	E	N	H	R	O	O	U	C
A	I	O	Y	Z	Q	M	S	I	A	M	Q	L	S	F
N	G	T	N	I	X	U	V	R	B	H	A	A	E	P
Y	E	S	T	I	S	E	B	N	I	M	P	P	I	R
D	L	E	W	V	S	I	Q	A	R	E	O	R	S	I
E	L	C	N	U	L	U	U	O	R	E	H	T	O	M
I	Z	N	I	X	N	N	O	C	P	E	V	H	X	K
K	Z	A	Q	B	T	Q	M	C	V	T	X	J	I	U

12

E	B	D	A	B	R	U	Z	Z	I	N	U	I	E	Y
U	R	L	P	I	B	H	M	B	T	O	E	Q	D	S
A	I	E	R	M	R	F	O	B	I	E	R	K	I	H
I	S	D	S	R	H	U	M	C	R	L	D	W	S	G
S	T	H	Y	I	R	N	G	O	O	I	A	A	Y	I
E	A	V	P	G	I	E	P	I	U	L	A	R	E	R
L	V	F	O	T	N	W	Y	I	L	I	P	W	S	O
I	A	G	R	O	R	L	X	O	O	Q	S	X	R	N
S	N	A	H	E	A	T	N	A	M	U	R	E	E	D
E	G	R	R	S	C	I	V	A	O	C	A	R	M	E
E	E	E	S	O	A	A	O	R	U	N	E	D	V	K
Z	R	E	Q	N	M	N	S	R	F	T	E	Z	U	L
V	H	I	Z	S	R	D	G	L	V	D	U	G	M	F
T	C	K	O	A	F	G	E	A	A	G	T	U	R	N
M	K	E	T	L	O	L	S	O	R	M	L	A	N	D

13

J	G	F	N	E	U	T	N	E	I	D	E	B	O	L
B	I	F	V	G	P	P	R	E	G	J	B	R	A	O
Y	H	T	R	O	W	E	S	I	A	R	P	E	U	V
S	I	H	S	P	V	M	W	T	E	B	D	P	I	E
V	S	U	O	E	G	R	O	G	A	I	P	U	X	L
I	A	L	L	U	R	I	N	G	I	N	Y	S	U	Y
R	P	C	D	S	P	E	C	I	A	L	D	V	V	H
T	Y	W	N	W	J	B	W	E	L	B	A	I	M	A
U	T	N	A	R	E	L	O	T	V	G	L	O	N	I
O	S	V	R	G	U	L	K	M	R	A	G	H	D	G
U	U	B	G	O	V	I	O	E	U	E	R	Y	B	O
S	R	R	A	O	N	D	A	Y	N	U	L	B	C	N
F	T	L	Z	D	E	T	M	T	A	L	L	N	T	R
J	E	G	L	S	X	D	L	V	I	L	F	Q	J	R
F	P	Y	T	I	I	E	X	C	E	L	L	E	N	T

14

E	G	U	J	C	V	L	Y	M	O	T	F	O	F	A
E	Q	X	R	E	P	P	A	R	W	L	T	D	G	W
L	T	I	U	R	F	I	W	I	K	A	E	Y	R	U
P	S	O	Q	E	I	T	P	J	T	G	Z	W	A	H
P	H	Y	M	V	Y	V	O	O	N	F	Y	D	P	M
A	X	S	W	A	L	L	P	A	P	E	R	G	E	M
S	R	Y	I	A	T	P	R	T	A	N	A	N	A	B
Y	Q	Z	B	L	S	O	P	A	I	N	T	N	L	L
L	N	E	P	K	O	M	N	C	K	O	D	L	A	S
A	L	Y	I	T	I	P	A	M	N	A	E	C	W	A
A	U	N	A	R	B	R	L	I	R	H	E	E	A	T
T	G	Y	H	O	R	I	O	I	S	D	X	S	S	S
O	A	S	B	O	Z	N	N	G	A	M	P	A	E	U
D	A	P	T	L	Y	U	G	Z	G	N	E	V	W	M
G	C	H	E	E	S	E	R	I	N	D	A	U	F	A

15

O	U	H	Y	G	N	U	H	S	I	F	A	W	D	Q
D	E	T	U	H	C	A	R	A	P	M	N	U	A	F
E	R	E	V	E	I	R	T	E	R	Y	C	X	E	L
F	E	O	Y	T	G	C	R	A	C	A	L	S	R	Q
D	G	K	C	R	S	K	E	G	T	A	X	U	H	F
V	G	R	Y	E	A	K	L	L	T	G	L	C	T	E
E	I	U	L	O	R	S	B	E	T	X	H	F	S	G
H	D	G	C	E	S	U	R	S	Q	T	R	U	E	D
C	U	E	T	A	H	E	A	E	I	Q	A	A	D	I
N	F	R	R	S	C	D	W	M	V	N	I	W	X	R
I	E	R	R	I	T	R	S	Y	W	I	C	G	I	B
F	V	A	E	F	A	O	Z	O	Y	E	N	E	S	E
K	E	N	B	T	W	H	R	T	O	M	L	N	L	T
Y	R	D	P	B	S	B	W	S	N	U	M	E	A	A
M	O	E	N	G	Y	A	H	H	R	E	R	R	E	G

16

S	K	C	I	T	S	P	O	H	C	Z	O	L	O	O
B	O	S	U	A	F	L	G	M	X	S	O	F	U	N
L	W	M	W	I	Y	E	U	S	P	O	H	C	E	C
T	T	Z	A	C	O	S	N	P	Z	T	U	Z	E	H
F	O	F	F	H	M	O	Q	G	Y	L	O	K	D	O
N	W	A	N	I	J	G	L	P	S	V	A	N	I	W
I	S	N	D	W	J	O	H	O	C	H	L	G	G	C
L	C	T	Q	E	R	O	N	H	N	K	U	N	H	H
O	L	A	F	S	O	N	O	G	Z	G	O	I	N	O
A	T	N	I	N	A	W	Q	J	G	H	S	T	O	W
K	U	L	F	P	M	K	P	O	C	H	U	D	T	Z
R	K	U	E	E	G	E	F	U	I	H	L	F	N	P
B	Y	K	I	P	X	D	O	N	K	V	A	I	O	U
F	O	N	G	C	L	S	T	W	O	Z	H	R	W	T
E	G	I	N	K	G	O	H	G	N	U	G	A	B	Z

17

```
S E V I L O L E E V R L S Y P
B J P Y K T L U A N A E N K S
R C G Y E L D R R A T K A D E
A R O W X N E D G A W E T H R
O A X T O E A V E T R B K R R
N W Y X T L H Y V O S Y D R R
I A Y G A X O V H U X O J E E
U K T R S X G T O I U S U R R
Q H A X T U M E N K L W C P P
G G O X R H C U C A L Z C U E
E X S Y G Y D E H E R L L S L
U T R M A O U S O S E X X S K
Y Y F P N M M A P P L E S S E M
C I N A G R O S E M T L S S
I W H K L M N T L I T N E L
```

18

```
M U A S T E R P I L S W O C D
E J I E T T E N O N G I M Z M
T J V J K B J X W V O A R C M
I G L A S O M I M X S I J I E
R C A D U U T U L P B L F M V
E A S H L G G I U I L H L G O
U L Q D V A P T M L L A T A L
G G O A A A A S C U E U P A G
R N A I I T N E G J T W I C Y
A K F S S V J P Y V D H I N O
M S S Y F I C L I D E N O E J
P R K N X L O Q T E R O E J
A I D R A L L I A G P O P P Y
B G Z U C E K C O T S Z A V J
I L U M T A J Q C T L D S J Q V
```

19

```
D H E D A O B O N O B H P S T
I T L E O P A R D A A K R N A
K N I Q X R U Z O D A O Z A R
I A R Y L M G O D H S U B T D
K C Y K E O A O F P S P K U A
I A M O R X K N J O R V G G
K L T N Z K K K F E N C
A E D I P A K O D O C V O A I
H O M T A R E R M E U G B R N
R C H E E T A H J R X O B O F
T A S M A N I A N D E L L J
J D E M A R G A Y X Y D G O F
K D Z W O U A S V Y Z I L Q
W A C A W R E G I T R O P V
K X A R Y B L H H H X B O Q S
```

20

```
A S N O U E E T U T A M U E
K Y M X C O N L P S H E I N I
R A L Y C M A T T B M Z N A R
A Y I R E R A N H A X H J D Q
U S L R E R I R R A B N V N D
J H U L T J E M I G S F I E
D T L E Y M T H A T T O H N L
A A Z G A J F E L J Y J O R I
M P N G C E A E H B F N T E M
A Z O R B D U M O E R O T H
E G O J T N O P O K T Y T U
S S W O C N T S H N B N K U O
S N O W T S I O T R O U T O R
K F F O A X D R I B W O N S C
```

21

```
L G Y B E V L A S V E I K I B
Z A H O L A X K W O T O N U V
N D O V I B U D V J B B O N C
G Q W S E D R A T S A N E U B
P O D K B L R S L N G E O E E
A G O E S O X L A I N A T M Q
A I T Y D X M Z O O O O E S
D N O Q M L A R M A A A R J
M E U O T O N E L M L A U H M
O T D G E I R J K N M A A O
B F O J B V H N V J N T B L
Q A C K M M A S I N C C D A A
C D E I R X Y J O N O L L E H
K O K O A I I B D M G A K W S
L G T F Q O H O W G O E S I T
```

22

```
R S B F B U C C I N A T O R E
S A D E C R O L A E N O R E P
P O N I S T O O O I N W R G U
U S S C O O S T E A D H O Z P
H P S P E C T A C L B R T K F
R F C T L C H R A N T A A E L
J I G O A E N T O I L O O N C A
R S S N N A N U M E E S N V I
O G U O L E N P S O E N N D D
S L L E R E L O U B C P U X M
U U M J L T T E S I N N S S O
R T X A A O U S X U E C R Q D
T E O C D S S E U S B E M B
E U U R E P L A T Y S M A P A
D S A R T O R I U S E V K V S
```

23

```
S L L E W Y R A M A E Y A K Y
M O J B Y R D S S A B S D C
U H Z S R E M A E R D N V Q E
Q W N H O J N O T L E F I O
S E O P Z T N K V M H J T S
U H T W A U T W A E J O K M
T P N L D N L M P N S O
R T A U Z C E A E L H N
E S L A M I N A H M M O N A D
M K C N H H E J M O P B D S
E I C C E V N E P L V E O N
S K I K J D E E S T O L E W B
F R R N R T P N J S L S S A
Z J E I S S S E L T A E B I
J H X C H R I S F A R L O W E
```

24

```
K S I Z J N Y H E E F D R E O
A T C P E Q W H U R O N Q E C
T B T U R E H D L A C Z A N
O E O W O D I H F Y X N Y U T
K S E L A U V E O Q A U A U Z
A N E E T S Q Q X J G M O P G
D A N A R E A E Y A D N B T Z
B G W R Y Q C K P M I U O P O
O A A I M A P U C H E M L T W
C R P K H O M O C L I O J O X
D R Q A C M T O I Z H E R O A
O A E R C A O H B K S C O C N
L N R E N H K Y A W I O E N V T
A K K E K A E E M B I P B U
I A W D K W A H O M Y U M Q I
```

458

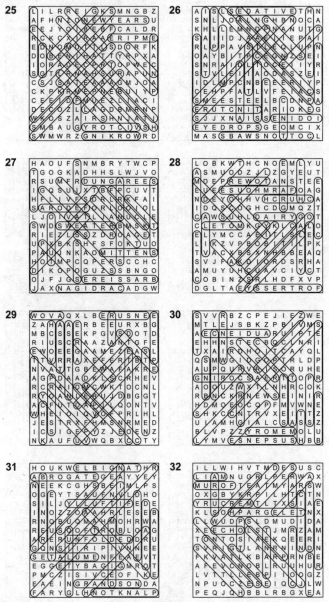

33

```
M N M Y E T M B A R Y O K W E
F Y A T H N F K R R O Y E G G
A T I T I I L L W E P C W H
S O C V T M E R E R B M I P J
A W L B D S V R G U A E L A V
O L E B A S I H A E R A E G
S Y N M F H L R W G R K Z Q Z
J U E Q O R V Q H M V E M O V
L F T Q A L E Y A C N L P M F
J S T I I U U O D Q S Y L V I A
E P E S T E P X H A M I E O I W
L C O E R M O A T R E N O W A
T Y O R E L S E R R A A E K B
O C O W L V H J I Y A L B A E
N R I Y A M I M E J A B C I D
```

34

```
N O I S U L L I G I L L V P L
I L L U S T R A T E O L O F D A
S U O I R T S U L L I L N M R
I E I H I L L T I M E D L I E
A M L I C O E F L L I L L T B
I L L I S L E E R E L I L L B
I N L I I L L R I S E R E L I
L U I L L I F E B G S L L L L
L U Y N Z I L L A L U I L L U
W W R I N E O L L E L S L S C I
I L I L L B S U G I T L I U I
L O A L F P S A I H I W D V T
L P E I L L L U C K N E E U
L L I L L F A T E D F G L I
I L L W I I L L T R E A T E D
```

35

```
B R O K B B T C I E E M I M T
G H J G E R M L H D Q X E R O
A H A G I B A G P I C K E T H
T W A X N O E N M U M R R C G
Y M Z I G I V A C G M Y N G T
V E Y R R E H U P H X U I N O
C I L G J S F S S C P E D I N
F R X P N C Y A I F L I G H T
S B N F L I T L L F E E B S F
B M K E B R V X B A D D I A D
U U W E I I L I O M G T H W A
Y L V P K S O H E L E N I A M
A P E X B T A X L C R S S C E
E F N A X R E S E H E E S L O
K M R I D C A O H N B R O A T
```

36

```
Y E I E S S E A C P R H E M Y
R G L S P W E R K X L T G S S
U R O I S S X T P H Q L N N Y
S A E C Y N T O S R A A S D
A H S X R C T E E N I E H F I
E C C E L H C C S T M W C G S
R F D E A R E C S A T O N B I U
T R H N C U D G R E A P D S
O R C J O L V A R R N U E D S
H E C S J R N I E U J P N U
G K E L U I T I V C E U H
S R C O S O C O T N D S L F V
C F A A X N H C M I N T I N G
A D R N S E X C H E Q U E R
B U C P T H S P A B V S H W U
```

37

```
T E S W F B D M H L R C J M V
R N A E N O L L A D D E R H R
E I R P L H Q A P L P N O D E
T W A L P C X T O T L S H K D
R T X A P N Y O C E E Q G D
E T O S O E R O B R R T G A
S Z V T S B L O I C A N S R
T O U I K K N P E R O R S E
L P I C Y R E H U O R O C W
E U G B E O O C A T V N T V O
S X Z A B W K F S E K A R E M
X A O G G E X M L J A B D V N
S P C S T R O W E L A F E W
A N T K I L L E R A P L C I A
L I I U S B O C E S D A B S L
```

38

```
S A T E R L A C I R E H P S A
R A R E L I H P O L G N A S M
D E M A R C A T I O N T D H D
X F K Z N Z A B M F L U K E S
D D C C O M E D Y U S Q B R J
E E D I I A L Y A U N E T B C
N L X M T O U R C E I
E N Y O P G E O T E E R F S A
K C B M R A R O U T E R F S A
A A N X M R E R N Z E S S
E T N A Z E X F H A O D
W E X R I R A L Y C I T N L A B
E N K S B B A N S K P U T I
M E P Q S P M E A L Z R A W M
T A G G R E G A T E O W L T E
```

39

```
A O D O O S P H E R E F P O S
A O A Y L L D E L M E I E P
Z A M Z O T E H T I L O O O S
E W A I X L A P H F W Y U Y E
M E L A P Q L A A T O C O G N
E L L O C E O U R S P O I O E
M P U G C E A X H M E U O G
L T R L R J L R P U N E S O
O L A O A E R O O S T T O
O M A O J W S H O A G K S E S
K L F N E A A S E O U T N L
L E L L E H A T X I C B R
D A Y L L R A R E O R R O E M
G N I Z O O G O O H E Z R C
A A R D V A R K V N T E E Y G
```

40

```
I Q U X E E Y O R E S D U H Z
H W N S K N A H S K O O R C B
T N I L A H O Q U R R L X M E
A A C N H P D D N A O W N
H O B N U U O K H X N L H J
A K R K Y I A G A R T M O T U
Z E N Y T R E N V M B A B A R
E R A A N T O U A V M S E
L E P N R O G R H N B D U L
C H O A R T E G I E E U D A R
A S L N X N A L E W P M C N O
U G E E C L X G R M O T I W
P A O Y A I F O Q X M O O Q F
U L N P B K X A F W O D A H S
L F Z O P H S M V X H Z P Z Z
```

460

41 **42**

43 **44**

45 **46**

47 **48**

49

```
P E A N U T S Q S V Q H P S T
W G G O D T Z K R E W R T V
E M A E R C M Q O C E A E Z Q
V N N C J E U O O A G G Z O H
S P I R I T S L A I N X R X R
W B A W H G A X C N P S S U G
E S L I A N G N I T I B K N B
A X Z O G S N G N I K N I R D
R V R S G N I D D U P L G H D
I A E Q F G V I Y Y S B B A S A
N Y G S Z J I D I Y M R Z E I D
G R A U L I R N A K C A K E S
I J U Q S C D G G C H I P S R
G N I B B U L C U S T A R D J K
T E E B O R R O W I N G J J K
```

50

```
E A W E L B B O G C Z G K N M
V P O H U E S L O E T S B I E
K Y L X W I N G T S N A C K T
G U L P E O V E I P T M C A
R S A J T Q L G B D W N B U C
M I W O S D F Y B E N H T I
G E S S A N E P D A A M S T
K C I P S Q V R O V E X V S
C Z T S A E F E O E M X Z T A
P O R E Z S C E R U N U P M
J B N R H T A B E G R E M Z N
N I U S T A I H W D E O B B K
D F L L U T U E A X H Y Q I X
B U O G E M X F F C N F I N E
I B F L E M E Y P R E G N I B
```

51

```
B C G A S B V S R D W N E N Q
A O N I V Y K G Y V F L E Q R
G L S F M I C E E F C M L A P
U L T A N Y E L G S O S P B F
W A S D E I N V U D O G H Y R
R R T I K R G M B X O N O V R
U B U X T B C A I H U Q U V
M O G A X T A N G D N L I P S
E N M O X E O H A B R A I N N
F E W P H H A L A P U I K Y E
A R T C E D R N G F H S F D E
J R A E V U T O O I H P F L
S R L Y C O E L M P H U T P
T S E O T I R O N K R E T E S
W D J R V Y Y C A J T M K V A
```

52

```
Y M C C K S G Y E M T Q B N R
N K L B R G N T L P D F Q X P
Z R N Z O T N R B A U D U O O
P E C U W W Y I A M X R L F L
D T Q T H C L U C Y O Y L P X
O R X P C C O T L A E C V I G
U A I H T G N T W S H C B N
B G S H A W L Y T S N A N I
L L O O P S B E C K S Y S B
E C L I N B R W N S A T T T
P L C C O C E A K C B W O R I
K O O H T E H C O R C S N E T
T O C L T M O A D B W H L T O
R W W P J S P A O X W W C S
H C G J Q Y G F R N W D T H S
```

53

```
C Y N O D E C L A H C R U X E
O X B T E C B Q N D J Y V H
R T E D E B T Y F K N C T G
N J A L R S T U O N X I E
E J M A Y R Z V T Y Z T I I
L V O O H B E H Z N C X I A I
I W R T O A I P T U R R N L
A J E B R N B B O K C I O
N M B L E Z S N A A O T P
A E M T A R R A T S N E A
B N A P E R O T Z L S G C
B G O V E G E L H N M U R F S
A T D P O I C I N E U L N K
T M A L A C H I T E B T Z I H
E N I V L O W A Y C I S K G
```

54

```
D H Q U E S B E J R D V P U Q
B N R Y E U Q Y S A E U Q U
G O A T K E S Q U T T V W H
V N N S U U Q O Q U E A S L
Q E I O U U P R W A Q A
U E N Z T C V U U U G L Z
A U B I A Q Q O R O N M V T
I Q E O N U U O R C E K E
N N E T N U U U I A K U U
T U U G I E U Q U B A U U Q
I Q Q J O H U O N K B L Q D
C E B E U Q U N U J C Y L M J
O U H X Q Q U A K E R A E S
Q B Q B A L L I D A S E U Q U
S U O L U R E U Q U E E V Q Q
```

55

```
C A L A C A R P A T H I A N C
A A I A E N A V A R A C R E A
R C R Y V C A R C A R A V B R
Y C A R D I F F A C R C W P
R R A C N E N C A R R I A G E
A C R R E O R S C W E R Y T
C A C A T L A S A V E X L
A R R R C A R T C E R E N A
R A A C H E O C R A M R R T N
C C O A T S G O S A A A O R
A A V R U A R G D U O R B C A
S R A R R C A Y V R O R A A C
S C A O A Y C B Z X A V R C R
A C G T C A R C H C O O A A C
C A N A I L E N R A C R A C C
```

56

```
A C P E N A C U L R A P P C G
T L B P Y F Y P A S M E A E N
M P L O T I O N S S R C A I
P I P E E Y P U A O O U S
P O P L A R P A L R E U A
G G U V X P O L A P A G D H
X N R I Q P O B Y N A A W C
U K I C P B R Z L Z O X M M
M E F G A N A A E E E A U
P P Y E N O C P W R M R N
G E A P T U A U N Y B Z E P
H O P P R H L P X P O L Y P P
B P M O V C P P E P P E R Y
M L A S P Y H K J P O O K O R
F E Z G N I L I A V E R P I P
```

462

57

```
Y N T Y F W M F R E D D A L F
R D T O W E L S N L E S L I N W
R D L R W O I M M O G O N G W
A C O A E A N R P P A C H H X
P G T V R Q U A N L A T I X R
I E I D C D N W A A B S X A E
R X O U R N C A T Z T V F N F
X E N J A E F A Y L O T D L G
C R S S W P K R E N S F U E V
P C F L L E E N Q U M C K U
K I D I A E A W D E O X O Y I
U E I E Z D H N O A M R N F
B S U D O D Y O A L F W V O F
N P L S W W I S T R O K E S M
F N J F O Q N L B H U K T N Y
```

58

```
S G H A U S D D B A F A C Z K
R O L H O D E S Z L P I E N C
E C A O D O T S A B E E L K A
D T A E Y O U S L I J L L S S
I I F I R O E H Z C A C O M P
U X O B E S S E F L P H L C
G A S J I M L W K G S G O F U
D U E G H A X I N S R N N M
L R H I W T M C A C R I E U U
E T C Q E L I P L A B K F U S
I P T R N I M O B R N L I C O
F Z A X W O S E B F V A N A C
P A M I C J A C K E T W K V K
S E A T I K D I A T S R I F S
R E N I B A R A K A L F V D C
```

59

```
S X Y U H P C A N D L E S L C
U E C O V I Y Z U G F X T V C
P Y E U S E T X D R U H N C R
I L M I R O N H I I M E E C R
I G M M O S N E E C O W I S Y H
P H I W E R N C A M R B E T Y
C L C H E D A S A E H R P S
Y M S E S S E M I E P I B S Y
J I E U E X N L M I R J A D Q S
W D H M R P A S I C H R E X R
B I A K G P S P W E A H D N O
U G T I X L R F K C I T Q W O
N M F H O V X I L I S F O O D
Y T R H A C O M S R N S I L N
S N O I T A R O C E D S H C I
```

60

```
A F F O N U R K D R R E B Q E
H J C I P G M T I N E G X Y Q
O S G W A C E B B K O V I N
A E U Q D Q S T M P A C I M T
B U Y W V M U D O N D U S R Y
U R A F A U G I U L V J B D O
A L E H N Y Q S C I T O L A
K E X L C A H D P K U R E E F
R S J Q E W P N R A A E V T
A O S C L A J T N S V V F A U
B O H T S N E S I E O V O R O
M M T P A U Y E G M R T W T D
E A Z U P R A E P P A S I D A
E V U F F O T E S C R A M M E
E S R E P S I D S D A A U A H
```

61

```
N K P M N O D T S E R R A G S
R N M H O H O O Y W S Q V Z E
X E O S H X R M A N G E R O M
D J T N P E V A Q D Z U F A
F T X A H K H M Z M Y R R H J
S W I B A U O I S L E P S O G
D B F L I R C Z L N H M L N S
R J I E S N E C N I K N A R F
E P C T S I R H C E P J N R E
H P U H E N M O E G L Q Y N Y
P N R B M A Y O S N Q P R O J
E T C B Y X U N W D K M U R
H K B R Y U O R E M E E D E R
S H U G A L I L E E L A I R T
I O W L D L O G H E S X P C C
```

62

```
R Q R R G O Y H S U R E Q C V
E R W R T F C A O H P C B I W
L C E K T W F I W A V J Y S Q
L G F D A Q R D X Y A P H E S
I K J H L Q A R S N V F N U I
T Q S P P A N B R A D L E E R
S Y N N G C K S T T E Y E L R
O D D O N Z L T N E Q J R B L
X X N O T M I E H N E G G U G
F I R A E L N U Q C E X W G G
A R Y K S L E B U K E M O O R
X C O H M O H J R W B H T X L
C L A H E R O M E A D A V I S
L H M L W U C S Z T P F J Q
N H R X F S T K N E U T H U B
```

63

```
M A R E C C H I A D J T W O A
C E N O T L B N R E V E S Z V
M R D O H Z Y A J D S S E A F
G L F W V E V D P M O D A U L
W I N R A A K X E I N C J V X
C V M J Q Y E L I K M N J A
C O Z O R N B R E N D O X Y
R L J O N B E S O O N C C O
H J W X E T M C I A N I O S
Z G R R E K E H N M E B R Y
E V I R A G R T F D Z U G E
A N L O I R T O F E D E R N U
U N O L Q R K A L L I M I A
A F A H S Z T I N K C E R S D
B Q Y V G R E A T O U S E U X E
```

64

```
I E N A N G E L I N A X X S T
Y S S B A C Z F J P V S F A O
V D E R A T H T I M S M E N E
Z I Z V T J A L A V A Z R J F
H A Z V E D W A R D S V U A M
N O S T R E B O R Y R R U C S
P M M T W Q R Q C M F N Y I G
R M S U E D T L J N W R Q N W
G E A U M P X H O D A E H T Q
N N P E T H R A M A L F O B
D A U S T I N E C T N Y B U U
Q Z G O A D I N N A T U L L
W P O A J U G U A S O P Y P R
N A M R E H S A X F R K A V B
V C U Z Z R A N D A L L E Z N
```

73

```
X F F I J F F U L A F F T M S
A I S T A F F A D S R E C R F
F F U L B S I L F F U I Y A
W A F F U G W F U I A A L P E
F F H X A Z H F L O F S F F N
I F T U M I A I F F T F E I
C T F H T L F R A D M I A F E
I I A B C W F F Y E N I M F A F
F F U B E R Y E N I M F J A F
F F U A F A U F E F L W C A
A A F F F F I N F A F Y F E C
R R R F E C U B U T F O L D
T G U L U Y O L E Z L P U I
F F O E W F E V Q B D F F J
F A B N E T A I L I F F A Y F
```

74

```
E X K R E D I C E D T I I S H
T K Z Y S I A E U Q J P I T N
A B I X P H Z T K L G K O B U
P Y Q L O I R F P Y I I D K
M N U L U F K I I C E T E E A
U D N I S E I S Y E E A W
J I Y D E J C E P K O A N
W T W M R H S N E U E N N A J
R N T M G O N U O C T G U R
O I H U P S P H I U S L O E X
F O C O N F I R M E O K S W H
E P R W E K P K E C O H X C
T P E C C A F F I I A T E
O A Y F T I I V V H I S Q
V C H P M T J K E V O R P P A
```

75

```
H Y T N G I E R E V O S A Q C
I N F L U E N C E W R N U G H
T N E M N R E V O G A O T M B
C N J U R I S D I C T I O N P
N O K S S I M R E P W N C E O
C I M M U N I Q E T I I R W W
O T Z M T P H R Q Q C M A A E
N C A G X R E F U I O I R R R
T N Z A R S R O T O D I R R
R A F I S K S E R L S Q A X
O S P W R G W S S T E A K N R
L M A R D W X K O T U N M T E
E V U A L L O W A N C E S F D
U L F Y C N A D N E C S A E R
E S U P R E M A C Y L W D W O
```

76

```
I S S C I A S Q M S Q G O S R
W A U A U G U S T U S U R X
D T T N U S R V U Z R I G E B
S I L R U Q G O D E D R C Q K
U B E O F R W X M U P U E A
N E R T N K B U A A W I T K D
A R U A E A S L C B N X L R B
I P A I R R C B A T W B L Z
R X S D O C E W I R A C Y A A
O X U A S Z X L K S L N C B
L Y C L L E X G E Z I I E Q
F Y R G N U V N S G A P L N U
Q T A X S S X I F F G P E P
Z V M F Y C R O L V T W L S B
O I Q J A F N P K S Y C D E S
```

77

```
A Q Y B C Q U B S O M A L I Y
C S C K M N R T I A S A M F M
M N S R H E I G N R Z M S W W
U E W A O O F U N A X A Q A T
R K R G B B I H B A B T B S X
S I Q U A B A K S E F A X U I
I B D P S M N A H R T R W A A
Z I I V U F A D T O O E G H Z
Z B N D T P S N W I L M L I
Z I K T O H Z A D C H E X Z N
B O A S M U L G Q I U D U N S
F K L O W T A K V P N L G L G
S Q S N S U R P A X U G L V O
S W K G I S N E L L A T O A X
D N I A I O Z A N O H S Y A X
```

78

```
L A L T N X M C L A C S H Y L
N L L S U O N U M U G E L L I
O K O O M L F Y I L E L L W E
I E D A N O M E L L L R I O R
T L I O N E S S A E U A L Q
O A I Y E E I I L E B G A B J Y
M L A I T Y D I I B L E N D
O Y A P I H S R E D A E L E C
C P R X L L R A S Y O I B L
O F R E Q E B S L I T T B O I
L I B B T T P D E F D W V O U
P I O H A T V H I C V C P L I
L H C T A D O N O D N O L R N
L A S E O L X L L Y P M U L O
L Y I O G Y L O D G E S L G N
```

79

```
V G N I T N U A H D S M A L L
O T S I E G R E T L O P Y U C
T R R E V E N A N T I W G O Z
E X O R C I S M N O R H S S O
K X I D B O S A U A O P U B M
M O R N T A H S H S P T B
O F O A C R I X A U D E P I I E
I S G P R O U N A D E R I R E
T S E E S S B H H N C N I N
I H Y K S L A F S E R T S A
R A M G Z S O R O F E R T S X
A D A H M J E F R F A U W X
P O N O Y X Y N Y M Y E U R Z F
P W F U A L J X C A G A A S T
A B A L E C N E S E R P L T J
```

80

```
D E K F M D E U E E Q M O V E
H O Z M A J U L G T H C N O E
A S P O M B E R P I I F V T F
A R G P M C A P L U E E I V E
K E E G T H T R C U R C W M Q
F L R C D E O U W A A F S
N P X A V P S V R U K L T W Y
F X U M R I P O T K F D X S Z
Y C R K I A U K E N U L Q T F
Q V U M R G L E U S E A U I M
N C S D H O I T C A H R S Q
L E S Q N W L H A D E R G H
F C K W E M L V U E R Z J K
K V Z A A H T E N S E U P F E
B I X X W Y W S C Y P B A O L
```

Word search puzzles 81–88.

81
```
E L U D E H C S X L Z E A P V
Q O E M S B B W B Y N B V T
G Q Z O N S G N I T A R U R S
M H F I E Z J K E R E E C O B
F O E D R G V R T P O P E R A
E Y C U D S L E R S V T C A
S Y G T N A A A E E F I L M S
W W S S K T A G R V P J O P
I D E N H S D R I E V I N W C
D J N C N V E S C M A L P R
L N I W U U S M R O U Q D
G Z K O C T Q A R R A Z S R A
U O S E A P V C X D P A I S
A M A R D Y Y N E E R C S M C
H Y S Q A W J Q D D K O B E N
```

82
```
J H E T E E R T S L L A W H
F I S G H I Z A K E V S L A
N F K M N D E C M A N K U R S
R Y F E A E A S J Y N C S R
B O L H R S E E R M S S E
R I E K A R R K E U J E Y P
O S G R O U N U H R G L N A R
A Y T A D E C E Y S R A R
D C N E F R B O K Z A F C
W A R Z E P T O N D O C H F S
A M M L I Y H U E D U
Y B R O N X Q E E L Q A O T K
E L L I S I S L A N D R R S S
U G R E E N W I C H E L S E A
Z T S N E E U Q Y A W B U S H
```

83
```
H G D P E J Q R W A U F D Q L
N A C T S B E Y A I D G Z Y O
M L N A H O R L I D Z A A P G
E A T E M E F A E R M A R Z A
R D G E N E O R W D O O G R V E
I R C O E O R N E D O A D M
H I N L I E R E E R U S S
S E E C O H I T Y R F B A Q T
B U F I I M E N S A U S V
O U R A Z G O R A E N N G C N
N T V A D Y R L G I Y H G E K
S B U W B C O E P C W E W C A
K C A T S G C L B W Y R L A Q
S R D T E B T M A R A E N E Q
F O H L S I L M I G I L D O R
```

84
```
L E M K F L A P A R N N A W P
E E L N T R J C E L B B A B J
C A E K E N J T N U L G I Q W
T B L S R A T U F T P T G C
U C A T Y U R B L T E A Y L
R T D U S T R A P E R E T T A N
E B R O N O A U R X R A S P U
L N U E U J G T N U O C E R G
E W Q T N N E S P M I E O Y
R T A S A N P S O O M F L N R
E V A R F D A R E W W N I L L
F X A R D U A B R W N T L U V
N H U R P T H E A O G N L N F
O A R G E C G M W W H O E C L
C O M M U N I C A T E P T E D
```

85
```
N G S E T T O L R A H C N Z L
I V I C T O R Y N U A R G U S
A T W N H I R U O S S I M P R
H A G J T A X D W V K S B H O
U Y E D E R R Q A M F I E T Y
H L T T O N E N U Z F V F L A
Z O T L E P H O W A R D L
E R Y I N N O R R O R Y L A O
F H S E G A R O R D R N M R A
G C B X A E D O P P W S G I K
M Z U L K R Q K O H R K T N W
J J R Q A V J H J X D I R G X
E S G G G P R Q J I Y Z S O M
K Y O Q I N G D A O J N F E L
C N G L R N O S L E N W H E T
```

86
```
A T F C V L I Z T A E J F C D
V P O L E V E D E U Z F E V B
L G X P H N W M C S U R G E A T
U Z O S C L T I F E N E B A T
M R E R A E N T E G D A F F T
P N A O V K V Y G J N I H Q E
N M E G P F Y O D H A E T N R
F F R O N R R L L S P S H E E
M O V E A L O N G V X A J V P
W U X W X R V M S S E E I O S
C Y S O B A A K O X A R D R O
S S H O V E L T H C N P R
S L O W A T R S S E N E M P
H S P U P E T S N E K I S U S
T A U G M E N T I A E B X M R
```

87
```
D I E M S R G E H E D R A S O
V T Q U A I T N A D N U B A
E R U N V S S O P E F B G C M
S N Y E U E A O C Z A Y B A A
I W N U R U I I X T Q R M N
A U Q E I L M B S A N S P E A
S D C G O A E E N X N S L R I
E F O I O V A J H O U C C D
E N I D Q T S E L E N L S U R
E G E R I A U M R Q A N R O
T T I L B N U L K N C S G Y C
R G D I E R R P P L A I T Y N
A T R O M S B E L B I U T N
T K C E R S E C U R I T A S C
A B U N D A F O S U L P S N I
```

88
```
V B G Y N N U B F B V E U G C
Z O N R R D S U A P C U O H H
T N I N O I S S A P A O O F
N N L C M N K P I P D R Y O
O E K H P E M Y O C Z A A S
I I T C I T I M G R H R F K D H
X A U C L G T I B O S Z B I E
I L D K P R D I S P T H F L E
F O D R I A C S A P L O Q O L
I C Z A U B L C W R A M H I
C O L C A U M O Y H I P M B L
U H O D N S U S E J B R Y B Y
R C N S Z U G A G E B I Q D C
C U Y P T H G G Q E O L L X H
S O G H S I F L E G N R S B O
```

89

90

91

92

93

94

95

96

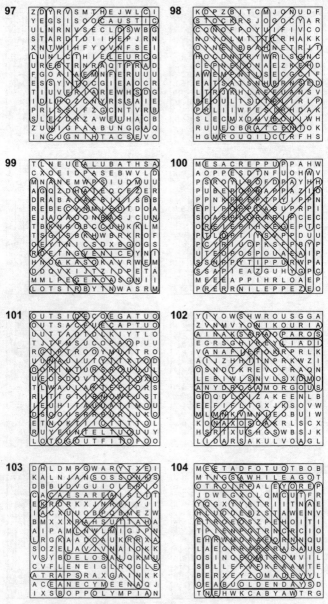

468

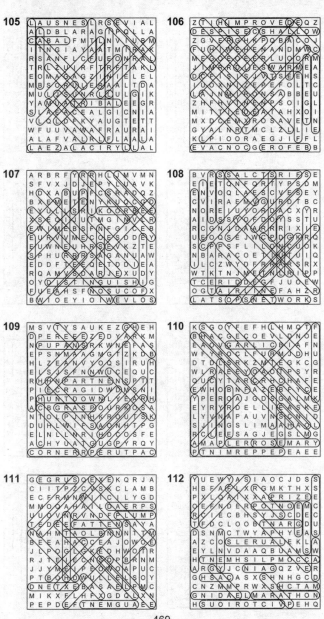

469

113

114

115

116

117

118

119

120

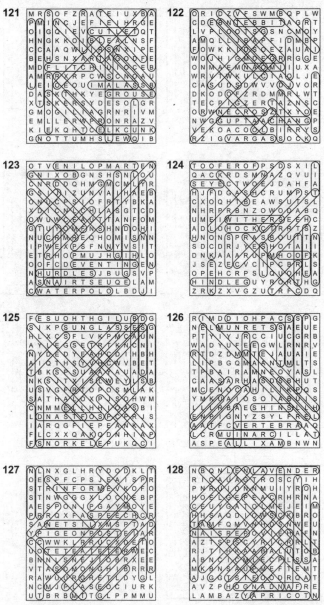

121

122

123

124

125

126

127

128

471

129

130

131

132

133

134

135

136

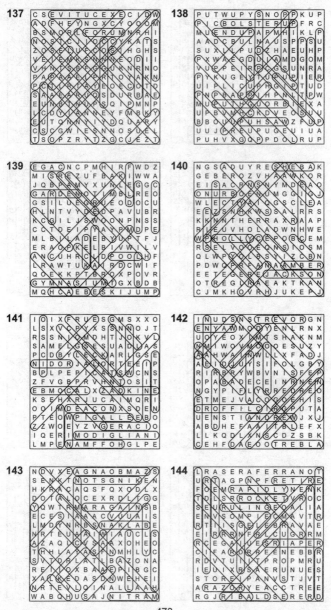

473

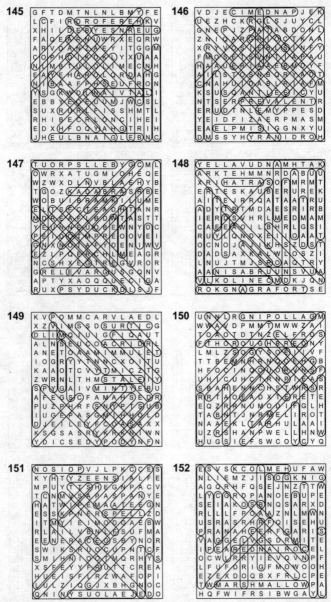

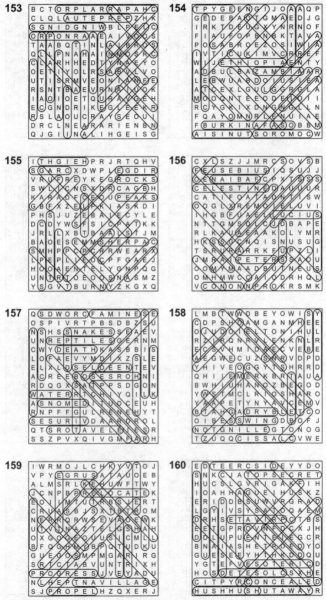

153

154

155

156

157

158

159

160

475

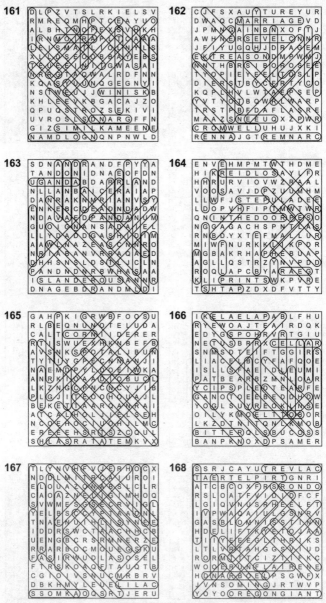

169

170

171

172

173

174

175

176

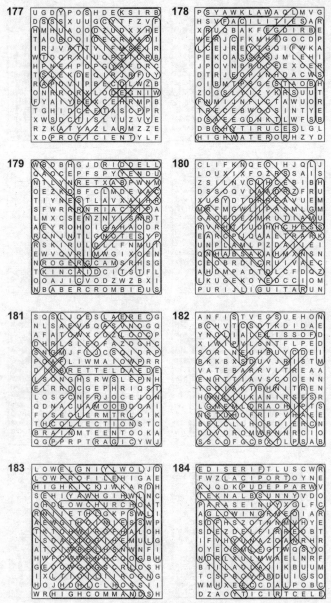

477

185

186

187

188

189

190

191

192

193

194

195

196

197

198

199

200

201

```
W V N M H A Z E B J Z B C E O
G C D A R L I N G L K L A I S
P K M N H D V L E P J N D R E
G S T G A T N A T W A T V R I
V E L J B L H W E N X Y K A R
D T O B O C D J A R D W Q B I
M A C R I R P N O O T I N M A
E R H M G S J W U N H D A U F
R I N S D P E S C M O O N Z N A
M P Y M V Q O Y B D F R N E S
A K M G E G R Y R O C W E L B
I T I N K E R B E L L T E G I
D Y R A M O V Y L R U C R N N
S K M Z T H S C L O C K G U V
Y U O S D R O T A R R A N J H
```

202

```
L T H G L N W A F X F S J E N
S D R I B V E Z V H Z H I R A
K X H J F I R F E W A E D A N
C J K C W A T E R L O W L F G S
O Y W L A U S S H A C T K O H
R S S R J E W E L S B E P O I
D E I L V D B N N S I R A N P
S E Y Y A G O I F S S F S N W
E R N B B M H A E R H A T L R
I T V O T M I T B U U I R G E
R M S S O R E N N I U A A C W G C
R L E E R I U A A Z S A E K
E A O V J A Q L N E B E E Q
B R E K J A S M Z P P F G R S
E R I N S E C T S B A R D S K
```

203

```
W R I Q Y Q R L B T R E T L J
B E G N O P S A L Z P F R W H
S X F R E T A R G Y L X O G
P I M A M H K N C U R O T B K
Y M N N A B R E F I S U B J A
Y G D G E Y R B S D C R U H L
S A E X R G W S E O N I B R U
K E R G U E T B I O R U N K T
R N L G D O I R Y T N N G A
F N K R S X I R T L O N O P
F M R R N W A X E R Z O M C S
S O U P I C R H N Q P F S O
S N I S I A R B S T S G V U
G N I M T H P T T Y S E Q T
Y G A X G N I T S E T N M I A
```

204

```
J A M M S Z E J B O E Y B R X
L T W S P T G K C O K B Y I E
A M M E L A N A C K B Y N F N
N F A T H E R E C C A N Y O N
O T M R B P F D R X L E I P Q
I S K U N E B W A O Q C S T R
T X T A M I C N A B P R L Z E
A W L A X E I C B A A E T
N C L N N L R N H E L N B S
S S O R O D A K L I B L D E A
P Z O Z U T T K L L E C P M
G I Q N O H O A M D Y C R N O
N J A U S E T A U R J E G I
J N R N Z F P G U E X O H W K
K S A A O T Q J Y N U R F D T
```

205

```
D R Y I S O B L E T L I E R S
A X E P L R E E M W D R Q H
N S G A Z K H E J E D L A
E R T H N X G R A S S B I L W
Z L M O C A V E M X F E Z N N
E S X S C E L M B P B W D C N
R A G R H K D U F N T N I I
S E A Z H H R R I P L O W S E
O O G M U T X A G A D V C I T
C J B I S C U B U E H A L H S
G E B E E X X S E S R N C A N
C H L W I G E T N Z E A R G I
K O B K L E N Z E N O B N C E E
D A C Z E R Y R H U H P Y N B
S H E I E S A N R P E N C K T
```

206

```
D F T F O T L B E B H O M A Y
P M J R S E A R I L H D O G S
K C N E N G O E E G X L R
Z C N A K O R R A B Q G O
V B I R L E V H T L P I O P
K B L W N R S Y E L Q Y R M R
A I A A T X F D N E E R G U U
M Y E R L T N C H L U L X D
I Z X L E W A A N A N B W B H
N N A A T N A S N L Z X A H O
U W K C A A G G N O S U X I E
Z X X V J M T A W N R D E U M
S I V R E J P X L G S H S
O I D Y R O P A N O O R V L T
T E N O S S A F N T L I T A U
```

207

```
R Y D E N N E K F N H O J O K
S E C U N W A X H W A V V A M
A C V A I N M R A Z Q E T E M
Y K G N S N U S Y F V R E
B O R A E V E T I T Z X N M
L U N D A O I S E P N R L D B
X E R U A C N M F A O Q U O E
F Q A B H V E R R U I P N B J
L S V A A R A R S L U N M M Z
D O N U E K A S A L P S A U
Z G T H K C D N I M C I U H G
I L S E C V T N A C M I Q D X
C R U M A A A I K R A W E N I
O R E P F T C M Y F Q W E Q O
T Z I N E D O D N A L R O L G
```

208

```
K R A M N E D E S T O N U X F
A A U V V R A B B L E F R I E
R A I R T I Y A W R O N N X S
R G R T N L E Q M Y F L M O D
O W Y A A F E C D B A M O A
D H B T R O S Z E N I N L U A
N L L A M P R L O E N L A S I
A W N A S V Y C O R R I Z T R
V C L A M P B P E A I S G E R E
E T M O O E D M S S A P B I
A W Z V C N N D E K A A T
S E L A W A D R A O O R E
X D J B S R N O V L V N B A N
B E L G I U M O V M O P I X
T N W R N S K K M A O P W A A
```

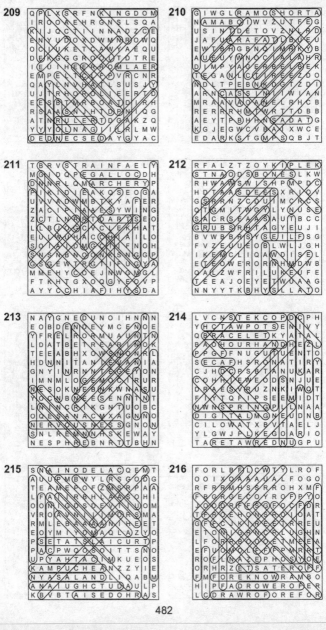

482

225

226

227

228

229

230

231

232

233 234 235 236 237 238 239 240

Word search puzzles 241–248.

241, 242, 243, 244, 245, 246, 247, 248

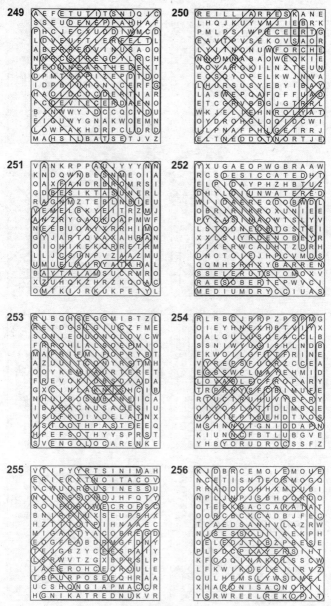

487

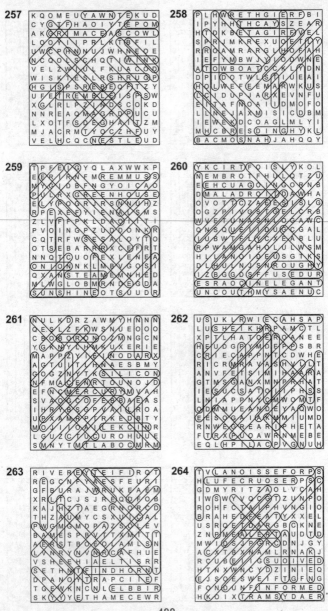

488

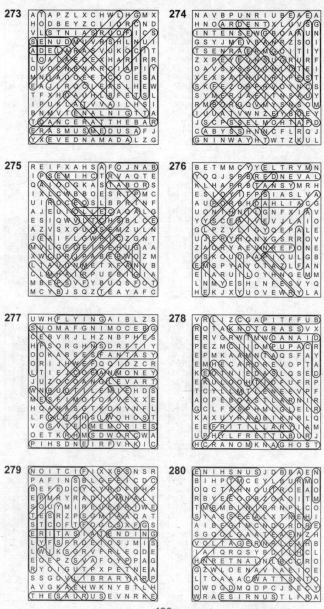

490

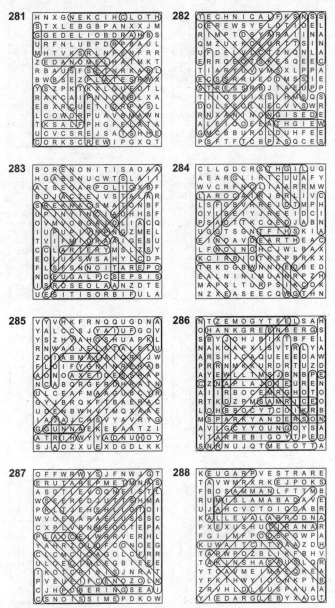

491

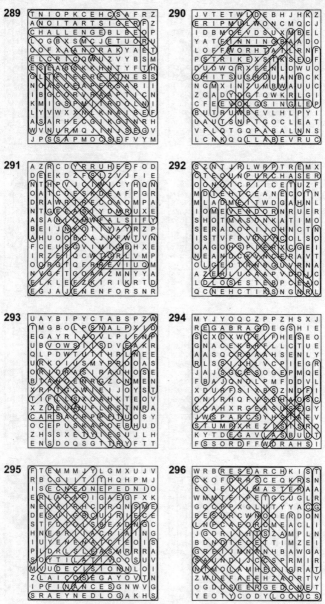

492

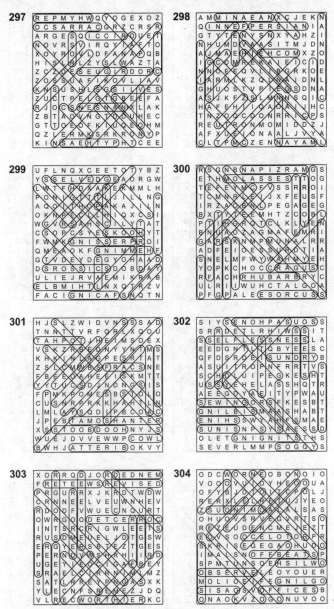

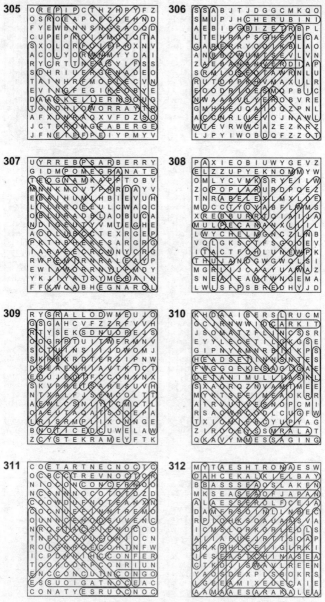

494

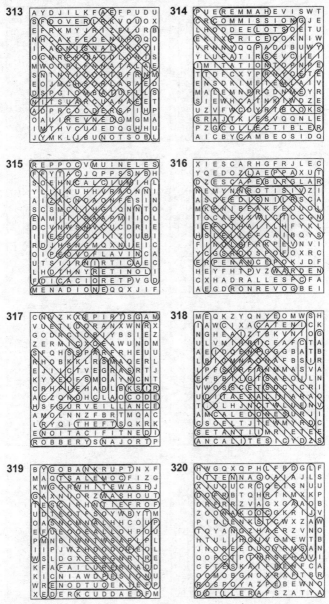

495

321

```
N H U S P R P Q F N A X E D Q
O E C Y S R Y A W A Y L F B X
I L N A I R O B D P C Q A O E
R D Y M I N A N A T D N I L M
A O N A A C N U O G E Z E R E
M A G N R U T V U O W O Y R A
A C U O A H X Y R Y V J M O R
L T V P E N F E D I A L E D A
E E Z R T N Y X X S C N R M
M E I D F M A U P U K Y N E A
N W D M E Z N C I T T D A M B
P S E O A M A K M K E A O M E
T N A K A E T O M E N G A L
F Y L U S Z E I P N V T N C L
S Y J M V A L O R M G M I Z P
```

322

```
D C R O R R I M S Y D O R A P
W R O K O Y M A C E S R I C E
C M C U J A B C J H C J L H M
M O O R N R E P L I C A T E U
M S S E G T T C E L F E R O L
T U I P C R E V I O W S D T A
D Y Z R N O C R R M L F P F T
T F S O A P N G E B A R E
P I J D Y K E M M E M E K O
A N B U L R G O E A N F D E
R O A C Y D A T T O T G I T
R S S E N E K I L A N N T A
O R Q M L Y M W C P F R O T C
T E L I M I S C A F R T I Q E
L P V E S A R H P A R A P O E
```

323

```
I C T K D H S D E B B K N T
C X X Y N E M U C A R W O N A
C D A R D B M J I A X I R I P
T S P O J T A S I N T Z G O T
S P Y M I K R N S A E D I H N
O E N E M E C N A R G X X T
X C N W N E Y P K X C F E U
L U V S A R D E B X N O U G D
A L S K E R N U N K E D N M E
T A U N O S K U L L E L W S Y
N T C O R T E X C L E V E R R
E E C E I J R R W B A B P N M
M A Z R E A S O N V L O B E S
S J K E E N N E S S K K Y M C
W W U S T K C S W W A V V F G
```

324

```
S U T P Y L A C U E D P O K S
B O O M E R Y P T U S V C E S
S E W N U M L E K A K A D O B
W M A S N A T R H W B N Z T I
T U L U H H R T P T O R L A Z
A H L P E T A H U U M A S N
F E A Y B R B O S H Z L B M E
L K B T R O O A T X A Q Y A M
E A Y A U N H R K O U A I N A
O L K L L W A L K Y R B D I N
N Y D P U T W A E R N B A U
O H D A R W I N U V N P Y O O
R X Y O U N D M O G P H L Z M
A K P Y L Y B O O M E R A N G
R O L O S L G A B P Z H B W K
```

325

```
W I L L L L O S R E G N I Q H
A A H W A G N E R R U S S E L L
N N F O P R E D L I U B E H T
F E P R O H T E L P P A M B S
R M S O C K G N N W E R A S K
O V T U G N E G D E A G A S Z
S T O E O O K O L R B I D D
T B N L E H O O E O Y B I R R
J A E T T N K D N R M W O Z X
P R O T N S D N O N W F R Y Z
E K A L B O I G O I E S H A W
T E T F L N K M A M D D P E
E R L E S U L L I H R M Y P N
R H P A T T I N S O N O G M
S Y Z D N E N E D Y A H G I M
```

326

```
A M B V E D F N L F S P D V O
H I E N N A W O L M J N R C T
G C M G N U G O P K V A U S
M H A D G I P F J J H P W S H
H A R A S O E S X T U L D X E
N E G E X L F K E N R Y E L L
W L A H Z H H B L M N Q A X E
E D R R M P A P J S A R C Q N
I O I W A Z S U G N A J N A Y
N W T M Y R A M Z S A R L
E W A L G E O R G E D O O L T P
G U E X D J W O K P L I H P
U V N R E T E P H V L V C U
E F R E D E R I C K X L E R I
H Q Q X F W E A I R O T C I V
```

327

```
D S D L Q D H S G B I T Y T L
F A N G T H E G N O M E O O F
E T T E B N I S U O C B R P N
T L Z G O D A H Q X L D S L E
G H M L L I N U O J W O O D U
K S U E O I P M I O L R M U
E O H B L O M T I V A U J J
T N A R G V C T K E E T I U
B R C R E A L A N O D N I J A
J E M K A N Y Y M E I L L A
Z O N R A U E T G M B T D A Y
J O R O R E Y R K M S A S
C V U R O R H C T E M D J D H
P S U P O M B Y H P U A S P A
```

328

```
T Q X N K P W F T Z S I J E V
C V G E Y T I N E R E S S I E
J I P U Y L E O B E C R I S J
X J N F I P D Y L H O N M M
V X R A B I T A M R E E R J
X S K N P X T A E H P C A Z B
J S S M P R R S N P T X
R E D N O M T M U E A J Q R
K N V N Z H P S R W S N H E S
Q D B H P E A E H S F Z O X
R A O O I T O F E R U U
E S Q D E O R N O R M F G
O V E F R C N C G E X O E Q
H Q O S E H G J E W O R E A D
V K S L X Y T E I X N A N R B
```

496

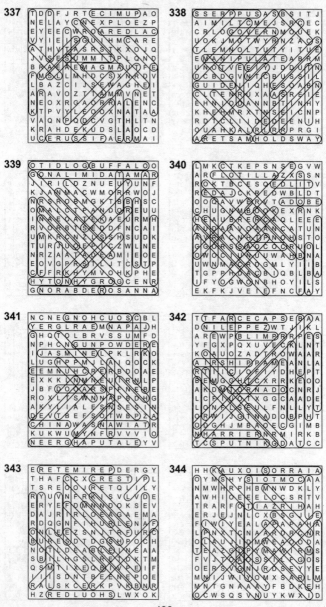

337

338

339

340

341

342

343

344

498

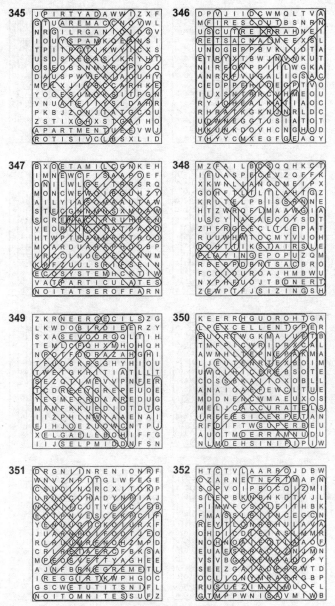

499

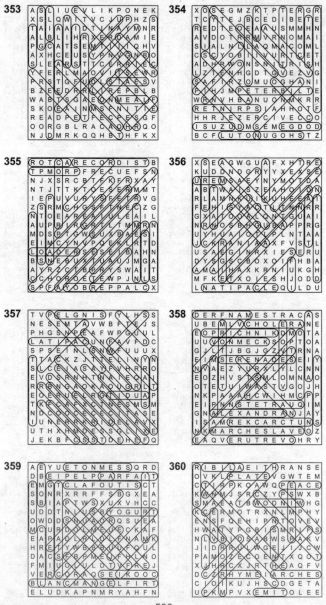

500

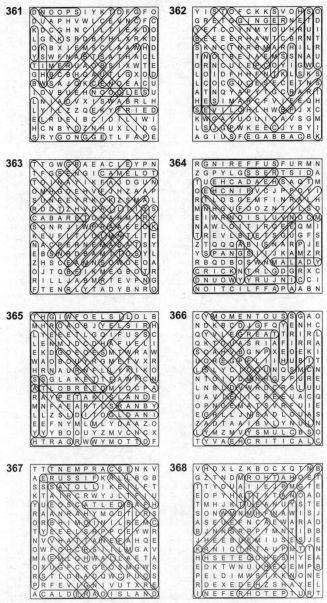

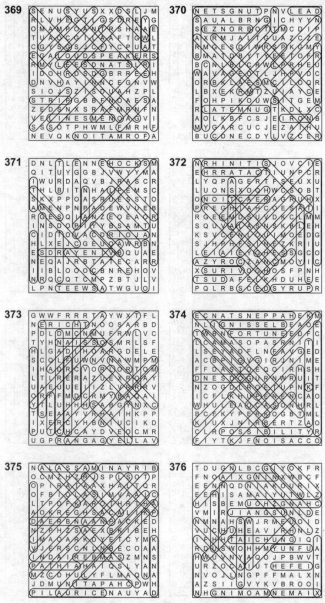
502

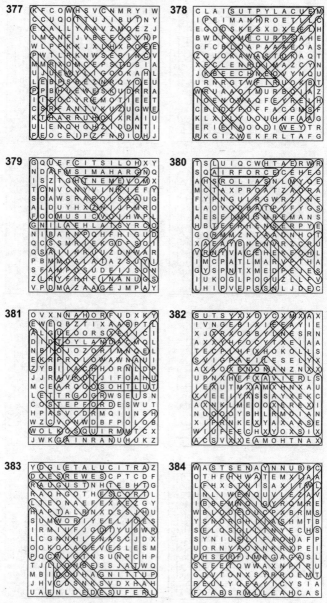

503

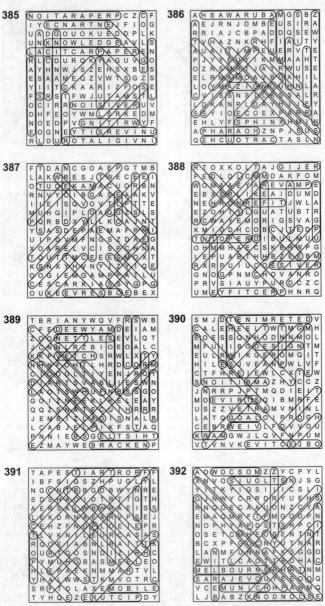

504

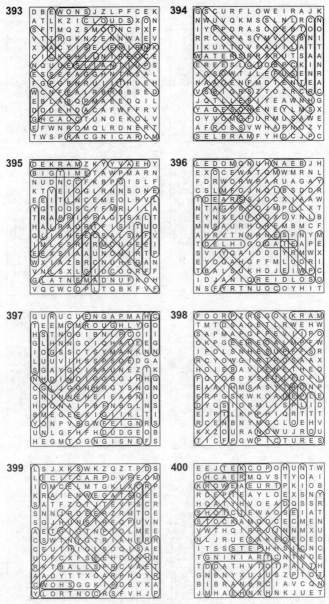

505

401
```
T A S A T N O I T A X A T G K
F S C L G S P V O W A G T T E
G S R U G O T Z X A M J Z E M
C T E E R U T I D N E P X E O
H S D S B Y A K F L T W C A T
A T I J A M A G A O C O N A N
R S T K S H U I E W R A I S I
G O C R O L O N R T S P L R R
E C I P O U R R H C G H R E X
S G L O A P E U A R M G G S
Y R T N E L E E B P O I K D X
Z R I R E C O R D I S E L E S
P F N P A Y M E N T S U M L Z
Y A L T U O B I E A V O Q R X
E C I O V N I R G L O S S E S
```

402
```
E K O K O S H P I X I E B O B
Z P F I E O H S W O N S V N I
Q J P Y P Q N Z M Y B A J M K
N A Y A L A M I H Q A C M H O
M V G V Y G B S K O A B N C R
H A V E T D O Y S H C S M D A
R N I U R M N A S A C I O T
K E R N A M D A B S H N C A B
A S K L E B A B I U N N
L E I O L C C N X R R W N N W T
A A O F Q O O I R L E M X V
H U G Y Z N D O E E T B E A Z
P N W N B U C G W H X R I S N
U W X U E R T R A X C G U S E
S T X L S B P I M R E P A L U
```

403
```
Z B L E A R S I M B R N L U V
G H I N W I C H I N A E Y L S
S U R M A T S A I A Y M Q L O
M T A S Z T N E Q D U E K D A
M A N T S I S B N R S Y X I L
A N O T A P A R O W I S I Z
N Y L P A A B I N U D S U T J
T O E L R I D L A U N C H N
E N N W T N S Q A R H G L A O
I I D Q A U R O Y M O R G M I F
V V G N N A P A J A O L
A B R U N E I C M L T I R A Q
W J R C F D L N X Z A P N N N
D M T U A A A O H O M M D D
A N A W I A T F B R Q I Z E J
```

404
```
U D E S E R T E D B D D R Y V
N R Q X E T I P H T E T S L V
L E U M C A X W X D D E R N L
O N O N B L P V N O I I V O D
V T E Y A U U E E A U N E A
E F U M T C T S N O T Y N
D R Q E N T C G W U C D L S
D I I Z A A N A X R K T E E
E E N N I I R N M E T J N P
R N U O S O T A E E F F X O A
I D Q L I E R R R A P A L U
T L I O D W T S I M N S F A
E E I S O L A T E D L K I S T
R S J N W O S E N O M O Z E E
G S F Q L F F O T U C D S Z D
```

405
```
E U C D M P N Y M C R T N B Y
I M L V P O D M R E C E A D I
Y B B O U U Y O E E L E O A
N E R A T M P R L A L O F X
O C F S N T S L D R M I F H
H B A K S U A E O E Q T U N T
A A Y W F R A O G B B D E C O
H N V A X J A S I R H C F E S
J O E S Y C U B I C L E D N N
K U V H R T O S Z N Z A Y Q
R C V R C O T C O R R I D O R
J H H O D T U S A T E L I E R
S A L O O N N E B N R U G D
R E B M A H O K G C K L R
M O O R E N I G N E Z N X X F
```

406
```
R F S Y N I K D N A H T I K L
V B R T T X P E R S O N S H A
C N E B N E R D L I H C U E B
X U H S N E I P A S O M O H D
M F T I S C D C C S A B W W N
S O O W N A O O N G V E A Q
R Q R M D N U S S N L M R
E F B T E A U N E A C O P
T M A O X H N B O W T E U
S I J M N L L O R I B E B
I K A W I P S O Z S Y Z Y I
S L A C O L N K E A E M I
R X X I X A Y M P T N N R E C
G S R E L E W D Q E S T N
I J T S Y T I N U M M O C S K
```

407
```
J E N T R I C S O S H S A O I
G O I L R C S L U A C S C R A
N H O O E I L P H M R A S Q
I N H L V A M B U L V H S R P
R C W O Q U O U F S C U B C U C
E T J U R K R X K B E S Z M
E N Q G B R M K Y L I D Z Q I
H S T C E K U Q L I S U K M P
C X N G R H R O R T B Y O L N
Z E E Q A Z W I G N A L C O I
Y H C J T P I Z Y V B C A P A
S G C I N D M H C E E R C S R
H U A C O U S T I C S O Y P T
U A I E N V Z U C A O A R A S
Y L H S A L P S N C S K T Q A
```

408
```
Y L D X Y M D R R X B T X L S
I N E K U G H U M B U G A U X
P Z V U K B D S P E N X O Q U
O M I I O T A J O X E N O H P S
H O O D W I N K D E L U D E Q
D Z U F I M C H I C A N E R Y
C E S B Z T D Z C P A V S S K
R P C A C H A R L A T A N D
A B N E X T R E A S O N F F Y
F S H X F L A K D R O T R
T C I B R T K O R Y F R O S U
V R W A C S N B E T P O P E J
T M U J P X C R A X F G S Z R
C D T Y R E G G U D L U K S E
H C O O G N I M E H C S L W P
```

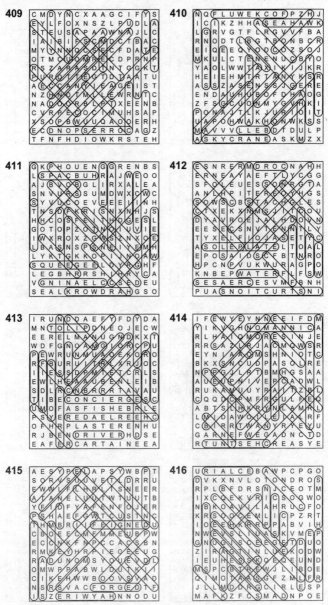

507

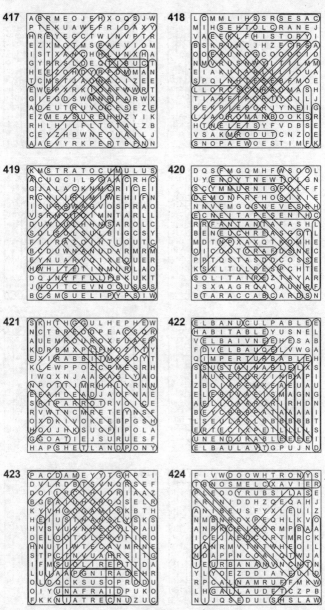

508

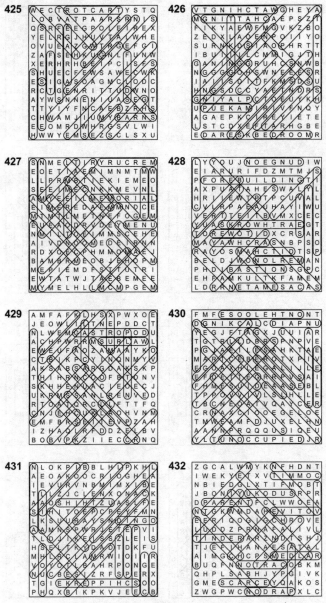

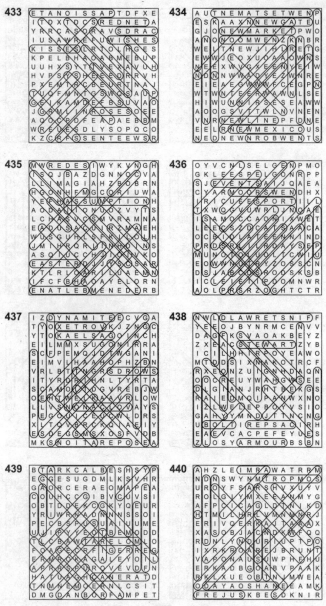

510

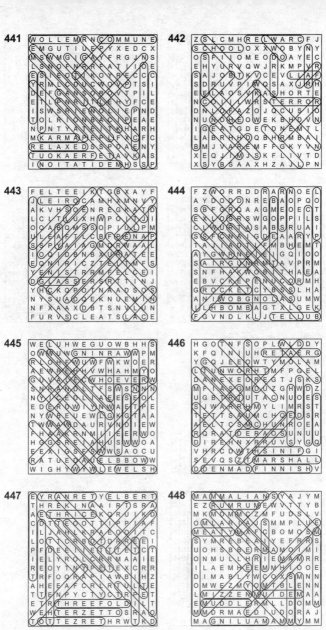

511

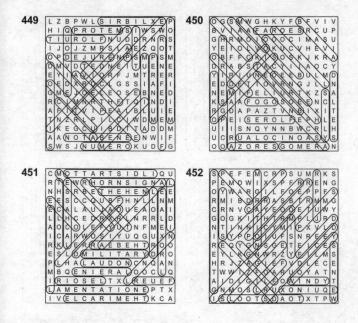